本书为"教育部产学合作协同育人项目（202102345001）'社会工作新文科数字化平台实验室'"，"江苏省高等教育教改课题（2021JSJG221）'互联网＋社会工作'人才培养模式改革的探索和实践"，"昆山市未成年人保护实验室项目"，"聊城市柳园街道治理研究院项目"研究成果。

社会工作教学案例集

郝其宏　魏　晨　主编

中国商务出版社
CHINA COMMERCE AND TRADE PRESS

图书在版编目（CIP）数据

社会工作教学案例集 / 郝其宏，魏晨主编 . -- 北京：
中国商务出版社，2023.1

ISBN 978-7-5103-3615-7

Ⅰ.①社… Ⅱ.①郝… ②魏… Ⅲ.①社会工作－教
案（教育）－汇编 Ⅳ.① C916.2

中国版本图书馆 CIP 数据核字（2022）第 234763 号

社会工作教学案例集
SHEHUI GONGZUO JIAOXUE ANLI JI

郝其宏　魏　晨　主编

出　　版：	中国商务出版社			
地　　址：	北京市东城区安外东后巷 28 号　　邮编：100710			
责任部门：	商务事业部（010-64269744　bjys@cctpress.com）			
责任编辑：	张高平			
直销客服：	010-64266119			
总 发 行：	中国商务出版社发行部（010-64208388　64515150）			
网购零售：	中国商务出版社淘宝店（010-64286917）			
网　　址：	http://www.cctpress.com			
网　　店：	https://shop595663922.taobao.com			
排　　版：	中正书业			
印　　刷：	三河市龙大印装有限公司			
开　　本：	710 毫米 × 1000 毫米　1/16			
印　　张：	19		字　　数：	301 千字
版　　次：	2023 年 1 月第 1 版		印　　次：	2023 年 1 月第 1 次印刷
书　　号：	ISBN 978-7-5103-3615-7			
定　　价：	76.00 元			

序　言

　　社会工作是协助人们恢复和发展社会功能的助人专业和利他职业。高校的社工人才培养既要强调学术性和理论性，引导学生掌握"是什么"和"为什么"，还应强调实用性和操作性，让学生知悉并学会"怎么办"。在全球新技术革命蓬勃发展、中国特色社会主义进入新时代的背景下，社会工作专业如何面向社会实际，培养厚基础、宽口径、精实务、能创新的卓越人才，成为许多高校着力探索解决的重要问题。在此背景下，案例教学因其自身独特而鲜明的实践价值，成为人才培养的重要手段。所谓案例教学，是指通过模拟或者重现现实生活中的场景，让学生把自己纳入其中，通过讨论、研讨进行学习的一种教学方法。作为一种开放、互动的新型教学方式，案例教学可以帮助学生了解鲜活的社会工作实际，通过信息、观点的碰撞深化理论知识，在模拟实操的过程中提高解决问题的本领。

　　江苏师范大学自 2001 年开始招收本科社会工作专业学生，是国内招生比较早的本科高校之一，2016 年在中国社会工作教育协会的专业评估中获评优秀，获批民政部首批国家级社会工作专业人才培训基地建设。2017 年，"双链条双平台——社会工作专业人才培养模式的探索与实践"获得江苏省教学成果奖一等奖。2019 年，江苏师范大学成为首批国家一流本科专业建设点。在专业发展的过程中，社会工作专业的很多教师成为社会工作专业机构的理事会、专家咨询团、督导组的成员，一些老师带领学生直接创办了社会工作服务机构，其中乐仁乐助社工机构已经在全国 22 个城市立足。

　　正是社会工作专业教师、学生、机构的自身实践，形成了本书的 21 个案例。这些案例涉及医务社会工作、家庭社会工作、社会工作行政、社区治理与社区社会工作、社会工作平台管理，特别关注了疫情防控常态化背景下的社区治理和个案工作。每个案例正文之后都制作了教学使用说明书，以方便教师的课堂教学，帮助读者了解与案例相关的理论知识。

　　在编写过程中，乐仁乐助等社工机构给予了大力协助，在此表示诚挚的感谢和敬意。

　　本书的出版不但可以丰富充实国内社会工作案例库，为社会工作专业教学提供更多选择，而且可以借此对社会工作的学历教学、在职训练和能力评价发挥延伸效应。由于编写者的能力水平有限，本书中的案例难免有诸多不足，诚恳地希望各位专家、学者及一线社会工作者不吝赐教，批评指正。

编者

2022 年 11 月

目　　录

社区工作与社区治理篇

第一章　社区机动车综合治理案例 …………………………………… 002

第二章　发展型社工站助力社区治理案例 …………………………… 013

第三章　古城区面貌更新、历史焕新、经济推新案例 ……………… 024

第四章　社区群租房治理案例 ………………………………………… 038

第五章　社区消防治理案例 …………………………………………… 051

个案篇

第六章　丧亲哀伤辅导案例 …………………………………………… 068

第七章　医务社工介入案例 …………………………………………… 084

第八章　家庭暴力社会工作介入案例 ………………………………… 096

第九章　社区"困儿"社会工作介入案例 …………………………… 106

第十章　事实"孤儿"社工介入案例 ………………………………… 117

第十一章　留守儿童社工介入案例 …………………………………… 127

第十二章　残障儿童社工介入案例 …………………………………… 142

第十三章　困境儿童社工介入案例 …………………………………… 153

第十四章　人际交往障碍社工介入案例 ……………………………… 166

社工行政篇

第十五章　社工行政人才建设案例 ⋯⋯⋯⋯⋯⋯⋯⋯⋯⋯⋯⋯⋯⋯ 180

第十六章　社会救助综合体案例 ⋯⋯⋯⋯⋯⋯⋯⋯⋯⋯⋯⋯⋯⋯⋯ 195

第十七章　社会组织培育孵化案例 ⋯⋯⋯⋯⋯⋯⋯⋯⋯⋯⋯⋯⋯⋯ 210

第十八章　关爱之家平台运营案例 ⋯⋯⋯⋯⋯⋯⋯⋯⋯⋯⋯⋯⋯⋯ 223

社会政策与应急社会工作篇

第十九章　街道治理的社会政策设计案例 ⋯⋯⋯⋯⋯⋯⋯⋯⋯⋯⋯ 238

第二十章　街道治理研究院社区书记治理案例 ⋯⋯⋯⋯⋯⋯⋯⋯⋯ 256

第二十一章　社工应急介入公共卫生危机案例 ⋯⋯⋯⋯⋯⋯⋯⋯⋯ 272

参考文献 ⋯⋯⋯⋯⋯⋯⋯⋯⋯⋯⋯⋯⋯⋯⋯⋯⋯⋯⋯⋯⋯⋯⋯⋯⋯ 294

社区工作与社区治理篇

第一章　社区机动车综合治理案例

案例名称：尚景无"僵"——SZ市XC区A小区非机动车综合治理

案例执行与撰写：曲兴杰

案例督导：洪梅、魏晨

使用说明：朱启彬

案例获奖：江苏社工案例一等奖

一、背景介绍

（一）政策背景

党的十八大报告首次提出"社会主义协商民主是我国人民民主的重要形式"，并在此基础上确立"社会主义协商民主制度"概念，上至国家层面，下到基层协商，都在积极探索、实践并逐渐完善社会主义协商民主制度。协商民主体系是一个"人民内部各方面"广泛参与、多元多层的制度体系，在推进协商民主的过程中，能够使决策更具有科学性和实践性，加强基层协商民主建设更是我国协商民主体系不断完善和健全的有利说明。

2020年8月，SZ市XC高新区（元和街道）以协商民主、社区治理为主要内容的社区服务社会化项目正式启动。A小区所在社区为试点社区，将由第三方专业社会工作者长期驻点。在此期间，社会工作者运用协商民主，开展了焦点问题解决。

（二）地域背景

A小区位于SZ市XC区，该小区于2015年交付使用。校区内共有住房896套。从房屋性质上看，A小区房屋在前期规划中被划分为职工福利房和常规商品房两部分，由此小区内部新SZ人较多；从地理位置上看，A小区位于两个街道的交界处，周边规划建设工地众多，由此小区内外来租户多，人员流动性明显，给社区工作增加了难度。

（三）小区背景

小区内 SZ 市人多和租户多的人员构成特征，形成了人员交通工具使用的明显特征：非机动车成为小区内住户的主要交通工具。非机动车既能够满足人们日常生活需求，又在购买和后续处理上有其自身的便捷性，小区内非机动车数量庞大，而 A 小区共建设有 11 幢住宅楼，小区内单数楼栋即 3、5、7、9、11 幢没有非机动车地下停车库，导致非机动车地面停放压力较大、充电难等问题，出现乱停现象，不仅影响了小区整体形象，还给小区物业在日常管理中带来了挑战。

二、分析预估

（一）理论基础

1. 地区发展模式

地区发展模式是社会工作者协助社区成员分析问题，发挥其自主性的过程，强调社区成员通过参与和合作，以集体的形式挖掘和利用社区资源，目的是提高他们及社区团队对社区的认同和归属，鼓励他们通过自助和互助解决社区问题。在本案例中，社区采用了该工作模式，通过挖掘和引导对非机动车相关问题关注较多的居民，搭建协商民主沟通平台，降低居民参与协商的门槛，开放多种渠道引导居民参与协商，促使居民在解决问题过程中不断参与决策，学会自决自助，提高居民对社区事务参与的积极性。

2. 协商民主理论

协商民主理论是西方政治学界于 20 世纪 90 年代兴起的一种民主理论，我国协商民主理论来源于在不断实践中对西方协商民主理论不同层面的本土化解读。党的十九大报告指出"要发挥社会主义协商民主的作用，切实推进广泛、多层、制度化发展"。在党的领导下，各地围绕城乡社区问题的处理，以及相关公共事务流程的协商民主实践，最终实现社区内的民主广泛参与，搭建议题收集与落实的协商平台，形成保证公平兼顾效益的协商机制。在社区治理中推行协商民主已成为社区治理的新常态，社区治理创新的格局正在全面展开，通过协商民主生成的决议结果能够更"深入民心"，所得到的效用也更具有实质影响力。

（二）问题分析

对问题产生原因的深度挖掘，才能产出具有科学性和实践性的有效决策。城市社区中的非机动车停放问题仅靠社区或者物业的督促和管理只能缓解表面问题，只有让小区居民不断参与到该问题的解决中，且在问题解决的过程中帮助他们建立良好的沟通渠道，促进共同目标的产生，增强解决问题的能力，才能够促成共同目标的实现，实现对焦点问题的深层次突破，实现问题解决的事半功倍的效果。

三、服务计划

（一）服务目标

1. 总目标

深入挖掘小区非机动车问题的深层次居民需求，了解问题背后的原因，缓解非机动车地面停放压力，在治理过程中融入协商民主的思维方式和解决措施，提高居民参与社区公共事务的积极性和参与度。将小区中的多元主体有效组织起来，共同为小区建设提供坚实的力量。

2. 分目标

（1）以先行试点带动全小区非机动车停放主要矛盾的解决，使当前非机动车综合治理存在的问题得到有效解决。

（2）深化组织队伍建设。在问题解决过程中挖掘一批居民骨干，形成后续小区公共事务处理的中坚力量。

（二）服务计划

1. 服务策略

围绕项目目标，社会工作者计划通过线上线下多渠道展开基础调研和议题征集，确保议题的广泛性和有效性；在此基础上，通过邀请社区、小区业委会、小区物业、小区居民代表和小区居民骨干等利益相关方组建协商议事团体，展开议题讨论和方案拟定；根据公开公正公平的原则，通过方案的公开公示的方式，展开假定方案的优化和调整，居民的广泛参与和建议，为项目顺利实施提供保障；为了让居民的参与有过程性的完整了解和认知，通过方案实施并邀请相关方成立监督小组观察议题的实施落地，并展开验收；项目成果的延续性和协商民主机制的常态化运营对社区治理也尤为重要，在项目尾声，通过组织开展全局复盘，展开协商机制完善和相关后续工作运行机制完善工作。

2. 服务计划

服务计划如图 1-1 所示。

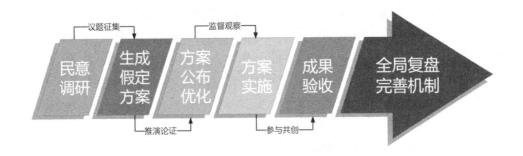

图1-1　服务计划图

四、服务计划实施过程

（一）以民意确定议题

2020年8月，社会工作者驻点社区后，首先开展的工作就是民意调研，采用线上问卷、分析平台和线下访谈方式，充分征集居民意见，收集居民的想法，最大程度做到线上问卷有数据、线下访谈有依据。

根据社区及小区居民骨干的反馈，各主体共同决定以9幢为试点，深入开展调研工作。在调研工作中，线上发布问卷共回收有效问卷33份，线下访谈了包括物业经理、业委会主任、居民小组长以及随机居民等服务对象共30人，已知9幢共有住房84套，排除空户，有效回收率综合高达75%以上。"你看看这个三轮车，五月份的时候就停在这个位置了吧，肯定就是僵尸车了，多占位置啊……"社会工作者根据调研和访谈结果整理出调研报告，汇总居民针对小区非机动车的聚焦性问题分别为：停放空间不足、充电桩数量不够、居民自我约束能力较差、僵尸车占据停车位等。通过这次接触居民，不仅找到最关键的议题为后续提出和形成共识决议及合理有效的解决方案奠定了基础，还在交流过程中挖掘了居民骨干，扩大了该项目的宣传和影响力。

（二）以共识生成方案

在协商民主项目有效推进中，A小区坚持行动原则，通过项目立项推动行动，使协商产生效果、行动带来改变。在与各方沟通达成共识的基础上，2020年9月，由社区牵头，社会工作者主持召开会议，召开了A小区第一次协商议事会暨非机动车问题的假定方案生成会，其中小区业委会、物业、居民小组长、9幢居民代表等在内的多元主体共同参与，根据调研所得结果商讨进一步的解决措施。

专业的第三方社会工作者作为主持人，具备遇到会场秩序混乱时能够及时解决问题的能力，能够在会议开展和方案制订过程中遵守保持中立、不干预发言内容、主持过程坚持会议规则等原则，进一步保障了治理方案的科学性。经过现场各方代表的积极发言，最终明确了 A 小区非机动车综合治理的"四步走"行动方案，即新增点位—加强宣传—整治僵尸车—美化楼道，逐一回应前期民意调研中所挖掘到的根源问题。

（三）以行动解决问题

1. 硬性改造寻无"僵"空间

前期改造过程主要由社会工作者主导，调动社区内外的各种资源，在帮助 A 小区非机动车问题解决的过程中发挥了资源链接的功能。

经过协商，决定试点新增点位的工作从 9 幢开始。新增非机动车停放点位的工作，不仅要考虑点位落成后的实用性，还从安全、绿化、便捷等多个角度进行考量，经过一个月的考察、访问和公示，在不影响小区绿化总面积的前提下，最终确认了新增停放点位的位置。2020 年 11 月，通过居民推荐和工程研究，最终确定了工程施工方。在改造期间，不仅有协商议事会主体成员进行现场监工，并对工程的质量、实际使用效果进行多次讨论，从而把控施工质量，同时社会工作者还带动积极性较高的居民去影响更多的居民参与其中，以发放"新增点位邀请函"的方式，为居民创造更多参与方式和途径。此外，在改造过程中不断收集居民的需求，根据居民的充电需求，在新增车位的基础上，小区物业主动担当，安装了 10 个充电桩。后续物业还将加盖雨棚，进一步提高居民日常生活的满足感（图 1-2 ~ 图 1-3）。

图1-2 改造前　　　　　　　　图1-3 改造后

2. 软性宣传强无"僵"观念

随着新增点位的完工，非机动车停车位的使用率得到了大大提高。在居民自主自助的前提下，社会工作者与居民骨干等相关方共同协商，可以利用新增点位的空白墙面拓宽宣传渠道，创新墙绘宣传方式。

醒目的交通宣传标语、小朋友熟悉的黑猫警长、色彩的鲜明的汽车、蜿蜒无边的公路以及小区周边的特色桥梁景观，A 小区 9 幢非机动车停车处近十米的墙上，一面色彩清新、宣传文明停车的墙绘，为社区景观和宣传再添新作。2021 年 4 月，通过 9 幢居民骨干，小区联系到 XC 区美术协会会员苏老师进行公益设计和绘画。历经苏老师两周的精心绘制，生动立体的图案呈现在墙壁上，让周边环境也瞬间焕发出勃勃的生气。整篇底稿和素材也得到了 A 小区居民和社区的一致认可，进一步宣传和强化了小区非机动车有序停放以及拒绝僵尸车的意识。

3. 特色制度保无"僵"常态

2021 年 5 月，经社会工作者与各方多次线上及线下协商调整，最终形成了《A 小区僵尸非机动车整治方案》（以下简称《方案》），并在 A 小区业主代表大会得以通过，由此 A 小区僵尸非机动车整治正式有文可依，权责明确。其中方案明确 A 小区内僵尸非机动车的具体整治方案为：集中清理，建册建档，实现"一车一档"，并制定认领时限，要求在时限内车主自主认领并填写认领承诺书。

社区和社区警务室在整个处理流程中履行第三方监督职责。希望通过该《方案》的制订，以多方力量介入、制度性方案建设和符合小区实际的特色制度建立的方式，进一步推动小区僵尸非机动车常态化整治，使得小区僵尸非机动车问题的处理工作有据可依。

（四）以对比评估结果

2021 年 7 月，经过项目逐步统筹推进，A 小区非机动车停放问题有了明显改善，针对小区非机动车存在的问题做到了深入治理。从无序停放、楼前集聚到有序停放、空间增大；从满是灰尘、隐患众多到腾挪车位、干净整洁；从一片白墙到丰富多彩、醒目有趣的故事墙……本项目将参与、设计的权利交给居民，让居民拥有更多的决策权，并对项目广泛宣传，提高居民的认同感和参与感；通过实地观察、问卷和访谈等形式展开居民对于非机动车工作开展情况的满意度调查和回访；通过对比分析前后测得数据，评估成效，检验结果的实效性。

五、总结评估

（一）地面地下停车问题有效缓解

在焦点问题的解决上，社区通过群策群力，共同开展了两项行动：一是将现有双数楼栋的地下停车库进行试点坡改，原有台阶改造为摩擦大的平整斜坡，引导更多的居民将非机动车停至地下。目前小区 4 幢非机动车地下车库入口坡道已完成改造，还增加了防滑措施，更利于居民出入库；二是在小区 5、9 两个楼栋新增地面停放点位，让非机动车可停放区域尽量满足居民需求，并在选址、施工等各个环节实现居民参与。

针对小区前期规划的短板和居住人群特点，唯有将行动落实到根本问题的解决上，将新增点位的选址原则明确为不破坏、不影响小区绿化，充分保障居民的多样化需求，才能直接解决非机动车停车区域不足的问题。

（二）常态化整治僵尸车并成立联合小组

就A小区僵尸非机动车问题，首先社区牵头成立了8人联合工作小组，严格执行业主代表大会公示过的《A小区僵尸非机动车整治方案》；其次由物业登记汇总待处理非机动车辆信息，A小区业委会全流程参与，跟进监督，居民志愿者进行协助引导，逐步完成前期建档、轮番公示和自主认领等工作；最后再由第三方公司对小区内地下车库的僵尸非机动车进行试点集中回收处理，社区和警务室指导、监督方案的具体落实情况。

截至目前，已现场回收无主车辆56辆，预计第一轮将清理出被占用停车位200余个。

（三）多元宣传深入日常生活

A小区结合小区实际情况和居住人群特点，打造了三处宣传阵地。改造小区路障石球、点位墙面，增设立体彩绘，美化入户大厅，增设文明标语和示范图例。硬性改造和软性宣传的有效统筹是针对性解决电动车管理问题的有效举措。截至目前，已完成文明停车墙绘1处，楼道入户大厅主题改造1处，路障石球美化6个，增补绿化10余处。

A小区一改以往单一、传统的宣传方式，将彩绘墙面、楼道美化的设计和样式选择权交由居民，提供一种居民喜闻乐见的宣传方式，以此来达到事半功倍的效果（图1-4~图1-5）。

图1-4　楼道大厅主题改造前　　　图1-5　楼道大厅主题改造后

（四）基层社区协商民主平台建设

通过居民协商参与非机动车综合治理问题解决，社区居民逐步了解协商过程并共同促进协商结果推进。社区和第三方社会工作者使 A 小区不仅逐步确立了让社区居民欢迎的协商议事路径"建言建语，多级多境"，助力基层民主协商实践模式创新，并形成了"尚景自治家"协商品牌，还共同建设了基层协商民主的议事阵地"集尚里"，从多方面提升了相关主体的参与意愿。街道积极支持社区开展协商议事，通过试点社区和街道层面的协商民主大赛全覆盖，使得社区居民看到协商民主这一议事方法能够带来改变进而增强其积极参与的意愿，构成了 A 小区基层协商民主议事平台建设的闭环内容。

基层社区协商民主的动力来源于需求或者利益的未满足，良性发展的协商议事机制应是"人民有需求，社区要发展，政府来推动"，核心在于找到三方利益的契合点，才能使其有动力持续下去。A 小区在焦点问题解决过程中与上述机制一一对应，不断回应三方的共同需求，并在推进中将三方诉求结合，实现了共治、共建、共享的新局面。

六、专业反思

有事好商量，众人的事情由众人商量，与现代化治理所要求的治理主体多元化、治理范围广泛性、治理过程协商性相一致。A 小区将各个相关主体深入到非机动车综合治理问题的解决全过程中，让多元主体共同发声，商出共识、商出方案、商出多元主体的最大公约数。居民们"更上一层楼"的参与意识和不断丰富的议事经验，对于完善 A 小区所在社区自治项目自下而上的机制，培育居民主体意识，具有重要意义。

社区治理从始至终就倡导多主体共同参与。其重要任务之一是通过开发利用各种治理资源，实现党组织、基层政府、社区单位、社区组织和社区居民之间的合理合作。协商民主的引入在一定程度上有利于这种理性合作的形成。社区协商民主可以充分动员社区中的主体。为了有效解决社区矛盾，利益相关者需要在对话协商的平台上进行理性沟通，形成解决问题的共识。

对城市社区治理而言，形成内部合力，促进社区融合发展，就必须要广开言路，积极引导社区居民、居委会、业委会、物业、辖区单位等与社区治理密切相关的多元主体参与到社区公共事务的协商中来，献智献策，在交流互动中消除隔阂、达成共识。A 小区的这一实践充分印证了社区居民参与社区公共事务的重要性，不仅借助多方力量解决了问题，还培养了社区居民在社区中的民主参与意识，加强了对社区的归属感和认同感。这也使协商民主在基层治理中收获了更多经验，让基层治理工作更具活力，取得更大成就。

七、案例使用说明

（一）教学目的与用途

本案例教学使用说明是基于"社区社会工作""社区治理"等课程中针对社区服务、社区治理、社区发展、社区组织等主题的教学需求撰写，用于讲解社区工作中的地区发展模式、社区社会工作过程等方面的内容，案例的编写以此为出发点和落脚点，组织相关内容，对案例的分析和总结也基于这一目的。若将本案例用于其他课程，则需做调整，本案例使用说明可作为参考。

（二）涉及知识点

本案例适用于"高级社工实务""社区社会工作""社区治理"等课程教学中使用，主要覆盖知识点包括：

（1）地区发展模式的目标；

（2）地区发展模式的策略；

（3）作为社区工作方法的社区组织；

（4）社区工作的过程。

（三）配套教材

（1）社区工作。

（四）启发思考题

在社区工作的过程中，要求社区工作者遵循社会工作的专业方法和技巧，解决社区中的实际难题。本案例准确定位了案例社区中存在的问题与需求，了解问题背后的深层原因。针对小区非机动车乱停放问题，确定目标，制订服务计划并进行了有效实施。在治理过程中融入协商民主的思维方式和解决措施，提高了居民参与社区公共事务的积极性和参与度。案例涉及以下问题：

（1）什么是地区发展模式？

（2）社区工作的过程包含哪些步骤？

（3）在案例中，社区工作者是如何通过社区组织来开展社区服务的？

（4）在社区项目中，如何有效提高社区居民的参与度？

（五）分析思路

案例分析思路是引导学生运用所学知识，根据案例相关情境材料，通过一定的逻辑思路，对案例进行细致解剖和系统分析。

社区依据社区工作中的地区发展模式相关知识，结合社区工作开展的具体过程，通过基层社区协商民主平台建设，借助多方力量有效解决了社区内非机动车乱停乱放的老问题，培养了居民在社区中的民主参与意识。地区发展模式下社区工作的开展过程与方法是本案例的重点内容，熟练掌握社区工作的过程是本案例具体教学目标。依据介入式社区工作的具体过程，本案例的分析思路如下。

（1）熟悉社区。了解社区所处的内外部环境。

（2）社区分析阶段。寻找社区存在的问题与需求，确定开展分析的理论基础。

（3）制订计划阶段。选择和确定工作目标并制订具体行动方案。

（4）实施计划阶段。发动群众、协调组织，按照计划开展活动。

（5）评估阶段。对工作成效、工作方法、工作过程进行检查及评估。

（6）专业反思。多主体共治模式下社区工作的方法与价值。

社区服务以社区需求为导向，社区工作者需要运用社会工作专业的方法和技巧有效解决社区居民的实际问题。他们要设法促使社区居民积极投入到社区问题的解决过程中来，加强与各主体之间的相互沟通并尽可能链接资源，以获得解决问题所需资源。

（六）理论依据与分析

作为罗斯曼三大理论模式之一的地区发展模式，强调通过社区居民的广泛参与实现社区发展的目标。地区发展模式：一方面注重任务目标的实现，强调社区具体问题的解决；另一方面更加重视过程目标的实现，强调通过社区居民的广泛参与，充分发挥创造力解决社区问题，推动社区发展。地区发展模式鼓励社区居民提高其参与意识，通过自助或互助的方式，加强群体内的交流合作，增强社区居民的归属感和认同感。

在该案例中，依据地区发展模式的理念，社区工作者邀请社区、小区业委会、小区物业、小区居民代表和小区居民骨干等利益相关方组建协商议事团体，召开协商议事会，从多方面提升了相关主体的参与意愿与参与能力，实现了既定的工作目标。

（七）背景信息与关键点

本案例分析关键在于社区工作的主要过程，尤其是要把握地区发展模式下实现社区工作任务目标与过程目标的方法创新。

（八）课堂教学计划建议

本案例课堂教学计划，要根据学生的差异，尤其是对案例的阅读和课前对相应知识的掌握程度来进行有针对性的设置，按照2学时进行教学内容的设计。

A计划：学生事先预习到位，对于本科生和全日制研究生，可以将小组讨论布置在课外进行。因为这类学生实际工作经验少，所以案例讨论过程中需要教师引导的内容要相对多一些。

B计划：社工硕士（MSW）学生课前预习不一定完成得很好，或者学员之间预习差异较大，因此需要将小组讨论置于课堂讨论之中进行。

两种课堂教学详细安排计划如下表1-1所示。

表1-1　两种课堂教学详细计划

A计划	B计划
课前阅读相关资料和文献 1 小时	课前阅读至少 0.5 小时
小组讨论 1 小时	考虑到在职 MSW 学生课前阅读和讨论的可行性，建议将小组讨论置于课堂中进行
考虑到本科生的知识基础和对应用的理解，要适当增加讨论后的知识总结时间	
课堂安排：90 分钟	课堂安排：90 分钟
案例回顾：10 分钟	案例回顾：10 分钟
集体讨论：50 分钟	小组讨论：20 分钟
知识梳理总结：20 分钟	集体讨论：50 分钟
问答与机动：10 分钟	知识梳理：5 分钟
	问答与机动：5 分钟

在课堂讨论本案例前，要求学生至少读一遍案例全文，并尝试回答案例启发思考题。具备条件的学生还可以小组为单位，围绕所给的案例启发思考题进行讨论。

第二章　发展型社工站助力社区治理案例

案例名称：扩维增能：发展型社工站助力社区治理现代化的 JX 实践
案例执行与撰写：藏晓栋
案例督导：董明伟
使用说明：赵影
案例获奖：江苏社工项目一等奖

一、背景介绍

W 市 X 区 J 街道成立于 2007 年 5 月，由 A、B、C 三个街道合并而成，目前下辖 26 个社区，3 个社区筹建组，设有 113 个一级党组织，辖区面积 25.37 平方公里，辖区总人口数 24 万人（2021 年人口普查数据）。W 市 LZ 公益发展中心（简称 WLZ）是一家综合型、枢纽型、平台型的社会组织，2015 年起 WLZ 与 JX 街道办事处开展合作，托管运营 JX 街道社区创新发展园。经过前期治理实践，WLZ 奠定了良好的社区建设基础，打造了职业化的社工队伍，构建了普惠型的社区服务体系。兜底型需求基本满足、发展型需求不断提升、公共治理型需求日益凸显的现实是 JX 基层治理现代化的"新考卷"。

为书写好"新答卷"，WLZ 依据 JX 街道社区创新发展园发展规划，先于省厅、市局关于对乡镇（街道）社工站建设统一部署，结合 JX 街道需求，依据发展型社会工作理念，将社会赋权和能力发展作为核心理念，重视个体层面和社会组织层面的综合能力建设，通过个体性赋权和整体性社会环境营造等方式实现个人或组织的能力提升，围绕平台扩维、政策赋能，人才扩维、技术赋能，组织扩维、资源赋能，服务扩维、项目赋能开启了建设发展型社会工作服务站的先试先行之路。

二、项目目标

（一）创新平台建设，打造"民政+"社工站

JX社工站将创新组织架构，破圈治理领域，打造"民政+"社工站，整合党建、妇联、残联、卫生健康、综合治理等多部门服务内容，集聚多部门治理资源，形成多部门优势互补、治理一体、协调发展的新格局，推进社工站建设系统创新、集成创新。

（二）创新队伍建设，打造社工人才梯队

JX社工站坚持在社工人才培育体系上下功夫，构建含社区社工、社会组织社工、居民领袖等"赋能型"社工人才服务体系，有效激发各类人才创新活力与干事能力，打造适应社区社会治理现代化需要的人才梯队。

（三）创新组织建设，打造三位一体组织

围绕社会组织"影响力""专业力""生命力"三力一体建设，在党建资源、智力资源、项目资源建设方面为社会组织提供全方位支持，形成"以党建为引领、以人才为核心、以项目为抓手、以创新为目标"的社会组织培育模式。

（四）创新项目建设，打造双引擎驱动项目

JX社工站从社区的参与式和协商式着手，重点实施"益聚JX"和"议治JX"的双引擎驱动项目，以项目联动社区治理人才、治理组织、治理资源，赋权居民、还权居民，寻找推动基层自治的突破口。

三、项目方案实施过程

（一）平台扩维："民政+"，政策势能激发协调力

1. 建立"1+1+3"组织框架

"1"个"综合协调小组"：由街道分管领导任组长，由社区建设科牵头，相关科室负责人任组员，负责社工站的规划决策、资源链接等；"1"个"社工执行小组"：由社工站运营社工与相关科室持证社工组成，负责社工站具体的项目管理、空间运营、档案管理等；"3"大支持团队：建立由南京大学、华东师范大学、河海大学、江苏师范大学等高校专家组成的专业督导团队，由专业社工机构负责人组成的专业支持团队，由街道辖区产业园、银行、医院等单位组成的社会企业团队。三个外部支持团队分别为社工站提供智力支持、实践指导以及资源供给。

2. 建立"1234+N"运营体系

"1"是坚持一核党建引领，由社区创新发展园联合党支部统筹引领社会工作在多元培力链、精准服务链、永续创新链中的交融互通；"2"是构建两个治理层级，分别打造资源型＋枢纽型的街道级社工站与实践型＋服务型的社区级社工站；"3"是涵盖三全培力维度，全类别、全要素、全方位，囊括各类培力对象、各类核心素质、各类培训要素；"4"是研发四类培力方式，引入高校和社工机构社会工作领域的专家资源，开展专题培训、小班精训、带教督训、竞技实训，持续提升社工的服务能力；"N"是凝练N个社区社会工作法，积极总结提炼各社区可复制、可推广、可操作的社区工作机制，发挥示范引领作用，带动提升街道的整体社区治理水平。

（二）人才扩维：社工＋，技术潜能激发创新力

1. "四训"赋能社区社工

一是专题培训，先后邀请中国台湾、成都、SZ、上海等多地专家，围绕社区治理重点内容进行订单化培训，提升专业知识能力储备。二是带教督训，实施社工跟岗培训项目，以SZ、KS、TH花园第二社区、社工站为跟岗基地，将社工专业能力转化为项目化实操经验，目前已累计选派83名社工脱班跟岗，累计培训天数达1768天。三是小班精训，分批组织77名社区干部，实地学习上海、成都、深圳等地优秀社区治理创新模式，引导社区干部把先进的治理经验"引进来""转化好"，累计培训196人次，培训时长5000余学时。四是竞技实训，开展"最强社工"实务技能大赛，选拔56位优秀社工人才，为具有发展潜力的社工搭建实战平台。

2. "PARR"赋能社会组织社工

社工站采取"PARR"[专业（Professional）、能力（Ability）、资源（Resources）、反哺（Return）]社会组织社工人才培育模式，建设人才港湾，提供"免费创业办公、免费共享空间、免费注册指导"，实现社会组织人才拎包入驻；通过月度联席会议、一对一专家督导、外出游学、专题课堂等形式，在品牌宣传、资源筹措、项目运作、组织管理等专业能力上提供"陪伴式"指导，形成全周期、全要素、全方位的扶持体系，辅助社会组织人才完成角色定位和持续发展。

3. "内培微孵"赋能社区乡贤

采取"1+1+N"培育模式大力发展社区社会组织，即以社工站为支撑，实施"乡贤研学堂"计划，采取社区居民促参引导、领袖挖掘培育、团队增能增力、小微项目实践、组织备案注册等N项具体措施，引导枢纽型社会组织在开展社区服务的同时积极反哺社区，一方面发现和培育社区乡贤，协助社区建立自组织

及在地化团队，另一方面由社会组织带着社区乡贤做项目，进一步强化专业社会组织带动培育本土草根组织的作用，将以社区乡贤人才为骨干的草根组织逐步培育为能够提供多元服务、有序参与社区治理的社区社会组织。

（三）组织扩维：资源＋，多元动能激发合力

1. 党建资源提升"影响力"

为进一步发挥党建引领在社区治理中的核心作用，成立社区创新发展园联合党支部，连续实施"红色旗舰"党建增能服务项目，创造性运用"一核双孵化三融合四服务"的社会组织党建发展路径，由专业社会组织、社区草根组织中的党员骨干承接党建微公益服务项目，通过孵化培育、党建指导、能力建设、项目实践"四大步骤"，抓平台、抓引领、抓覆盖、抓共建"四种手段"，推动基层党建工作与基层社区治理深度融合。

2. 智力资源赋能"专业力"

持续推进社工站载体建设，通过社会组织能力建设、社会组织咨询督导、公益伙伴日等方式形成众创空间、孵化器、资源池等相结合的"链条式"培育发展体系；依据社会组织招募制度、考核制度等形成社会组织"三大"评价指标体系，从党建工作、组织基础架构、日常工作和社会评价等方面对社会组织进行客观、全面评估，将评估结果作为组织培育、项目扶持等重要指标，从而有效指导社会组织向规范化、专业化升级。共计开展社会组织能力建设53场，社会组织咨询督导759次，社会组织公益伙伴日29场，实现由培育孵化到能力提升的迭代升级。

3. 项目资源锻造"生命力"

社工站积极实施社会组织与社会资源"桥梁搭建"工程，在社会组织培育过程中强调资源到位，根据社会组织规模及能力，纵向争取匹配省、市、区三级项目资源，根据社会组织特点和业务范围，组织召开"社社共创"JX街道社区与社会组织资源对接会，横向链接涉及服务领域职能部门及社区等相关资源，通过分期分段培育，变"输血"为"造血"，不断打造社会组织成长的内外部良性生态系统。

（四）服务扩维：治理＋，项目效能激发品牌力

1. "益聚JX"助力社区参与式治理能力提升

社工站以"惠民生、增民主、聚资源、促治理"为目标，以"需求由居民表达、方案由居民决策、实施由居民监督、绩效由居民评价"为宗旨，实施"益聚JX"社区参与式治理项目，面向辖区28个社区征集由社区居民主导的微小

型公益项目。一是项目征集，面向 JX 街道各社区征集由居民主导的社区微公益项目；二是项目评审，组织辖区 50 名社区居民形成大众评审团，组织召开社区参与式治理公益项目评审会，由居民决定每个项目的去留；三是赋权增能，针对入围的居民项目，开展专题培训、督导交流、外出参访等；四是项目结项，组织大众评审团开展现场评议，结合日常跟踪分进行综合排序，评选出"十佳"项目。通过微公益项目挖掘社区能人，由能人带动居民参与社区公共事务，推动社区社会组织培育发展，系统提升居民自我管理、自我服务、自我教育水平。

2. "议治 JX"助力社区协商式治理能力提升

社工站以"议治 JX"社区创优实践项目为抓手，形成"2+3+4"的基层社区协商民主议事发展模式。2 是指顶层设计两步走，第一步建立街道级基层协商民主枢纽平台，以"街道社区建设科 + 街道社工站"为支持平台，以社区党组织为领导搭建实践平台；第二步，每年出台"议治 JX"实施意见，要求各社区以项目化形式申报本年度社区议事工作，建立社区级议事平台、推动议事立项。3 就是以社区议事增能、议事示范教学、议事研讨"3"大技术服务为支点，撬动社区协商议事的内生力，最终通过项目初审把好准入关、现场督导把好实施关、中期评估把好进度关、评审竞技把好质量关，确保社区治理多元主体在项目实践中提升统筹协调、组织动员、解决问题的能力。

四、总结评估

（一）社工站变身"枢纽站"，社区治理现代化体系优化升级

JX 街道社工站以发展角度从平台、人才、组织、项目四个方面开展赋权增能，协助各社区发展平台载体、人才培力、组织孵化、项目实践，积极助力各个社区总结具备自我特色、内生动力、外部资源、项目化实践的各类社区工作体系，汇编《JX 街道参与式治理案例集》，内容包含 119 个居民组织参与式治理案例；汇编《JX 街道协商议事治理案例》，内容包含 25 个社区协商民主治理案例。2021 年年底，根据 JX 街道社工站建设发展现状，由河海大学、江苏师范大学社会学系专家导师组成的顾问团，围绕基层社区发展中的社区社会组织培育、社区参与式项目发展、协商民主体系建设等经验和成果，指导社工站编写了《JX 街道社区治理指导手册》。全册包含 3 个篇章体系、15 个实际案例、12 个实务表格、共计 22539 字，旨在厚积沉淀社区治理成果，指引实践未来社区治理发展。截至目前，太湖花园第一社区社区"环境契约人"培育工作法，太湖花园第二社区生态友邻"双循环"工作法，春阳社区 4W 分类交互式协商工作法，叙丰家园社区新媒体时代下的"1246"社区服务工作法等 28 个社区治理工作法已经

逐步成型。社工站不断构筑更加科学有效的社区工作法，为打造共建共治共享的社区治理新格局提供更多 JX 社工站样板。

（二）社工站变身"加油站"，社区治理现代化能力显著提升

人才治理是一个不断适应和满足社区治理现代化需求，持续储备更新优秀人才的过程。通过社工站人才治理模式的探索实践，JX 街道不断保持和提升人才优势，锻造了一批素质优良、能干实事的优秀治理人才。从社区社工梯队状况来看，街道目前社工总人数 308 名，全街持证社工 226 人，其中助理社会工作师 135 人，社会工作师 91 人。街道现有星级社工总人数 275 人，其中三星社工 40 人，四星社工 63 人，全区唯一一个五星社工花落 JX 社工站，持证社工、星级社工保有量均居全区前列。在三届"最强社工"实务技能大赛晋级决赛的 56 人中，有 11 人受到提拔，提拔率接近 1/3；从社会组织社工梯队来看，孵化启新、德盛、爱萌芽、儿童童话阅读中心等社会组织 37 家，培育周旺平、陆远平、张林、朱佳怡等社会组织人才 68 人，挖掘省级项目 2 个、基金会项目 5 个、市级项目 24 个、区级项目 32 个、街道级 86 个，累计资金达 1444 万，服务辐射近 15 万居民。从社区乡贤人才梯队看，共计孵化 113 个社区草根团队，培育 951 名居民骨干。例如，春阳社区"萌学堂"负责人王凤玲，通过两年的"益聚 JX"社区参与式治理项目，将零散的亲子活动以项目化运作的形式串联起来，形成了自己的品牌活动，将自己最初的居民小型居民志愿团队发展成为社工站的入驻社会组织，且在社工站帮助下成功注册。目前她不仅是春阳社区的得力帮手，更是逐步向外拓展，落地其他社区、街道开展项目，并多次受邀到其他街道、市公益创新创业园分享交流经验，其对组织的运作能力日趋成熟。

（三）社工站成为"终点站"，社区治理难题有效破解

1. 精准提供民生服务

社工站培育的 37 家社工机构落地项目 90 个，服务 5 万余人。而由社区乡贤团队承接的 120 个"益聚 JX"社区参与式治理项目，已累计开展活动 4739 场，服务 95000 余人次。一个个项目的落实不仅提供了丰富服务，进一步满足居民需求，社会组织、社区乡贤人才也逐步发展了自己的团队与业务，形成特色服务品牌。例如，由 W 市启新志愿者服务中心实施的"康福夕阳"志愿互助培育项目，在叙康里社区的支持下，培育出了由六七十位专业志愿者组成的互助养老志愿团队、文化健康生活团队、娱乐休闲表演团队三个服务团队，开展形式多样的志愿服务，打造出一张叙康里社区邻里互助的"爱心名片"。

2. 精准解决公共问题

社工站大力推动协商治理在社区的广泛实践，全街道 28 个社区累计推选议事代表 2002 人次，召开协商议事会 396 次，征集协商议题 602 条，开展协商议题 302 条，通过协商民主程序已解决问题 201 个，惠及居民 83850 人次。JX 社工站在推进基层协商议事的实践中也是硕果累累，共计 10 个社区项目获得市级荣誉，17 个社区项目获得区级荣誉，如《太二社区"和二唯议"协商议事项目》获得 W 市社区治理服务创新实践"书记（主任）项目"一等奖；《春阳社区的"金乡邻"自组织管委会项目》《太二社区志愿力量"迭代"计划》获得 W 市社区治理项目二等奖；《东风家园社区的"茶馆微治"老年人议事平台的搭建与运作》与《叙丰家园社区的新媒体时代下的"1246"社区服务新模式》获得 W 市社区治理项目三等奖。

五、专业反思

基于过去一年半发展型社工站的运营，WLZ 发现在实施过程中侧重于社工和社会组织的综合能力建设以及"五社"要素的发展及其激励工作，忽略了"五社"要素的关联性以及"五社"进行关联性培育和发展。WLZ 结合实践经验，有以下几点反思。

（一）以社会组织为切入点，探索社会组织卷联型发展

实施过程中可优先选择有良好社会组织建设基础的社区，以社区社会组织作为社工－社区联合启动要素。第一，依托社区社会组织开展社区志愿服务，发展志愿者、发掘志愿者骨干，进而建立志愿者队伍；第二，社工和社区"两委"联合行动，延伸链接志愿者网络中的慈善资源要素；第三，针对社区问题和社区服务设立项目，而这一系列项目又转而依托社区社会组织和志愿者队伍来实施。

由此，"五社"要素实现社工－社区"两委"联合行动，从本社区的已发展优势要素出发，撬动社区社会组织—社区志愿者—社会慈善资源接续卷入，前后相继形成"五社联动"的实践模式。

（二）以社区志愿者为切入点，探索社区志愿者卷联型发展

实施过程中优先选择志愿服务基础较好的社区，社工－社区联合行动，大力培育社区志愿文化及公益精神，建立稳定的、组织化的社区志愿服务组织以及有效的志愿服务激励机制；再以志愿型社会组织服务社区，解决社区难题，丰富社区精神文化生活，扩展建立各类娱乐型、趣缘型、学习型、服务型组织，在激活社区联结的同时，链接在地的企事业单位共同开发慈善资源，投入社区

志愿服务和专业服务项目，助力社区治理。由此，社工－社区联合，先启动社区志愿者要素，创新志愿者激励机制，建立志愿型组织，通过广泛发展志愿者促动社区联结，发动志愿骨干培育各类社区社会组织，搞活社区，促进社区治理，形成"五社联动"的实践模式。

（三）以社会慈善资源为切入点，探索社会慈善资源卷联型发展

实施过程中优先选择慈善资源开发及应用基础较好的社区，社工－社区应社区所需联合行动，设计社区治理和服务项目，筹措或引导资源投入，发动社区社会组织和志愿者参与社区治理及社区服务。如此，形成社区"两委"引入资源或社工开发社会慈善资源—社工联合或发动社会组织承接社区项目或开展社区服务—链接专业志愿者资源并引导社区志愿者协作或参与的行动历程。

六、案例使用说明

（一）教学目的与用途

本案例教学使用说明是基于"高级社工实务""社会工作管理""社会工作行政"等课程中的社会服务、社会工作平台管理、平台型社会工作机构的教学需求撰写，用于讲解平台型社会工作机构在运作平台、管理平台、培育孵化等方面的内容。案例的编写以此为出发点和落脚点，组织相关内容，对案例的分析和总结也是基于这一目的。若将本案例用于其他课程，则需做调整，本案例使用说明可作为参考。

（二）涉及知识点

本案例在于"高级社工实务""社会工作管理""社会工作行政"等课程中使用，主要覆盖知识点包括：

（1）社会工作平台的管理功能；

（2）平台型社会工作组织；

（3）发展型社会工作理念；

（4）增能理论。

（三）配套教材

（1）社会工作平台管理；

（2）社会工作行政。

（四）启发思考题

本案例主要通过社会工作站的建设、运营和管理，系统性呈现了社会工作

者在发展型社会工作理念和增能理论指导下，运用社会工作平台载体，通过个体赋权和社会环境营造等方式实现个人和组织的能力提升，最终培养了一批社会工作人才和社区社会组织。同时，社会工作平台以发展角度将各类资源引入，盘活已有存量资源，从平台、人才、组织、项目四个方面开展赋权增能，协助各社区发展平台载体、人才培力、组织孵化、项目实践，实现了社区治理难题有效破解和社区治理机制创新。

（1）增能理论如何在社会工作平台管理中运用？

（2）社会工作平台管理的功能如何体现？

（3）社会工作平台如何培育社工人才和组织增能？

（4）社会工作平台如何盘活政策资源？

（五）分析思路

案例分析思路是引导学生运用所学知识，根据案例相关情境材料，通过一定的逻辑思路，对案例进行细致解剖和系统分析。

社会工作平台具有支持性功能、结构性功能和生态性功能。在支持性功能上，社会工作平台主要体现了培育孵化功能、技术支持功能、人才聚集功能以及合作平台建设功能等。在结构性功能上，社会工作平台将大量的技术、资源汇集到平台中，引导人才、项目、技术、组织要素去破解社区发展中的难题和痛点，实现聚集要素、聚焦问题、聚变行动的发展模式。在生态性功能上，一方面社会工作平台引入资源、共享资源，补齐基础设施短板，促进组织间合作；另一方面社会工作平台通过培育人才、孵化组织、链接项目的方式，联动解决了社区治理难题；同时，平台上的人才、组织、项目、创新要素通过平台聚集、聚焦、聚变，为破解社区治理难题提供包括技术、方法、资源以及灵感等的综合性解决方案。

（六）理论依据与分析

1. 发展型社会工作

发展型社会工作是一种强调将促进人们的经济参与、发展与改善其社会功能问题相结合的社会工作理论和方法。其突出的特征是综合干预和大量使用社会投资策略。以米奇利等为代表的国外学者认为"发展型社会工作"理论模式的基本假设包括：①"发展"包括"经济发展"，是人的一项基本需求，也是社区重要的基础性需求；②人和社区都存在着经济发展与全面发展的动力和潜能，但在某些情况下（如灾害的影响与过度市场化），这些动力和潜能可能得不到有效发挥，导致发展受阻并产生关联问题；③社会工作专业应当且适合介入有关人与社区经济发展和整体发展的领域，通过运用整体分析视角和助人自助技能消除障碍、增强能力，促进人与社区的经济社会协调发展；④通过支持体现社会面向的经济发展行动，促进有关人群经济发展与社会发展的统一，可以有效解决某些社区和群体发展受阻的问题，并对改善群体问题起到积极作用。在此理论模式中，社会工作介入的总目标是：促进人包括经济发展在内的发展能力的释放和发展潜能的实现，支持其更好地满足自身经济发展需求和其他多样的发展需求。

基于此理论，社会工作者针对能力受阻的社会组织和潜能受到抑制的个人，协助其克服限制和障碍，探索能满足自身发展需要的有效行动路径，逐步实现其发展目标；关注社区整体发展和社区治理需要，以改善社会性发展的能力和状况为焦点，全面协助其身心恢复发展、经济生活发展等，支持其迈向自主性的生活和全面可持续的发展进程。

2. 增能理论

增能是指个人与他人及环境的积极互动过程中，获得更大的对生活空间的掌控能力和自信心，以及促进环境资源和机会的运用，以进一步帮助个人获得更多能力的过程。增能理论认为个人需求不足和问题的出现是由于环境对人的排挤和压迫造成的，为服务对象提供的帮助应该着重于增进他们的能力，以对抗环境的压力。其基本假设包括：①个人的无力感源于环境的排挤和压迫；②阻碍人的能力发挥的环境障碍是可以改变的；③个人的能力是可以通过社会互动不断地增加；④社会工作者与服务对象的关系是一种合作性的伙伴关系。

在此理论指导下，社会工作者协调了"民政 +"等政策势能，争取了环境和政策支持，改变了不利于实现自助的制度和环境。此外，社会工作者重视服务对象的能力而非缺陷，通过跟岗、项目实践等形式发挥其自身能力，改变服务对象"无力感"的感受。同时，在服务开展过程中，社会工作者始终保持与服务对象的协同伙伴关系，让服务对象认识到专业人员只是帮助他们解决问题的伙伴，他们则是解决问题的主体，从而帮助其实现赋权增能。

（七）背景信息与关键点

本案例分析关键在于社会工作在设计、运营、管理平台时，需要跳出原有社会工作理论视野，用平台思维重新思考社会工作平台的共同边际效应如何实现，实现平台中社会组织的协同发展，创新社区治理模式。

（八）课堂教学计划建议

本案例课堂教学计划根据学生的差异，尤其是对案例的阅读和课前对相应知识的掌握程度来进行有针对性的施教，按照 2 学时进行设计教学任务的。

A 计划：学生事先预习到位，对于本科生和全日制研究生，可以将小组讨论布置在课外进行。因为这类学生实际工作经验少，所以案例讨论过程中需要教师引导的内容要相对多一些。

B 计划：社工硕士（MSW）学生课前预习不一定完成得很好，或者学员之间预习差异较大，因此需要将小组讨论置于课堂讨论之中进行。

两种课堂教学详细安排计划如下表 2-1 所示。

表 2-1　两种课堂教学详细安排计划

A 计划	B 计划
课前阅读相关资料和文献 1 小时	课前阅读至少 1 小时
小组讨论 1 小时	考虑到 MSW 学生课前阅读和讨论的可行性，建议将小组讨论置于课堂中进行
考虑到本科生的知识基础和对应用的理解，要适当增加讨论后的知识总结时间	
课堂安排：100 分钟	课堂安排：100 分钟
案例回顾：10 分钟	案例回顾：10 分钟
集体讨论：50 分钟	小组讨论：10 分钟
知识梳理总结：30 分钟	集体讨论：60 分钟
问答与机动：10 分钟	知识梳理：10 分钟
	问答与机动：10 分钟

在课堂讨论本案例前，应该要求学生至少读一遍案例全文，并尝试回答案例启发思考题。具备条件的学生还可以小组为单位，围绕所给的案例启发思考题进行讨论。

第三章 古城区面貌更新、历史焕新、经济推新案例

案例名称：薛家有你 湾若新生——HQ 街道山塘街薛家湾街巷"三更新"计划

案例执行与撰写：严江城

案例督导：魏晨

使用说明：朱启彬

案例获奖：江苏社工项目三等奖

一、背景介绍

古城，一个能够带给人满满回忆的词。它包含着特别丰富的文物，也留存着一代又一代人的生活记忆。如今，在全面步入小康社会的道路上，古城发展面临着"古城环境"与"居民美好生活"之间的矛盾，亟须破解，如空间环境——硬件设施、空间环境难以满足居民的需求；文化环境——居民对于古城的归属感、认同感以及历史了解程度慢慢淡化；经济环境——传统手艺、特色美食缺少传承。

（一）理论背景

近年来，协商民主在基层治理服务当中、在痛点、难点、焦点问题的解决过程中，发挥着重要的作用。党的十八大报告指出"社会主义协商民主是我国人民民主的重要形式"。十九大报告指出"要发挥社会主义协商民主重要作用，切实推进广泛、多层、制度化发展"。

SZ 市 GS 区坚持把加强基层党的建设、巩固党的执政基础作为贯穿社会治理和基层建设的一条红线，以"党建引领、古城保护"作为工作主线，围绕保护发展古城、创新社会治理、传承优秀文化三大主题，以改善人民生活、增进人民福祉作为一切工作的出发点和落脚点，逐步建立"党建引领、民主协商、项目运作、协同共治"的社会治理机制。

为响应 GS 区"加强传承保护，推动古城有机更新"的号召，HQ 街道联合专业社会组织，通过《SZ 市 GS 区 2020 年度协商民主建设示范项目》，围绕薛家湾沿河区域的"环境、历史、经济"三方面，通过协商议事，与居民共同参与有机微更新，打造具有特色烟火气息的薛家湾历史人文景点。

（二）环境背景

薛家湾位于山塘街尾线的居民生活区，与山塘河、清洁河、护城河相通，长约 1 公里，原为船只交汇处，水面宽阔，房屋错落有致，粉墙黛瓦、依水而建，是 SZ 老城区唯一具有水乡气息的原生态居民区。它分属桐星和清塘两个社区，居住人员以 SZ 本土居民为主，约 1000 户。薛家湾与白姆桥、八字桥、窑弄等历史地标临近，在空间、文化、经济环境三方面呈现如下特点：

1. 空间环境

缺乏晾晒区：薛家湾沿河居民区房屋，皆为独门独户底层房屋，由于建筑密度高、空间不足，居民日常晾晒十分不方便，尤其是在晴天。居民的晾晒方式分为以下几种：①使用自家移动的晾晒架子进行晾晒；②自家内部晾晒；③在河道边上搭架子、拉线进行晾晒；④在电线上进行晾晒。

电线杂乱：薛家湾属于老城区，电线线路还是通过电线杆连接千家万户。随着网络通信的发展，由于线路未进行有效规划，光纤与电线交织现象较为严重，部分电线已经不堪重负。

墙面斑驳：由于薛家湾居民区的房屋建造年代皆为二十世纪八九十年代，房屋墙面已经受到侵染，斑驳、开裂现象比比皆是。同时在规划上，薛家湾还未被纳入山塘街改造的区域，因此在墙面、雨棚等上还是并未有效统一。

毁绿种菜：在薛家湾沿河区域，每隔 2 米左右就有一个花坛，其中北侧花坛的种植情况较好，南侧的则被破坏得较厉害，近 50 个花坛，有部分在居民的长期维护下获得了较好的保护，约有三分之一的则已经光秃，剩下的变成了居民种蔬菜的工具。

杂物乱堆：由于房屋结构、面积较小，且老人都有囤物的习惯，薛家湾辖区内有较多公共区域堆放杂物，有不长期使用的电动三轮车、废旧木柴家具、冰箱等，对整体环境有较大的影响。

乱丢乱倒：以老 SZ、外来租客人员为主要居住人群的薛家湾，由于缺乏对"家园"的归属感与认同感，日常生活习惯后注重环境保护，对河流环境产生了较大影响，有时可以清晰看到在湖面上漂有杂物，有蔬菜、塑料袋等，居民向河里扔垃圾、倒污水的情况时有发生。

2. 文化环境

薛家湾原为船舶交汇处，临近护城河、山塘河，是古城的繁华地带，有着丰富的传统文化，是苏式文化的缩影，如呈现出"八"字形的八字桥、与白居易相关的白姆桥、古代悼念溺水者的七佛柱、古井、古宅等。对于这些，只有极少数人了解，关于它们的故事逐渐被人遗忘。

3. 经济环境

薛家湾附近，商业形式多样，周边百余家小商户的商品不仅仅品类繁多，能够满足老 SZ 人日常生活所需，还价格低廉。有很多原来居住在附近的老人，搬家后依然会不定期来这里买东西，不仅仅因为这里的东西便宜、质量好，更多的是有一种小时候的回忆在里面。

二、项目目标

薛家有你，湾若新生——薛家湾街巷"三更新"计划，围绕"社古城保护+会工作+协商民主"三个层面，通过协商民主内容主要是，以薛家湾在地居民生活需求为出发点，结合 GS 区古城保护，围绕"面貌更新、历史焕新、经济推新"三个层面开展项目服务，唤起居民对于 SZ 古城的记忆，建立居民参与古城保护的协商渠道，整治、提升居民的生活环境，共建共治共享美好苏式生活，维护在地居民对于古城的共情、共鸣、共识、共生。

（一）面貌更新

从在地居民的切实需求出发，联动环卫、城管等多部门进行杂物、环境卫生清理，并围绕墙面、宣传栏、导视、花坛、晾衣架等内容，进行试点区域相关设施的更新与补充。

（二）历史焕新

围绕薛家湾历史典故、周边景点、古建、苏式特色等内容进行文化挖掘，并通过制作手绘资源地图、设置指向标等方式进行宣传介绍，更新历史文化、SZ 故事。

（三）经济推新

通过相关文创产品、资源地图、宣传单页，对薛家进行宣传，可以让更多的人走进薛家、认识薛家湾、了解薛家湾，提升薛家关注度。带动辖区商户特色美食、手工艺品等各种优质、廉价的商品出售，如鸡头米、茶叶、酱菜、茨菇片等苏式特产。

三、项目方案

（一）项目周期

2020 年 11 月—2021 年 8 月。

（二）协商民主程序及内容

协商民主程序及内容如表 3-1 所示。

表 3-1　协商民主程序及内容

协商民主程序	协商民主内容		
明议题	述感受	议现象	定主题
促协商	述需求	议原因	定方法
	述资源	议权责	定主体
定方案	述目标	议方案	定流程
共执行	述进度	议质量	定优化
评成效	述变化	议成效	定机制

（三）具体推进计划

具体推进计划如表 3-2 所示。

表 3-2　具体推进计划

序号	议程	主要内容	活动形式	时间	所需工具
1	明议题	通过入户调查（薛家湾公共空间涉改百米范围内）、社区议事会等形式，对公共空间改造的议题进行确定与公示	社区调查	2021 年 1—3 月	需求调研问卷、入户问卷、社区议事会
2	促协商	围绕公共空间的更新所涉及的各方利益、权责、需要的资源、使用方法、联动形式等，进行多次协商	协商会议	2021 年 4 月	社区议事会
3	定方案	确定公共空间改造的目标、具体施工方案、执行人、流程等进行参与式投票与公示	协商会议、告示公示	2021 年 5 月	施工方案、参与式投票方案
4	共执行	实施公共空间更新工程；对改造后的公共空间进行参与式装扮；成立公共空间关注小组	工程改造、组织建设	2021 年 6 月—2021 年 7 月	关注小组遴选、培育、使用方法指南
5	评成效	对居民、物业、利益相关方等参与主体进行表彰；对改造后的公共空间更新工程进行民主评议；对协商民主在地程序与机制进行评价	社区晚会、社区评议、文本论证	2021 年 8 月	协商民主机制

（四）风险与预案

风险与预案如表 3-3 所示。

表 3-3   风险与预案

序号	可能出现的风险	预案
1	达成改造、方案等共识的时间成本比预期长	动用社区居委、居民骨干、党员等进行先锋影响者的塑造 对个别反对者进行一对一的调研和个别督导，对于其他一般居民进行集中告知 强调程序的神圣性，对于已经达成的共识不再附仪
2	施工后实际图与效果图的偏差	在施工之前对居民及相关方做好心理建设，合理化期待施工改造的效果图 对可预见的施工偏差环节进行及时调整和原因告知，让居民理解存在偏差的不可抗力因素 对于施工环节中重大的施工环节，比如关乎色泽、质地、外形、结构等，与设计师、购货商以及施工方在施工前一周确定
3	实施改造工程中涉及到行政沟通的成本与流程繁琐，影响项目进度	对在项目施工阶段中可能涉及的招投标工作进行时间预留 对小区空间改造设计的垃圾清运、路障设置等进行立项时的行政报备 在协商阶段，对各主体的权责、事项、节点进行明确和跟进

（五）实施团队

项目实施团队相关成员信息如表 3-4 所示。

表 3-4   项目实施团队相关成员信息

本项目实施团队的成员信息					
姓名	单位及职务	相关工作经验	学历及专业	项目分工	备注
严江城	事业部副主管	清塘社区万里小区协商民主项目负责人	本科、行政管理	项目负责人	
张琦	项目主管	元和街道社区服务	本科、社会工作专业	项目支持人员	
戴梦雅	项目主管	SZ市社服项目、元和社服	本科、社会工作专业	项目支持人员	
本项目外部支持团队信息					
姓名	单位及职务	性别	年龄	学历及专业	专业资质	项目分工
魏晨	江苏师范大学行管学院副院长	男	43	法学硕士	江苏师范大学副教授	督导
洪梅	SZ市GS区LZ副总干事、事业部主管	女	31	社会工作硕士	中级社工师、SZ市实习督导	督导

（六）预期效果

1. 通过焦点治理，推动居民参与，唤起居民记忆

本项目围绕薛家湾环境、文化、经济三个方面开展服务，最终的目的是让居民生活能够更加美好，因此在项目开展过程中，计划通过沟通、交流、协商等，促进居民参与、居民自治，组建居民队伍自我管理薛家湾，唤醒居民对于古城的共情、共鸣、共识、共生，更好传承古城文化。

2. 提升薛家湾知名度

通过项目的实施，在改变薛家湾的同时，扩大薛家湾的知名度，计划产出一批产品、一些故事、一些报道，更好地宣传薛家湾、介绍薛家湾，让更多人关注薛家湾、走进薛家湾、了解薛家湾、认识薛家湾。

3. 多维度推进古城保护更新

薛家湾街巷"三更新"计划是社会组织参与古城保护更新的一次实践，项目融合了多元主体参与，突出共建共治共享，预期通过该项目，能够给薛家湾以及在地居民带来变化的同时，促进多维度、多角色参与古城保护更新机制的建立。

（七）经费预算

本项目的整体预算费用为 10.96 万元，其中活动费所占比例为 51%，用于环境更新、设施建设等；宣传费占比为 5%，用于宣传、动员居民参与，以及活动开展等；人员费用占比为 21%，包含督导、人员劳务费、社工费等等，除以上费用还有管理费、设计费、税费等。

四、项目方案实施过程

薛家湾街巷"三更新"计划的实现途径是协商民主，其中主体主要涉及街道、社区、社会组织、居民、以及相关职能部门（如环卫、城管等）、社会企业（如电力公司、电信公司、移动公司、联通公司等）。在项目服务开展过程中，通过唤醒情感（共情、共鸣、共识、共生），促进湾巷治理（共建、共治、共享），基本流程如图 3-1 所示。

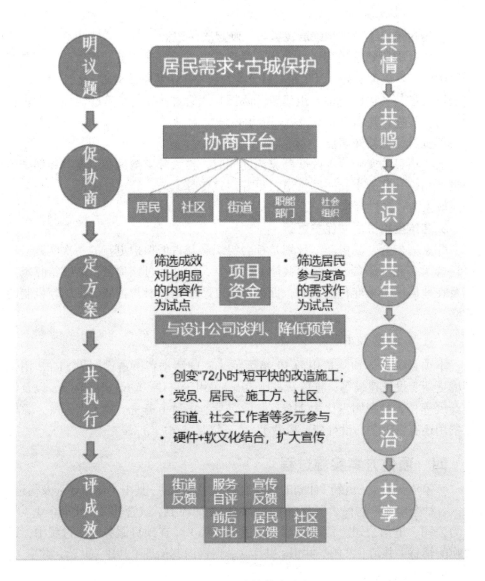

图 3-1　项目实施基本流程

（一）共情：参与式调研、了解需求

开展项目服务，不仅仅是社区、社会工作者的事情，也是服务对象的事情，与服务对象的需求密切相关。为此，在"明议题"阶段，社区、居民代表等多方主体共同参与了薛家湾辖区居民需求调研，建立居民需求、古城保护与项目开展之间的"共情"，促进项目后期的有序推进。

调研团队围绕环境卫生、硬件设施、需求建议、文化典故等主题，对20名居民进行了调研，并汇总产出了"设施、环境、文化、宣传、经济"五个主题的29个议题（表3-5）。

表3-5　薛家湾街巷协商民主项目议题清单

设施议题	白姆河淤泥	雨污管道	雨棚	公租房维修
	缺乏晾晒	电线线路		
环境议题	花坛种菜	绿化维护	杂物堆放	乱丢/倒垃圾
	墙面斑驳	乱搭乱建（晾衣绳）		
文化议题	百姓生活场景挖掘	历史典故寻找	文物历史讲述	周边特产（搜寻）
	社区讲解员（培育）			
宣传议题	指示牌牌	文化地图	典故介绍牌	文化宣传活动（快闪）
	墙面美化	媒体平台	宣传册	
经济议题	资源地图（美食、民宿）	共享居民茶馆建设	文创产品	手工民俗
	特色联盟活动			

（二）共鸣：前置协商、明确议题

在对调研数据进行整合与分析后，街道、社区及居民代表共同召开了首次协商议事会——前置协商，开展本次协商会议的主要目的是通过大家的讨论，明确项目需要去回应的主要议题。在现场，大家对调研数据进行了分析，发现大部分居民对于环境卫生（墙面、污水）、基础设施（绿化、杂物堆放、晾晒）、文化宣传展示等内容具有较高的关注。随后，大家共同讨论，决定以试点营造为主要形式，围绕薛家湾进行如下内容的改善与优化：

（1）雨污管道清理，解决污水溢出、产生恶臭的情况；

（2）清理杂物、废旧物品，提升街巷整洁度；

（3）补充晾晒空间，引导居民合理晾晒；

（4）对存在危险隐患、影响美观的雨棚进行更新；

（5）打造家门口的花园与议事亭；

（6）种植绿化，提升环境；

（7）设计制作导览图，进行薛家湾历史介绍、方向指引；

（8）修复宣传栏与墙面美化。

（三）共识：多方协同，回应需求

通过宣传与告知，提前向居民介绍项目开展情况，并告知计划进行杂物清理，促进居民整理自身物资。同时污水溢出、电线杂乱、杂物堆放等问题，在社区、职能部门的联动下，得到了有效的回应：

（1）环卫部门对下水道进行污水抽取，解决了污水溢出问题；

（2）电线公司对下垂电线进行清理，减少了安全隐患；

（3）社区、城管、环卫清理堆放在居民家门口的杂物，提升小巷整洁度，建立居民信任。

（四）共生：专业分工，确定方案

在前置协商过程中，居民普遍关注的是硬件设施与环境卫生，因此，街道与社区、社会工作者进行第二部协商，明确围绕"空间环境硬质量＋文化经济软实力"两方面推动项目。

在确定试点地点后，由于每个位置涉及不同居民对象，在施工过程中会影响居民的生活，需要与试点改造区域的居民进行专项方案设计，并进行提前沟通确认。因此，社会工作者对接了专业设计公司、高校老师、施工师傅和居民，进行了现场讨论，确定大家对于空间改善的具体需求，并进行设计。

由于资金有限，过程中，街道、社区不仅仅对设计方案是否满足居民需求进行把关，还需保障项目资金合理使用。经过与居民不断的沟通与协商（居民提意见、提想法），与施工方的沟通交流（施工方提解决方案），最终确定了8个试点空间的设计方案，并对应在每个点位进行了方案现场公示。

（五）共建：创变72H，共建家园

从共情、共鸣、共识、共生，到共建、共治、共享，是从理念到实践的转变。为更好地提升居民对于薛家湾的认同感、归属感，促进居民参与古城保护。在试点方案确定后，街道、社区、社会组织共同发起了"创变72小时"，计划通过短平快的改造，既减少对于居民日常生活的影响，又增加大家对于成效的及时反馈，激发居民持续爱护古城、保护古城的意愿。

过程中，居民、社区、街道、社会组织、社会工作者、设计公司、施工方等多个主体共同参与到薛家湾建设过程当中，在有序的分工下，依次完成了休闲椅的安装、雨棚的焕新、花坛的清理优化、花木种植、导览安装、晾衣架安装、变电箱美化、议事亭修缮等工作，在72小时内，薛家湾的8个点位焕然一新。

（六）共治：文化挖掘、多元呈现

通过前期的调研，社会工作者发现在薛家湾有很多人文典故、历史文化，由于大部分居民对于这些内容了解较少，为此，在社区的推荐下，为民找到了专门对薛家湾进行讲解、介绍的居民志愿者，对薛家湾历史故事进行整理，并将整理的内容通过张贴写真的方式在变电箱上面进行宣传，让更多人了解薛家湾的历史文化。

同时为更好地宣传薛家湾的文化、风光、苏式生活以及周边的特色美食，在高校美术老师的技术支持下，将改造点位与特色资源进行了整合，制作生成

14 张手绘与 1 张薛家湾资源地图。

（七）共享：文创制作、反哺公益

古城保护，不仅仅需要爱护好古城的建造、文化，同时还要让更多的人了解古城、认识古城。通过前期的努力，薛家湾街道"三更新"计划实现了在环境卫生、文化等方面的更新。经济上，在薛家湾，有各类商户，有琳琅满目的商品，这些商品不仅仅价格低廉，同时质量过关；还有各种美食美味，保留着老底子的味道，如茨菇片、鸡头米、酱菜等。社会工作者将带有薛家湾特色文化的 logo、创变场景、苏式生活等转化成了手绘，并制作成了一批文创产品——明信片、雨伞、T 恤、水杯、书签等，通过宣传，吸引了更多的人来到薛家湾，同时通过"同心驿站"（由志愿者管理的便民服务站，为游客提供指引、咨询、热水等便民服务）对文创产品柜进行售卖，售卖后所获得的资金将继续用于薛家湾的建设更新。

五、总结评估

经过半年的努力，《薛家街巷"三更新"计划》项目，从薛家湾居民需求（环境卫生）焦点着手，建立共情、形成共鸣，通过协商民主议事促进共识、共生，最后在共建、共治、共享下促进了薛家湾"环境、文化、经济"的变化，解决了"古城环境"与"居民美化生活"之间的矛盾。

（一）从试点美化到全面更新

项目通过试点营造的方式，对薛家湾 8 个点位进行了参与式更新，居民家门口的下水道的恶臭没了，阻碍通行的下垂电线清理了，家门口多了便民座椅与晾衣架，大量杂物被清理了，沿河墙面变白了，等等。项目不仅仅获得了居民的点赞，还让更多人的关注到了薛家湾。创变行动结束后，"GS 发布"微信公众号对项目进行了宣传报道，《SZ 日报》《GS 晚报》等多家市级媒体对薛家湾进行了宣传。随后，山塘街三期沿河立面景观提升整治工程也入驻薛家湾，对沿河房屋、环境进行了二次提升，更全面改善了薛家湾环境卫生，保护了古城风光。

（二）从古城印象到多方共治

在项目的开展过程中，居民对古城的那份爱被唤醒，在 HQ 街道、桐星社区、社会组织、社会工作者、社区志愿者、居民代表、环卫、城管、电信公司、设计公司等多个相关方参与到薛家湾的建设过程当中，居民也积极主动参与到建设与维护的共治当中，不仅仅回应了大部分居民的需求（环境卫生、晾晒、便民座椅等），也促进了居民对于社区的信任感、归属感，提升居民参与社区治理的能力。

（三）从文化保护到宣传吸引

在"三更新"的过程中，薛家湾的历史、故事、特色美食等与薛家湾的文化紧密联系，社区通过手绘设计、文创制作、宣传海报、变电箱美化、墙绘等方式，不仅仅延续了传统文化、传播了薛家湾文化，促进了在地居民的自豪感，同时吸引了更多的人来到薛家湾，欣赏自然风光，走进薛家湾、了解薛家湾、认识薛家湾，在古城保护过程中，促进文化复兴与传承。

六、专业反思

薛家湾街巷"三更新"计划是一次"社会工作＋协商民主＋古城保护"的实践尝试，一方面，证明了协商民主在基层治理领域具有广泛的作用，另一方面，也告诉我们无论是古城保护，还是社区治理，都需要围绕居民需求，加强意识形态层面的共情、共鸣、共识、共生，从意识转化为行动，才能更好地去建设居民的美好生活。

（一）居民是社区的居住者也是设计者，更是维护者

在薛家湾三更新项目的开展过程中，居民参与薛家湾的建设与后续的维护，虽然在数量存在一定不足，主要以热心居民为主。但是从古城的长期保护的层面来看，居民是居住者，古城保护与居民的生活息息相关，为此在这个过程中，不仅仅需要关注居民需求，同时更要动员更多居民参与到具体方案的设计、实施以及后期的维护当中，组建形成居民自治队伍对辖区进行管理、维护，从而才能促进长效治理。在古城保护中如此，在社区治理中亦是如此。

（二）激发社会力量参与社区治理

薛家湾通过试点改造的方式来实现项目目标，但依然还有较多的需求未进行回应，这是由于资金、人力的限制。这提醒我们，未来，无论是在古城保护的过程中，还是在社区治理的过程中，我们可以通过对接企业进行专项支持，借助社会资本的力量解决焦点问题，改善居民生活环境，助力城市发展，共建美好社会。

（三）多维推进古城保护，多维促进社区治理

古城保护不仅仅是环境保护，也不仅仅是文化保护，更不仅仅是经济发展，而是"环境、文化、经济以及服务"的共同提升，从环境的角度促进人居生活，从文化角度提升古城美丽，从经济角度推动城市活力，从服务角度满足居住在

城市中的居民生活、成长、发展等各方面的需求。

（四）充分发挥协商民主为民办实事的作用

通过协商民主，多元主体可以参与到焦点、难点、痛点问题的讨论、协商、方案制订、具体实施等过程当中，充分发表合理、合法意见和建议，有效监督服务进度、质量，通过多方合理分工、有效参与，实现成本分摊。更好地以百姓需求为导向开展为民服务，解决矛盾、焦点，花更少的钱，办百姓满意的事。

七、案例使用说明

（一）教学目的与用途

本案例教学使用说明是基于"社区社会工作""社区治理"等课程中针对社区治理、社区发展、社区组织等主题的教学需求撰写的，用于讲解社区工作中的路径与方法等方面的内容。案例的编写以此为出发点和落脚点，组织相关内容，对案例的分析和总结也是基于这一目的的。若将本案例用于其他课程，则需做调整，本案例使用说明可作为参考。

（二）涉及知识点

本案例适用于"高级社工实务""社区社会工作""社区治理"等课程中使用，主要覆盖知识点包括：

（1）社区需求的确定过程；

（2）协商民主的执行程序；

（3）作为社区工作方法的社区组织。

（三）配套教材

社区工作。

（四）启发思考题

社区工作者在工作过程中要寻求社区居民的广泛参与，来解决社区问题，以达到社会工作助人自助的宗旨。通过有效动员，组织居民参与到社区公共事务中来，有助于社区工作最终目标的实现。本案例通过社区协商平台的建构，有效整合居民、社区、街道、相关职能部门以及社会组织的力量，通过共情、共鸣、共识、共生的方式确定社区的问题与需求并确定解决问题具体方案，实现共治、共建、共享的社区治理新格局，促进了社区居民对公共事务的参与，增强了居民对社区的认同感、归属感。案例涉及以下问题：

（1）社区的问题与需求是如何确定的？

（2）协商民主的实践程序是什么？

（3）在案例中，多方共治格局中社区工作者的角色有哪些？

（五）分析思路

案例分析的思路是引导学生运用所学知识，根据案例相关情境材料，通过一定的逻辑思路，对案例进行细致解剖和系统分析。

本案例从社区面临的具体问题入手，多维度考察社区的现状，针对社区在空间环境、文化环境、经济环境中的难题，从"古城保护+社会工作+协商民主"三个层面，以居民实际生活需求为出发点，确定社区的"面貌更新、历史焕新、经济推新"的工作目标。通过协商民主，推进具体工作计划制订和实施。依据介入式社区工作的具体过程，本案例的分析思路为：

（1）参与式调研，了解社区需求；

（2）充分协商，明确议题；

（3）多方协同，回应需求；

（4）专业分工，确定方案；

（5）多元共治，实施方案；

（6）总结评估。

（六）理论依据与分析

协商民主是指在决策之前和决策实施中开展广泛协商，努力形成共识的重要民主形式，有利于促进居民对社区公共事务的参与，从而达到助人自助的社会工作宗旨。案例中明确了社区工作中协商民主的程序，框定了协商民主的内容，搭建了协商平台。在社区需求的确定、协商平台的构建、服务方案的出台、方案的执行以及成效的评估等环节均注重协商民主的功能发挥。通过协商民主，社区居民参与社区的意愿和能力明显提升，对社区的认同感和归属感得到增强。

（七）背景信息与关键点

本案例分析关键在于把握协商民主的实践过程，尤其是要清楚多主体协商平台的建构机制。

（八）课堂教学计划建议

本案例课堂计划，根据学生的差异，尤其是对案例的阅读和课前对相应知识的掌握程度来进行有针对性的设置，按照2学时进行教学内容的设计。

A计划：学生事先预习到位，对于本科生和全日制研究生，可以将小组讨论布置在课外进行。因为这类学生实际工作经验少，所以案例讨论过程中需要教师引导的内容要相对多一些。

B 计划：社工硕士（MSW）学生课前预习不一定完成得很好，或者学员之间预习差异较大，因此需要将小组讨论置于课堂讨论之中进行。

两种课堂教学详细安排计划如表 3-6 所示。

表 3-6　两种课堂教学课的安排计划

A 计划	B 计划
课前阅读相关资料和文献 1 小时	课前阅读至少 0.5 小时
小组讨论 1 小时	考虑到在职 MSW 学生课前阅读和讨论的可行性，建议将小组讨论置于课堂中进行
考虑到本科生的知识基础和对应用的理解，要适当增加讨论后的知识总结时间	
课堂安排：90 分钟	课堂安排：90 分钟
案例回顾：10 分钟	案例回顾：10 分钟
集体讨论：50 分钟	小组讨论：20 分钟
知识梳理总结：20 分钟	集体讨论：50 分钟
问答与机动：10 分钟	知识梳理：5 分钟
	问答与机动：5 分钟

在课堂讨论本案例前，应该要求学生至少读一遍案例全文，并尝试回答案例启发思考题。具备条件的学生还可以小组为单位，围绕所给的案例启发思考题进行讨论。

第四章　社区群租房治理案例

案例名称："善治近人——参与式出租房治理"DS 花园社区群租房管理案例
案例执行与撰写：马菁、姚萍
案例督导：黄翠翠
使用说明：郝其宏
案例获奖：江苏省社工案例三等奖

一、背景介绍

SZ 是江苏省第一大移民城市，也是全国第二大移民城市。人才纷纷涌入 SZ，带来经济不断腾飞的同时也带来了出租房屋和流动人员管理的双重压力。2019 年经江苏省第十三届人民代表大会常务委员会第七次会议批准，SZ 市出台了《SZ 市出租房屋居住安全管理条例》。TA 镇谨遵条例及相关部门的要求，在群租房管理的实践工作中尽职尽责，充分联合社区工作人员、网格员、警务人员、楼道长、积极分子等多方力量，各尽其责、多方发力。

DS 花园社区（筹）成立于 2019 年 12 月，位于 TA 镇程河庄路 168 号，占地面积为 41.4 万平方米，总建筑面积为 92.8 万平方米，总户数为 6567 户，涵盖高层动迁小区 DS 花园一期、二期（待建），商品房小区泉山雅院。DS 花园一期于 2019 年 12 月开始正式交房，内设 18 幢楼，目前入驻率达到 60%，其中入驻居民中有将近 30% 的居民是租户。社区二房东有 45 人，预计有 400 多套房屋用于出租。2020 年 3 月，社区实行"3+X"出租房管理模式，社区、警务室、物业三大出租房管理职能部门联动，期望从源头管控社区群租房，率先推进二房东管理、外地人员数据录入工作，初步形成了溯源性信息库及与职能部门的联动办法。

二、分析预估

（一）问题分析

DS 社区租房占比远超周边社区。首先，DS 花园一期属于拆迁安置小区，周边拆除的户籍居民中，较多年轻居民因工作生活等原因选择搬去科技城等周边地区居住，年长居民入住后仍会出现大量空房。出于经济考量，居民一般会选择将房屋出租。其次，除居民自行出租外，部分居民出于房屋数量较多、疏于打理，将房屋全权委托给中介或"二房东"。DS 目前有 40 余位二房东，将其手中的出租房大多以单间出租形式出租，存在改变房屋结构、平面布局和使用功能的潜在"群租房"危害。再者，DS 周边存在大量工厂、工地，租户流动性相对更大，房东对于人员登记工作重视度也不够，人员管理方面压力较大。

1. 消防安全隐患严重

多数群租房的隔断材料为木板、三夹板等易燃物，房间物品堆堵，容易引发火灾。厨房卫浴、燃气私改、电线私搭现象容易造成电线短路、过载，极易引发火灾。消防通道堵塞、消防器材欠缺、安全设备过期等，导致一旦引发火灾，将带来重大安全影响。

2. 租客成分复杂难查

群租房人员集中且流动性大，承租人安全意识不高，较难做好日常宣教工作。租客的临时性、松散性，缺乏法律和管理意识，不主动上报租户信息，造成管理上的漏洞。租户身份各异，存在男女混住现象，社区治安工作压力较大，容易滋生犯罪问题。

3. 卫生环境影响他人

社区公共环境卫生方面，租户对社区归属感弱，垃圾不分类、高空抛物、乱扔乱画、通道堆物等问题时有发生，监控拍摄此类情况，多次劝导涉事人员，依然屡教不改。租户居家环境卫生方面，存在多人合租的情况，公共空间堆满杂物、电线布局凌乱不堪，厨卫缺乏定期清洁，居住环境脏乱差，极易引发各类感染疾病。

4. 邻里矛盾持续激化

租户早出晚归、三班倒、不定期搬家等的情况，导致邻里因为噪音影响、卫生影响等原因时长有矛盾发生。房东、租客之间因为责任不清等原因，相互推卸责任，邻里纠纷持续恶化，有的甚至影响邻里正常生活。租户不爱惜社区公共设施，较少参与社区公共事务，本外融合问题越发严重。

5. 责任不清职责不明

群租房带来的乱象问题涉及消防、治安、卫生、住宅、建设等诸多方面，社区群租房管理工作也涉及警务室、居委会、物业几方工作的相互交织，多部门协同合作趋势较强，但无明确监督管理部门牵头。有"硬标准"无"软服务"，治理成效不明显。

（二）理论依据

1. 善治模式

在社会协同治理中，政府作为社会管理的主体之一发挥主导作用，构建畅通的沟通渠道和制度化的参与平台，重视对社会的培育，从而更大限度地发挥另两大主体即市场和社会团体在自主治理、参与服务、协同管理等领域的作用。其中善治模式被大家普遍接受和认可。善治模式追求八大要素，即参与性、共识、问责、透明、回应性、效率、公平和包容、法治。实践证明，善治模式可以更清晰地了解弱势群体的需求，考虑到更多少数人的意见。

案例充分体现了群租房工作上社会各方协同治理，社区筹委会、社区物业、警务室、社会组织、志愿团队等多方力量参与，社区筹委会充分发挥资源整合、关系链接的作用。在群租房治理工作中，各个主体借助联席会、协商会、沟通会等不同类型的会议表达意见，形成了信息下传、反馈上达的双向互动。

三、服务计划

2020 年 7 月起，DS 社区筹委会联合 LZ 社工，秉持善治理论多元、相互的权力向度，一起探索多元主体参与的群租房管理新路径。项目执行初期，形成"五四"工作法：五是指五位，分别为社区、警务室、物业、自治联盟、居民为代表的五位主体；四是指四立，通过从管理、监督、自治、服务四位主线出发，促进群租房管理稳定、有序化发展。

（一）主体明晰

社区由 DS 社区筹委会主持日常工作，秉持对居民负责原则，协助出租房日常巡查工作。

警务室由驻扎在 DS 社区的警务人员组成，根据《SZ 市居住房屋出租管理办法》执法。

物业由楼道管理员和物业工作人员组成，负责配合警务室工作，定期进行日常出租户装修情况检查。

自治联盟是由二房东、租户、社区骨干等组成的社区自组织，实现群租房管理工作的自我发展、自我运作、自我管理、自我服务。

居民由DS社区户籍居民和非户籍居民组成，共同参与社区建设、社区发展、社区服务。

（二）协调治理

1. 一立管理

发挥综合管理、制度管理、业主管理、行业管理、公约管理，实现规范化。

综合管理：社区开启"1+N"协同管理模式，资源优化、服务量化，共筑社区发展。

制度管理：群租房管理规则及制度逐步标准化、清晰化，警务室牵头明晰多方权利和责任。

业主管理：借助业委会或业委会筹委会，促进业主重复参与社区公共事务。

行业管理：自治联盟自我运作及管理，行业竞争和管理透明。

公约管理：居民协商共议，制定社区居民公约、社区租户公约。

2. 二立监督

落实网格监督、官方监督、楼幢监督、联盟监督、群众监督等方法，保障权益化。

网格监督：DS社区设置网格员6人，网格员每天入户检查，收集民情民意。

官方监督：警务室从租房验收、人员备案核查、消防器材检验等方面入手，从严管理，杜绝一切非法违规行为。

楼幢监督：DS社区借助楼道议事会、楼道信息栏等方式，鼓励居民积极参与社区事务，开启匿名投诉、楼幢监督模式。

联盟监督：联盟形成初期形成联盟制度，对联盟成员的行为时刻警醒和监督。

群众监督：建立线上、线下两种社区群众监督方式，由社区时刻跟进，社会工作者配合参与需求调查。

3. 三立自治

坚持机制自治、联勤自治、协商自治、联盟自治、群众自治等路径，提高参与度。

机制自治：社区坚持"3+X"群租房管机制，发挥社区主导联动作用。

联勤自治：群租房管理工作上，警务室成立群租房工作小组，联动社区、物业、联盟力量开展定期管理。

协商自治：社区建立三级协商平台，包括居民代表大会议事、网格议事、楼幢议事。

联盟自治：联盟每季度一次沟通联席会，联动社区周边力量，发挥联盟自我运作和管理的作用。

群众自治：社区居民成立自组织，定期开展社区居民议事会，参与社区公共事务。

4. 四立服务

借助前置服务、宣讲服务、协同服务、培力服务、志愿服务等方式，提升满意度。

前置服务：社区建设线上社区服务程序，便捷居民持续掌握社区动态。

宣讲服务：以群租房管理标准、日常严查标准为基准，入户进行安全教育宣讲服务。

协同服务：物业从社区环境、公共卫生、楼道管理三个方面，制定社区管理制度并严格执行。

培力服务：针对社区房东人群，从安全知识、法律知识、财务知识、治理知识等层面出发，进行提拓增能。

志愿服务：社区建立乐善志愿服务队，完善社区志愿者管理制度和积分激励机制，推动社区志愿服务发展。

四、服务计划实施过程

在"五四"工作法的机制支持下，结合善治理论，构建项目的服务计划，即发掘培育"善者治理"，以"善意治理"为目的，通过"善于治理"的方式，以期达成"善态治理"的结果。

（一）益联盟挖掘善者主体

善者是善治理论的治理主体，"五四"工作法中，社区、警务室、物业三主体本身便是较为成熟的主体，案例中发掘善者主体重点在于自治联盟与居民。自治联盟未成立前，多方沟通形成了群租房管理联动的联席协商机制，开展季度联席会，梳理初步的五方沟通机制，推动沟通和交流的成效。在互动中寻找二房东群体的积极分子，而后通过倡议动员、尽职调查等发展了8位核心二房东代表、一房东代表、社区代表、LZ社工、警务室代表、物业代表，组成"驿租"联盟筹委会。在讨论联盟章程与推动联盟参与群租房管理的实践工作中，筹委会不断汲取养分，完成"驿租"联盟的最终蜕变。

在具体的发掘发展过程中，考虑到二房东群体的趋利性特征较为显著，为调动其参与积极性，经联席会、反馈会协商讨论，设立并逐步完善了激励制度，由社区、警务室、LZ三方进行考核，以遵纪守法、积极配合、主动参与三个维度作为考核依据。2021年7月，第一年度考核完成，共评选出五星租房管家2个、四星租房管家5个、三星租房管家38个并在会议中给予相应表彰。后续将进行年度星级租房管家的评选，以周期性的考核不断给予警醒。健全激励制度不仅是督促二房东懂法律、守规矩、勤参与，更是在健全的过程中给予二房东参与管理的机会，增加其参与感和荣誉感。

居民主体主要志愿者构成常务人员，其他居民也可以献计献策、发表自己的意见。租户流动性虽大，但也有居住超过 6 个月的常住居民，也有愿意参与社区事务的热心人，这群新 SZ 人的力量不容小觑，在一次次的入户中，愿意参与的纷纷显现。通过号召本外志愿者建成"邻鸽"联盟参与租房管理，为自己日常生活的幸福安宁添砖加瓦。志愿者不能仅有一腔热血，也需要一定的技巧和能力作为支撑，因此项目将通过"邻鸽"联盟培育活动为志愿者赋能，从而实现"邻鸽"的"飞翔"。

（二）益家亲达成善意治理

善意治理是善治理论的目的所在，项目所期便是回迁居民及租户对 DS 这一新家园都有一定的认同感，彼此间隔阂感弱，有较强的的融合感。为达成这一目的，项目以社区驻融、邻里助融、文化祝融、组织筑融为基点向外扩展。

社区驻融：DS 花园社区于 2021 年 7 月与开发公司合作，共同研发"社区服务小程序"，11 月，"云上 DS"小程序初步填充内容并对外发布，12 月，以宣传海报、随身名牌、朋友圈集赞等多种方式纵横双向宣传推广。截至 2022 年 2 月，小程序知晓人数据不完全统计在 1200 人以上，累计访问人数超 500 人，注册人数也达到 100 余人。小程序将作为社区核心的宣传平台，分为党员服务、社区服务、社区资讯、特色品牌、社区社团五大板块，居民可以借助该平台掌握社区实时信息、政策文件、办理详情等信息，参与社区活动报名、志愿者报名，寻找社区待租房源……"云上 DS"实现了"居民需求、一键知晓"的便民功能。

邻里助融：项目于 2020 年 6 月发布志愿者招募令，随后成立乐善志愿服务队，并借助区级志愿者平台，做好社区志愿者志愿时长录入工作。目前队伍成员已经有 50 余人，社区明确了志愿者管理制度及志愿者积分办法，一定程度上吸引社区核心、活跃骨干参与社区队伍，鼓励社区户籍居民、租户积极参与公共事务。"邻鸽"联盟便是乐善志愿队旗下的子队伍，专注于本外融合、租户权益等志愿活动。

文化祝融：项目推出一系列文化品牌服务，即 DS 样板房展示、DS 老乡节、DS 睦邻节、DS 文化节、DS 集市、社区开放日等。除特色活动外，社会工作者和社区工作人员共同设计了 DS 花园资源地图。地图详细描绘了社区公共设施地点，带着可视化的实体地图，社会工作者与部分居民一起按图索骥，详细了解他们居住的小区，资源地图在大规模印制后也发到常住居民的手中，方便每一位居住在 DS 的回迁居民及租户阅读。信任、安心、有温度的租户圈不仅仅有地图做引导，也有公约来维护。通过意见征集、协商讨论，《DS 租户公约》出台。租户公约不仅仅是对租户行为的约束，更是对租户权益的保护，是租户为自己发声、为生活努力的见证。

组织筑融：在新冠肺炎疫情和特殊节点期间，项目与 TA 镇组织培育平台合作，邀请 TA 镇本土组织参与到租户关怀活动中。在大型广场类或文艺类活动中，本土组织也展现出自己的光辉，或设立点位提供便民服务，或接受任务宣传垃圾分类，或展示才艺、献上歌舞表演。通过接受组织提供的服务，居民也能更多参与到社区活动中，从而对于社区有更多的了解与归属感。

（三）益自治实现善于治理

善于治理是善治理论的治理方式，是多中心良性互动的过程。项目中，通过租房超市的运营、关注事项的协商、志愿服务的提供实现多中心的良性互动，实现对服务对象需求的回应。2021 年 8 月，DS 警务室挂牌租房超市，回应社区众多房东与租户的需求；11 月，结合"云上 DS"小程序开辟了线上租房超市，线上线下同步运营，房东租房多路径、租户找房多安全。截至 2021 年 12 月，租房超市登记房源 152 套，成功出租 102 套，服务求租居民 232 人次。

项目初期，为充分了解多中心情况、了解服务对象需求，社会工作者访谈社区工作人员、警务室联络人，了解社区群租房管理工作内容、工作难点及痛点；收集二房东租房情况问卷 24 份，了解二房东房屋出租基础情况、遇到问题及加入二房东自治联盟的意愿；为了征集回迁居民对入驻新社区的适应和服务需求情况，社工收集居民需求有效问卷 74 份，居民需求咨询有效问卷 70 份，积极与社区协商晾衣架等居民关心的社区生活问题。

在人员相对熟悉后，协商议事开始围绕"驿租"联盟的建设进行工作。联盟的名字、激励制度、联席会议制度、联盟章程等均由社区、警务室、物业、二房东讨论得来。此外，样板房建设、331 有关出租房的规定执行等事关租房管理的多方面内容也均有讨论。围绕不同户型的标准化宣传板块内容，多方通过联席协商会进行意见征集、讨论修改，最终确定了安全直通车的样式、内容、安装位置等，并将其安装于 DS 花园一期 400 余套出租房中。"驿租"联盟筹委会成立后，议题将扩展到居民的日常关注问题，将通过"民生货架"、楼道调研来确定议题，再召开联席会议集合相关成员进行讨论，并通过"邻鸽"联盟提供的志愿服务来解决相关问题。

（四）益学堂展现善态治理

善态治理是善治理论的治理结果，项目中，从标准化手册、案例等文稿，到宣传视频、样板房、租户公约诵读音频等视听材料，以多样化的方式进行成果展示。

在结合租户和二房东需求开展安居驿站系列培力活动中，社会工作者向二房东群体宣传推广《DS花园出租房标准化管理宣传手册》。制度建设清晰，《DS花园社区群租房管理标准》《DS花园社区出租屋（群租房）安全整治标准》《DS花园社区房东(二)管理办法》《DS花园社区租户管理办法》、消防安全责任状、《城乡出租民房安全告知书》《房屋出租治安责任保障书》、不履行"房屋出租治安责任保障书"法律责任提示单，罗列了出租户装修竣工验收备案表、DS花园承租人租房流程图、DS花园承租人申报流程图，帮助租户和房东提高安全意识，也保障制度的遵守和执行成效。

结合前期社区群租房管理经验，项目中，推出DS花园社区群租房管理标准化服务案例1个，设计了标准化资料《DS花园社区群租房管理规范》，包含管理单位、制度建设、表单罗列、空间设置、运行管理等内容。社区与社会组织打造一间社区标准化样板房（90平方米），初步总结了DS社区群租房管理的"五四"工作法、信息直通车、群租房安全保障设备使用方法，涵盖群租房的使用和群租房安全设施使用说明，方便居民掌握安全信息。项目设计了房东能量包1套、租户能量包1套，结合双方需求发布已有资料。

为更好地宣传租房管理成果，推广租房管理经验，结合短视频当道的现状，项目拍摄推出"小善家"系列短剧，以一位租户入住DS的经历串联项目成果。租户"小善"通过租房超市找到心仪房源，在警务室签订租房合同，收到一份租户公约；在居民的帮助下了解到租户公约的由来，获知信息直通车信息；在参观样板房后对信息直通车、标准化手册、出租房管理要求等内容有所认知，期待参与社区活动、参与租房管理；通过咨询，得知社区的活动报名一般通过"云上DS"小程序实现，在小程序上还能了解社区的其他诸多讯息，成为"DS百事通"……

五、总结评估

（一）成效性评估

1. 租房管理层面

项目周期内，DS花园一期中全部的出租房管理工作严格按照制度执行，经过上级摸排检查，没有发生严重的安全事件，尤其是二房东手下的群租房，从房屋阻隔、设施配备、日常检查等工作的检查结果看，部分甚至高于一房东对出租房要求。同时，相较于 TA 镇管辖范围内其他社区对群租房管理的重视和严格程度，DS 花园社区二房东管理工作最为规范，较好的管理经验也将和其他社区伙伴一起交流探讨。

2. 社区融合层面

通过多场社区服务，DS 社区在筹委会时期已经积累了一批拥趸。他们来自五湖四海，有 TA 的回迁居民、有来苏打拼的租户，身份不同、家乡不同、甚至语言不通，但是不影响他们对于社区的热爱与付出。他们积极参与社区活动、参与志愿服务。在防控疫情中，他们及时响应社区号召，第一时间献身于社区疫情防控，从早上 5 点到晚上 11 点，他们随时待命，核酸现场、上门宣导，均有他们的身影，这无疑是社区融合的最好体现。

（二）创新性评估

租房管理在社会工作领域本身具有一定的创新性，在过往资料中，有出租房治理、二房东管理等方面的许多文献，但一般聚焦于经济、法律、管理等领域，也基本由派出所牵头管理整改。社会工作者的介入为租房管理注入了新的动力。

1. 组织化助益管理

DS 社区（筹）于 2020 年组建群租房管理自治联盟——"驿租"联盟，联盟由社区筹委会、物业、警务室、社区一房东、社区二房东代表组成，联盟的宗旨是推动社区租房合规、安全、温馨。联盟成立初期，形成社区、警务室、社会组织、二房东四方季度联席机制、"星级管家"激励机制，为联盟成立和发展奠定基础。自治联盟从第三方的视角介入社区群租房管理工作，从联盟成员全体选举，联盟事务协商共议到联盟决策举手表决。自治联盟是处于一个萌芽阶段的社区社会组织，它的成立也让出租房管理工作增加自我约束的新可能，出现自我发展的新态势，展现自我管理的新局面。

2. 标准化助推安全

标准化是项目第一年度的核心词。围绕这一核心词，在社区的支持下、警务室的协助下、"驿租"联盟的参与下，项目出台了标准化手册和出租样板房。房东人手一本的《DS 花园出租房标准化管理宣传手册》，在纸面上罗列了出租房应遵守的相关规定、要求，房东、居民均可参观"DS 出租样板房"，以实地展现实标准，以此让房东、居民对出租房人均居住面积、消防器材配备等要求烂熟于心，竖起安全防护的警戒线。警务室联合社区、"驿租"联盟按照管理规范执行管理，建立 DS 花园社区二房东基础信息库，动态掌握 DS 花园小区的每一个一房东、二房东的个人信息，及其管理的群租房信息。目前 DS 花园有

230 户一房东管理租房，193 户二房东管理租房，正式出租前均接受查房验收。并且警务室每月每户随机抽查一次，对安全设施器材采购是否合规，是否在使用期内，摆放是否合理等细节层层严查，严格把关消防空间安全管理，当天反馈检查结果，3 日内复查调整情况。

3. 科技化助力融合

打通服务群众的最后一公里，不仅需要制度支持，也需要科技支撑。社区探索发布了"云上 DS"小程序，居民可以点击小程序实时了解社区动态、志愿招募、便民服务、疫情防控政策等信息，可以借助小程序报名活动、招租找房。同时社区启用"智慧门禁"系统，社区居民可以通过门禁卡或人脸识别进入小区，居民原先反应的夜半敲门声得以解决。"智慧门禁"为 DS 安全保驾护航，"云上 DS"为 DS 融合添砖加瓦。

（三）专业性评估

项目以"善治理论"为核心指导思想，与社区的"五四"工作法相结合，秉持着参与性的原则，发展五位主体，让多元主体共同参与管理、监督、自治、服务。

六、专业反思

善治必达情，达情必近人。善治理论所强调的多中心：上下互动的管理，让社区管理更多的变成了社区与警务室、居民等多方的合作，这种合作关系让社区各相关方关系更为密切、亲近。项目中"驿租"联盟逐步承担起租房管理的部分工作，与社区、警务室均是减轻了压力，但仍需注重"度"。联盟分担工作的同时也分割了权力，社区、警务室、联盟之间虽明晰过职责也仍然会产生界限模糊的现象，因此在协商治理中，需要有主导者、话权人。

出租房治理，尤其是群租房治理，长久以来都是疑难杂症，治理相对而言也是末端的解决。人都是有过美好的生活的意愿的，往往因为基层群众生活需求，正是因为生活压力大、租房贵等外部原因，才诞生了各类不合理的群租房。群租房的解决本质上依赖的是解决买房难、租房难的问题，这将有很长的道路要走。

七、案例使用说明

（一）教学目的与用途

本案例教学主要适用于"社区工作""社会工作方法""高级社工实务""社

会工作管理"等课程中的社区工作、社会工作机构等的教学，用于讲解社区社会工作者在问题分析、筹措资源和关系链接等方面的内容。案例的编写以此为出发点和落脚点组织相关内容，对案例的分析和总结也是基于这一目的。本案例适用对象主要为专业型社会工作研究生（MSW），也适用于社会工作高年级本科生及社会工作机构培训人员。

（二）涉及知识点

本案例适用于"社区工作""社会工作方法""高级社工实务""社会工作管理"等课程中使用，主要覆盖知识点包括：

（1）社区群租房的问题及解决策略；

（2）社区社会工作者介入的重点；

（3）社区工作的基础知识。

（三）配套教材

（1）社区工作；

（2）社会工作实务；

（3）社会工作方法；

（4）社会工作理论；

（5）高级社会工作实务。

（四）启发思考题

本案例主要通过社区群租房问题的引入，实现了群租房困难群体问题的有效解决以及社区自助、互助的功能，实现社区资源的整合以及科技文化的协同助力的整体性格局。同时，社区社会工作者在租房管理的创新型做法，在解决社区群租房问题中，其组织化、标准化和科技化的解决策略为租房管理注入了新的动力，使社会资源的开发与多方关系的链接得以实现。社区社会工作者将各类资源引入平台，同社会服务机构和其他资源使用者共享相关资源，在资源利用的基础上，聚焦目前租房存在的具体问题，通过"五四"工作法的协调治理方式，更好地促进了社区融合。

（1）针对社区存在的问题，可以运用到哪些相关理论？

（2）社区社会工作者在处理租房问题时如何实现资源统筹与共享？

（3）多中心的社区治理模式，如何处理导致联盟分担工作产生界限模糊的现象？

（4）本案例中创新性策略是否可以运用到其他社区中，为什么？

（五）分析思路

案例分析的思路是引导学生运用所学知识，根据案例相关情境材料，通过一定的逻辑思路，对案例进行细致解剖和系统分析。

本案例依据社区工作的要求，对其背景进行介绍并分析预估问题，服务计划中，联合社区社会工作者，秉持善治理论多元、相互的权力向度，一起探索多元主体参与的群租房管理新路径。项目实施过程中，形成"五四"工作法：五是指五位，分别为社区、警务室、物业、自治联盟、居民为代表的五位主体；四是指四立，通过从管理、监督、自治、服务四位主线出发，促进群租房管理稳定、有序化发展。最后，进行了成效、创新和专业性评估并进行了专业反思。

（六）理论依据与分析

本案例的理论依据为善治模式。善治模式即良好的治理，作为一种全新的分析框架，治理理论着眼于政府与公民的合作网络，提供了自身独特的视角范畴，其追求八大要素，即参与性、共识、问责、透明、回应性、效率、公平和包容、法治。在本案例中，在群租房工作上社会各方协同治理，社区筹委会、社区物业、警务室、社会组织、志愿团队等多方力量参与其中，社区筹委会充分发挥资源整合、关系链接的作用，各个主体借助联席会、协商会、沟通会等不同类型的会议表达意见，形成了信息下传、反馈上达的双向互动。本案例通过实践证明，善治模式可以更清晰地了解弱势群体的需求，考虑到更多数的意见。

（七）背景信息与关键点

本案例背景为 SZ 市是江苏省第一大移民城市，人才纷纷涌入城市，带来经济不断腾飞的同时也带来了出租房屋和流动人员管理的双重压力。关键在于 DS 花园社区出租房管理模式的创新，形成"五四"工作法，DS 社区筹委会联合 LZ 社工秉持善治理论多元、相互的权力向度，一起探索多元主体参与的群租房管理新路径。

（八）课堂教学计划建议

本案例可以作为研究生教学中专门的案例来进行研讨。本案例课堂教学计划，根据学生的差异，尤其是对案例的阅读和课前对相应知识的掌握程度来进行有针对性的设置。整个案例课的课堂时间控制在 80～90 分钟。课堂教学详细安排计划如下。

1. 课前准备

提前 1～2 周发放案例给 MSW 研究生，请学生在课前完成案例的阅读并查阅与案例相关的资料，提出启发思考题，请学生在课前完成阅读和初步思考。

2. 课堂阅读

简要的课堂引言后，让学生仔细阅读案例材料，初步明确案例分析主题，时间10分钟。

3. 小组讨论

启发学生重点就解决社区存在的问题可以运用到的相关理论、社区社会工作者在处理租房问题时如何实现资源统筹与共享、多中心的社区治理模式，导致联盟分担工作产生界限模糊的现象如何处理等进行深入讨论。分小组讨论，准备发言提纲，时间30分钟。

4. 小组发言

针对上述要求和案例给出的启发思考题，根据讨论结果，由小组轮流发言。时间30分钟。

5. 讨论总结

教师进一步引导全班讨论，并进行归纳总结。最后对学生的讨论结果，结合启发思考题的关键点进行总结。时间10分钟。

6. 课后计划

整理课堂讨论内容，梳理小组及全班总结的观点，形成书面案例分析报告。

在课堂讨论本案例前，应该要求学生至少读一遍案例全文，并尝试回答案例启发思考题。具备条件的学生还可以小组为单位，围绕所给的案例启示题进行讨论。

第五章　社区消防治理案例

案例名称："火火盾盾助消防"基层创新治理案例
案例执行与撰写：马菁、周嘉麒
案例督导：蔡晓鹏
使用说明：马菁

一、背景介绍

（一）TA 镇背景

TA 镇进一步贯彻落实 SZ 市、区两级"飓风"行动，全力以赴抓实抓细各项消防安全工作。近年来，TA 镇以"5 分钟应急响应"为目标，打造了"三位一体"消防布局，坚持"防为主，防抗救相结合"为原则，打造社区安全阵地，高配防灾硬件设施，织密社区综合减灾防护"网"，全力守护居民群众财产不受威胁。

目前，TA 镇消防安全工作以政府主导型消防治理网格模式为主。该模式下，政府部门承担各个治理主体的沟通协调任务，居委会作为网格的责任主体，消防队作为消防安全执法主体，消防中队作为微型站点技术支持主体，物业保障人力和物力支持，多方共同引导和管理社区消防安全工作。

（二）社区背景

TA 镇 HT 花园第三社区建立于 2006 年 6 月，是一个纯动迁安置社区，也是老龄化程度较为明显的社区。社区总建筑面积 27.18 万平方米，设置九大网格，现有 104 栋居民楼，2120 户居民，总人口约 10900 人，其中本镇常住人口约 8700 人，外来租住人口约 3700 人。2018 年 7 月，HT 花园第三社区微型消防站建成并正式投入使用，主要负责辖区内火灾初期救援及人员救援疏散、定期防火巡检、火灾隐患排查、制订区域灭火预案、普及消防安全知识、组织开展消防安全演练等。

2019 年，HT 花园第三区内部发生小型火灾，原因是居民忽视安全、操作失误造成。为此，社区成立了由社区工作人员、物业人员、民兵队伍组成的社区微型消防队。该队伍成员均为兼职，时间精力有限。三区有 104 幢居民楼，3030 套房，仅靠兼职消防队员无法满足应急需求，社区亟须再集中培养骨干力量，解决应急消防问题，形成应急联动机制。

二、分析预估

（一）需求分析

1. 居民意识有待提升

HT 花园第三社区属于纯动迁安置老旧小区。据数据统计，目前辖区总人口 1 万余人，流动人口约 4000 人，占总人口的 31.1%；老人人口为 1368 人，占常住人口的 15.7%，其中不乏独居老人、车库老人等。调研可知，社区存在居民老龄化严重、综合文化水平低、安全意识淡薄等问题。从以往社区火灾起因可知，厨房忘记关火、堆积易燃杂物、随手乱丢烟头是社区里常有的火灾隐患。居民对于消防安全的整体关注度不高，面向社区安全检查，有则重预防、无则疏懒的状态，错误地认为发生消防安全事故的概率小，抱有侥幸心理。此类对消防安全的错误认知，使得 HT 花园第三社区对消防治理的宣教需求更为突出。

2. 社区资源有待集结

表 5-1 社区消防资源表

资源类型	资源编号	资源名称	资源归属	资源数量	资源规格	需求满足情况
设施设备	101	地面消防栓		19 个		可满足需求
	102	微型消防箱		4 个		可满足需求
	103	微型消防车		1 辆		可满足需求
人力资源	201	社区工作者	社区居委会		—	可满足需求
	202	物业工作者	社区居委会		—	可满足需求
	203	网格员	社区居委会	9 人	—	可满足需求
	204	楼道长	社区居委会	27 人	—	可满足需求
	205	消防志愿者			—	不能满足需求
	206	镇消防队	—	—		较难协调时间
	207	森林消防队	—	—		较难协调时间
知识资源	301	消防资源网	https://v.1190119.com			不能满足需求

资源类型	资源编号	资源名称	资源归属	资源数量	资源规格	需求满足情况
信息资源	401	SZ高新应急管理（公众号）	sndyingji			不能满足需求
	402	政策文件	SZ市消防安全委员会文件 苏消安委〔2019〕3号			不能满足需求
资金	501					无
市场资源	601					无

HT花园第三社区已组建的社区消防队伍，人员构成单一，工作人员多为兼职，社区工作人员与社区工作量的配比使得社区内部无法抽出多余的人力专门负责消防安全相关工作。辖区内共设有3个微型消防站，19个公共消防栓，灭火器未能楼道全覆盖。现有的公共消防栓，常常因为居民私自使用，造成器材损坏。一旦发生火情，若现场器材设备无法及时到位，将对救援工作造成影响，带来重大安全隐患。

社区需要挖掘、整合周边消防资源，组建消防资源库，提升社区消防效率，同时，激发社区居民"人人有责、人人尽责、人人共享"的意识，培育发展社区志愿团队，帮助社区共同解决消防安全问题，构建安全友好社区环境。

3. 专业知识有待普及

消防文化内容并不是居民喜闻乐见的内容，社区常态化普及治标不治本，流于形式的内容难以引人注意。HT花园第三社区居民人员构成复杂，老年人群和群租人群引发火灾的可能性较高。居民不懂灭火器使用方法、消防栓使用方法、逃生技巧和路径、应急求救方法，发生火情时，容易引发混乱，带来次生险情，危害社区居民的生命和财产安全。社区不单需要普及社区消防安全知识和文化，更要发掘具备社区应急消防处理能力的居民骨干，有一支训练有素、处理事情妥善的社区消防队伍。

4. 消防机制有待完善

HT花园第三社区顺利组建了微型消防站并正式投入使用，主要负责辖区内消防安全事宜。然而，不论是社区消防队伍的日常管理，还是辖区应急处置的操作流程，HT花园第三社区缺少一套完整的消防运作机制，存在分工不明、责任不清的情况。多部门协同合作趋势较强，却始终没有明确监督管理部门牵头。

（二）理论支撑

1. 协同治理理论

协同治理是一种治理安排，指一个或多个公共机构直接与非政府利益攸关方参与正式的、以共识为导向的和协商的集体决策过程，旨在制定或执行公共政策，或管理公共项目或资产。

协同治理理论强调几个方面：一是治理主体的多元化。治理的主体多元化是协同治理的前提，消防安全治理工作不仅仅需要政府组织，也需要社区自组织、企业、志愿队伍、社区居民在内的社会组织和行为体参与。

二是各子系统的协同性。在协同治理过程中，强调各主体之间的自愿平等与协作。协同治理强调政府不再仅仅依靠强制力，而更多的是通过政府与社会组织之间的协商对话、相互合作等方式，来建立伙伴关系管理社区消防安全事务。

三是自组织组织间的协同。自组织组织是协同治理过程中的重要行为体，但协同治理过程是权利和资源的互动过程，社区自组织的发展和成长，组织的运作和成熟，组织与组织之间的协同离不开政府的组织和支持。

四是共同规则的制定。协同治理是一种集体行为，所以协同治理过程也就是各种行为体都认可的行动规则的制定过程。在规则制定的过程中，各个组织之间的竞争与协作是促成规则最后形成的关键。HT花园第三社区的消防安全治理工作中的消防安全机制、消防管理机制等，都需要各组织之间通过多次磨合、协作、沟通、和解而形成。

2. "五个一"方法论

地区发展模式强调，在一个较大的社区范围内鼓励社区居民通过自助或互助的方式，广泛参与社区事务，解决社区问题，推动社区发展。根据社区治理服务经验，我们得出社区治理"五个一"的方法论，即解决一个问题，留下一支队伍，树立一个品牌，建立一个制度，打造一个生态。该方法论适用于提高社区居民参与，培育社区治理力量，也将在消防安全治理工作实践中不断升华。

三、服务计划

从2020年7月起，为了解决TA镇动迁小区普遍存在的消防问题，形成消防安全治理品牌，并逐步推广到全镇，为同类型社区相似性问题的解决提供参考，HT花园第三社区联合LZ社工，深入挖掘社区消防治理的不足之处，并展开分析研究。在项目初期，HT花园第三社区特色品牌设计规划制定完毕，计划将从"资源共聚""联动共建""协商共治""成果共享""百姓共融"五个板块，以前置协商后端培力的形式，有序推进社区居民消防自治，探索社区消防治理新路径（图5-1）。

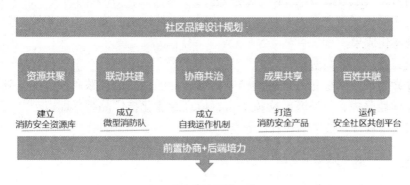

图 5-1　HT 花园第三社区特色品牌设计规划图

第一步：资源共聚。

以社区微型消防站为中心，建立社区微型网格消防办公室，深入挖掘、整合周边可用消防资源，组建全新的消防资源库，并及时更新，促使社区消防治理做到"资源共聚"。

第二步：联动共建。

以社区原有消防力量为基础，招募社区消防志愿者，成立微型消防队。队伍以社区工作人员为引导主体，居民志愿者为核心力量，推动社区消防治理发展。同时，借助消防资源库的前期打造，与外部专业消防资源进行联动共建，为社区微型消防队提供专业知识指导和消防技能培训。同时借助多次消防治理活动、技能培训、志愿服务的开展，逐步从微型消防队中选拔出有能力、有意愿的骨干成员，任命为队伍领袖，使消防队从"志愿者队伍"转化为真正的社区"消防自治组织"。

第三步：协商共治。

引导微型消防队成员针对队伍管理条例、报名登记制度等进行讨论，促进队伍自我运作。同时，鼓励队伍成员发掘社区消防问题，积极参与社区消防焦点问题、痛点问题的协商，以志愿者的角度发表观点，促成社区、物业、警务室、网格员、志愿团队、社会组织、热心居民等多部门，多群体代表参与社区消防协商共治的新局面。

第四步：成果共享。

持续打造消防安全产品，营造社区特色消防安全治理品牌，扩大微型消防队影响力，"全区域、云平台"双向共进，进一步提升居民对消防安全的关注度，吸引更多居民了解并参与社区消防，共同制定社区消防安全治理规则，共享消防安全文化成果。

第五步：百姓共融。

在微型消防队稳定开展各类消防活动、社区消防治理顺利推进的基础上，输出多样性服务，打造互动交流平台，梳理专业化推广品牌，即以公共安全问题的解决为杠杆，撬动居民社区参与。

四、实施过程

（一）第一阶段：深挖资源汇聚人员力量

项目运作初期，社工走访多户当地居民，了解社区各群体对消防安全的认知和看法，通过问卷分析，对居民消防安全知识的掌握状况、家中火灾隐患情况、期望的消防活动的开展方式等有了大致了解。同时，社工访谈社区消防及物业代表，询问了辖区消防人力、物力资源配备情况和当前的工作内容、痛点问题，初步构建出消防资源需求评估模型（图5-2），完成了消防安全资源库的前期搭建，为后续消防治理工作开展奠定了基础。

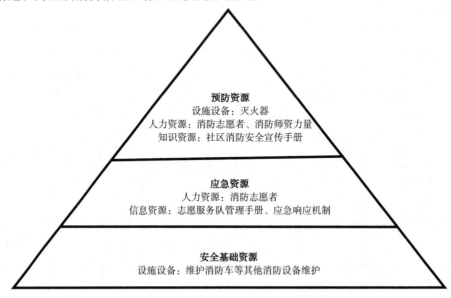

图5-2　消防资源需求评估模型

通过问卷、访谈两种形式的前期调研，社工结合社区消防治理需求，分析认为现有社区消防队伍的成员构成过于单一，解决社区消防人力难点，成为开展后续消防治理工作的首要前提，同时也成为了社区消防自治破局的关键所在。针对这一分析结论，志愿者公开招募工作被正式提上日程。社工除了持续开展广场类型的公共宣传招募活动外，又举办了多次面向社区中青年、租户的人力资源挖掘活动，进一步挖掘社区年轻力量，最终顺利招募到了二十多位愿意参与社区消防治理的居民群众。通过后续活动的开展，参与人数不断增多，有9名核心骨干脱颖而出，构成后续社区微型消防队的雏形。

（二）第二阶段：建立队伍多方联动共建

社工通过与居委会、物业、警务室等多方代表的沟通，正式确定新的社区消防队伍——"火盾微型网格消防队"，在原有队伍的基础上重新筹建。新建队伍将由居委会、物业、警务室、网格员、志愿者、社会组织、热心居民七个主体组成，共同参与社区消防治理。

1. 明确制度分清责任

为了更好地促成 HT 花园第三社区特色消防联动模式，形成多方共治社区消防的崭新局面，2022 年 2 月，社工与社区各部门、各群体代表展开了协商会议，最终制定了"七位一体，五网九格"消防安全网格管理机制，明确了社区消防组织架构以及管理模式，以期配全社区消防治理力量，提升队伍行动力。

（1）七位一体。

"七位"即综治办公室、网格办公室、警务室、物业、志愿团队、社会组织、热心居民。社区党委抓总部署，团队成员分工协作，合作完成消防安全宣传教育、隐患排查、信息上报、应急救援、监督倡导等工作。

综治办公室由社区专业社工组成，负责联动资源助力社区消防安全。网格办公室由社区专职网格员、楼道长、居民小组长组成，负责协助完成消防管理工作。警务室由社区民警组成，配合综治办公室完成社区消防安全检查及巡查工作。物业则配合综治办公室完成社区消防安全隐患排查、火灾事故问题，作为主导力量处理。志愿团队参与社区消防安全演习，配合社区消防安全工作。社会组织以社区社会组织为主，在社区开展居民消防安全意识引导及宣传教育工作。热心居民作为群众力量，作为隐患排查、信息上报、应急救援、监督倡导工作的主力军。

（2）五网九格。

依托社区原有的 9 个网格区域划分，全面实施多级网格化管理。每个网格内构建"五"网，即火情警报网、信息联络网、消防救援网、督管保障网、增能培力网，依次承担发现火情——传递信息——长效跟踪——督管保障——增能培力等消防安全处置功能。"五网"汇聚一网，同一网格内实现五大功能，快速发挥各类主体的作用，实现快速处置，提升社区消防安全应急宣传力、处置力。

火情警报网：每个网格编织火情警报网，由居民骨干牵头，常住居民组成，其中居民骨干包括楼道长、居民小组长党员、志愿者等，通过群众时刻动态掌握社区消防安全。发现火灾第一时间拨打119，同步联系社区，及时报警。

信息联络网：每个网格编织信息联络网，以社区微信消防站为轴心，联通九大主体，接收及下发信息，物业、警务室、网格办公室三方作为勘探队，第一时间勘探并上报火灾具体情况，借助网格化分区管理，做好社区安全信息上传下达，保证信息的真实性、敏锐性、及时性。

消防救援网：每个网格编织消防救援网，由专业的消防队及社区"火盾"微型消防队组成，坚持"救早、灭小、三分钟到场"原则，保护人民生命及财产。

督管保障网：每个网格编织督管保障网，由综治办公室、网格办公室、常住居民组成督管队，上报安全隐患问题、追踪隐患解决成果、追溯火灾发生原因、总结消防救援经验案例，完善信息档案跟踪。

增能培力网：每个网格编织增能培力网，综治办公室与物业配合，定期开展消防安全知识普及及消防演练模拟，提升全体居民消防安全意识。社区微型消防队及社区志愿者发挥力量，推动参与消防安全治理服务。

2. 链接资源技能提升

火盾微型网格消防队筹建阶段，除了缺少合适的权利和身份外，更缺少服务的权威。专业性的缺乏致使队伍难以在消防安全中突出主体地位。为解决这一问题，社工利用前期打造的社区消防资源库，与HT花园第三社区附近的专业消防部门、专业应急组织进行沟通，顺利获取到专业资源的消防技术支持。

此后，队伍定期开展了包括消防器材使用方法，疏散逃生、应急救治技巧等多个主题的消防培力活动，使火盾微型网格消防队成员的消防能力获得了较大提升。

3. 队伍成立签约共建

2022年3月，火盾微型网格消防队在七位代表的期待下，正式举行了队伍成立仪式。同时，HT花园第三社区党委也代表火盾微型网格消防队，现场与TA镇安全生产监督管理办公室代表、TA镇专职消防站代表签订了签约共建合约。本次签约的共建协议，以"互帮共建、工作共赢"以及"创新品牌、基地共联"为核心理念，旨在规范社区消防安全规范化建设工作，通过单位联建、班子联促、队伍联合、工作联动等措施，进一步促进和实现共建方之间的优势互补、工作互动，以便于更好地推进后续社区消防安全治理。

火盾成立仪式的开展，标志着火盾微型网格消防队的组建工作正式完成，队伍目前在 SZ 高新区志愿平台正式注册，志愿者宣传招募、服务发布、时长录入、权益维护有了充分的保障。同时，项目通过招募、培力、训练、模拟、实操等系列流程，整合党员先锋、青年父母、团员成员、民兵代表、志愿骨干等不同群体和角色成员，组建了一支 50 人以上的火盾微型网格消防队。队伍在社区安全风险摸排、社区消防技能培育、楼道安全问题维护、社区应急救灾支持等工作中发挥着重要作用。

（三）第三阶段：协商研讨推动自治发展

围绕 HT 花园第三社区的消防自治发展目标，社工在火盾微型网格消防队成立后，积极引导队伍成员参与社区消防焦点问题协商、消防制度研讨，进一步明晰了社区消防联动机制，了解到各联动方对于火盾微型网格消防队提供志愿服务的想法和需求，确保了后续联动的可达成性和可持续性。

1. 民主协商共议焦点难题

为了提升火盾微型网格消防队协商处理社区消防焦点问题，共同研讨解决对策的能力，社工开始引导队伍核心成员参与社区民主协商。

2021 年 4 月起，火盾队伍多次参与社区消防议事，共同研讨了"新能源汽车充电""楼道灭火器安装""消防排查标准"等一系列社区消防焦点问题，议事过程均十分顺利，相关工作也在后续得到落实。

2. 机制研讨完善制度细则

在"七位一体、五网九格"消防安全网格管理机制下，为了使火盾微型网格消防队的运作更加标准化、制度化。在队伍成立初期，社工多次召集核心成员，共同商榷并制定出《火盾微型网格消防队管理条例》《火盾微型网格消防队志愿者报名登记制度》《志愿队伍能力建设制度》《志愿队伍形象管理制度》《志愿者服务管理制度》《火盾志愿者积分管理制度》，研讨制作了社区第一份标准化消防安全排查表，设计了居家消防安全指南、社区消防安全资源地图。

2021 年 7 月，专属于火盾微型网格消防队的"消防安全工作手册"打造完成。该手册上除了写有火盾微型网格消防队的队伍介绍与各项制度细则，还补充了消防安全技能图解以及社区的各单位联系方式，可用于临时查询、以备不虞。本手册的打造，大幅度提升了 HT 花园第三社区火盾微型网格消防队的管理规范性，向队伍成员提供了服务时的行为参照标准，进一步增强了队伍服务能力及社区影响力。

（四）第四阶段：产品打造共享阶段成果

为了消防安全文化宣传通俗易懂化，社工加大社区消防治理宣传力度，营造社区特色消防安全治理品牌，以火盾微型网格消防队为原型，打造出"火火""盾盾"形象 IP，并以此为基准，接连制作了"火火盾盾助消防""火火盾盾懂防疫"表情包，其中"火火盾盾助消防"广受居民喜爱，目前已有 21600 总发送量。与之同步产出的还有火盾消防周边宣传品，其中包括抱枕、水杯、帆布袋、人偶服。这些产品的打造，进一步扩大了火盾微型网格消防队的影响力，提升了居民对消防安全的关注度。

除了可视化的物资，消防产品新增了居民喜爱的短视频元素。2020 年 10 月，社工制作《HT 花园第三社区消防救援视频》，帮助每位居民更加了解社区消防工作现状和火盾队伍的宗旨，认为在突发火灾后，妥善处理事故的全部流程，真正做到小事不出网格，大事不出社区。在"火火""盾盾"形象问世后，有大批党员积极参与火盾服务，2021 年 11 月，在社区党员、居民代表的支持下，火盾微型网格行动支部宣传视频《我们》发布，社区火盾不再是一句口号，是身边一个个活生生的居民形象，队伍鲜活、成长迅速。2022 年 1 月，"火火""盾盾"形象也出现在宣传视频中，结合抖音短视频，火盾消防小知识——"楼道安全篇""充电安全篇"也开始宣传，"火盾"这个词，从一开始就指向一群热爱社区的人们，并渐渐变成社区消防的代名词。

（五）第五阶段：群众参与百姓共参共融

社工首先在辖区 104 幢居民楼中，抽选了 10 个单元安装基础消防设施，打造成社区安全试点楼道。社区后续展开宣传推广，借助"有事好商量"平台，发起消防主题民主议事。火盾微型网格消防队共同明确了灭火器安装位置，完成社区 104 幢消防器材（灭火器）全覆盖，此行动大幅度缓解了社区消防基础设施的缺乏问题。

社工又集合社区、警务室、物业、火盾志愿者，打造了一支由 104 人组成的多领域、多身份、多角色、多技能的楼道安全员队伍，楼道安全员负责所属楼幢的器材检查、楼道检查、车库检查、火灾预警、消防救援等工作。社区之下有网格，网格之下有楼幢，从神经末梢处消除社区消防安全风险与次风险。

在社区消防治理问题得到有效改善后，社工以社区九大网格为单位，持续开展"消防能力比拼""安全楼道评比""消防达人推选"等群众参与型消防主题活动，持续打造"消防之星""火盾到家""火盾协商""楼道安全员"等品牌活动，增强社区居民消防参与热度，营造全民参与社区消防治理的生态。

五、总结评估

在项目周期内，社工遵循"五个一"方法论，即解决一个问题，培育一个自治组织，建立一套运作机制，塑造一个项目品牌，构建一个消防生态。重点围绕消防队伍的培育以及社区消防氛围营造，有序推动社区消防治理有序发展，目前 HT 花园第三社区的消防治理问题已得到有效解决。

（一）资源共聚解决问题

项目运作中，社区构建起消防安全资源库，一方面借助资源库外部拓展，与周边专业消防部门进行联动共建，为火盾消防治理取得了消防技术支持；另一方面整合消防资源内部消化，打造居家安全消防手册、火盾微型网格消防队工作手册、消防安全小知识、消防资源地图等，将消防资料分享到居民手中。资源整合下，社区治理增加了多元主体的助力，其中社区居委会与消防中队、社区居委会与 331 专班办公室、社区居委会与社工机构、社工机构与社区自组织、社区自组织与社区志愿队伍、社区自组织与居民群体等，多方合作与互动，最大化呈现服务价值。社区在项目期间未发生一起火灾事件，多元协同共治消防，是一条可探索、有成效之路。

（二）自治组织孵化成长

《培育发展社区社会组织专项行动方案（2021—2023 年）》文件发布后，大批社区社会组织备案发展，火盾微型网格消防队是一支参与社区平安建设工作的社区社会组织，它相较于文娱类、公益类组织，开展的服务更加小众、不受重视，队伍发展也经历了无人问津、活力缺乏的困境。目前火盾微型网格消防队招募到大批志愿者参与，队伍规模已扩充至 50 多人。通过社工的队伍孵化服务，组织已经进行了备案登记，组织成员从被动的志愿参与到主动的焦点协商，从消防小白到消防大拿，从自我培力到动员他人。火盾微型网格消防队在社区的热度大涨。项目起始阶段对队伍中七位主体角色和职责的有效梳理，促进了七方在社区自组织发展和服务协商合作过程中的优势互补，一跃成为 TA 镇社区独一无二的消防自治组织代表。

（三）协商民主制度健全

社区"有事好商量"平台为火盾微型网格消防队发展提供协商议事的空间，队伍成员开始尝试与社区对话、代表居民发言。在社区消防器材缺失、应急处理步骤等问题上，民主协商技术为协同治理队伍开启了合作、沟通的大门，规范了多方参与途径和行为规则。社区经过多次协商会议的开展和落实，多次社区实践服务的经验反思，最终研讨出了一套完整的社区消防机制，从火情警报网、消防救援网、增能培力网、督管保障网、信息联络网五方面响应"社区三分钟消防救援"最终目标,规范了社区消防预防、应急救援、安全管理的步骤和发展。

（四）IP 问世品牌鲜活

随着社区治理精细化和社区治理体系化建设进程的推进,TA 镇在基层治理方面暴露出来的顶层设计制度性缺乏等问题,制约着基层治理的有效覆盖和实质延伸。社区首先梳理了 3 年的社区品牌规划,在其中涵盖了以火盾微型网格消防队为发展主题的社区消防治理版块,社区品牌建设少不了社区的支持和组织,以火盾微型网格消防队成员为原型,打造了"火火""盾盾"IP 形象,带具有独特、鲜活、亲和的气质,完整地将 HT 花园第三社区"资源共聚""联动共建""协商共治""成果共享""百姓共融地"主题服务环环相扣,进一步提升了社区消防安全深度、力度、广度、热度。

（五）基层治理生态发展

TA 镇辖区有 8 个社区、1 个村,均有老旧拆迁安置小区,TA 镇 HT 花园第三社区消防安全治理项目是 TA 镇"多元主体共治、多层协商共谋、多方联动共推"的工作要求下的基层民主创新治理项目之一。项目通过向专业社工机构购买社区服务,参与社区治理服务工作,从一定程度上影响了专业社工立足于社区的深耕发展、社区社会组织的自治发展、消防安全治理的探索研究。HT 花园第三社区的成功治理案例和治理模式是足于 TA 镇社区实际,在充分资源链接的基础上,推动辖区联动共建、共议,提高了社区居民生活安全指数与幸福指数,也为同类型社区相似性问题的解决提供了参考。

六、专业反思

（一）五社联动背景下消防安全治理模式研究

专业社工介入社区消防治理可从四级建设,一级街镇层面平台保障,项目需要清晰的社区发展规划及项目品牌规划,社工可以在镇级社会工作站平台里获取专家支持、资源供给,更需要是来自镇级安全分管领导及其他消防监管部门的重视、合作及对接。专业社工不能仅沉醉于社工专业技巧在社区的落地和实施,应当在社区资产为本的视角下分析社区可用、有效资产,在社区消防治理工作中推进有力。二级社区层面组织保障,专业社工应当提供行之有效的支持,吸引一批社区骨干和合作单位代表组建及发展队伍,外来专业社会组织并不一定能完全适应拆迁安置社区对服务的要求和发展,社工协助社区培育本土草根队伍,引导社区社会组织自我运作和管理,保障导入强大的外部专业组织和技术支持，更能触发社区居民对社区事务的关注和讨论。三级网格层面服务保障，社区网格是社区七位主体集思广益、协商共治的最佳落地点，在网格化管理健全的社区，将网格员培养成社区三分钟消防安全管理工作中的"专业预警人士"。四级楼道层面人员保障，消防安全停留在网格是不能做到"万无一失""耳清目明"的，社区楼道安全员的设置和发展既是对火盾微型网格消防队伍的补充，也是将社区安全兜底的保障屏障。

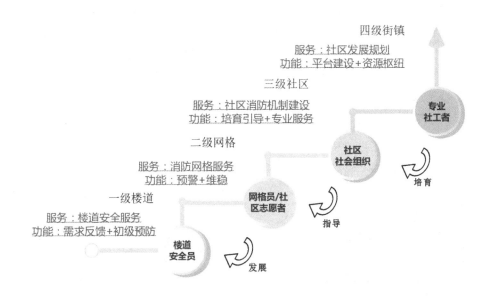

图5-3 五社联动背景下消防安全治理模式

（二）社区治理创新领域摸索

全国各地城市迅速扩张，城市化的发展形成大量拆迁安置社区，这些社区处于从农村向城市过渡的特殊阶段，存在着诸多历史沉淀问题和现实矛盾。HT花园第三社区消防安全治理探索是一次社会工作专业在拆迁安置社区参与社区治理的尝试，也是除了社区停车、社区美化、垃圾分类、社区养宠、文明公约等焦点问题之外的，一个较少可供社会组织参与、社工经验学习的消防安全问题介入。依据商品房小区社区工作实践总结的"五个一"的方法论，在群众基础薄弱、社区力量不足、社区功能短缺的拆迁安置社区下沉服务时，服务路径和服务模式依然有效，透过行动和研究相结合，再次检验了社区引导社区社会组织、社会工作服务机构、社区志愿者、驻地企业单位等共同参与社区治理的方式和方法是正确的，更充分延展了社会工作在社区治理中可涉足的领域、范围，专业社工更应该打破常规思维，坚定社会工作在大力助推社会工作推动乡镇发展和社区融合中的决心和力量。

七、案例使用说明

（一）教学目的与用途

本案例教学使用说明基于"高级社工实务""社区社会工作"等课程中的社区资源评估、社区自组织培育、社区协商治理、社区教育内容教学要求编写，用于讲解在社区工作方法中，合理运用地区发展模式，评估社区状况和需要、推动社区组织化、规划社区方案、执行社区方案并最终评估服务成效等方面的内容。案例的编写以此为出发点和落脚点组织相关内容，对案例的分析和总结也是基于这一目的。若将本案例用于其他课程，则需做调整，本案例使用说明可作为参考。

（二）涉及知识点

本案例适用于"高级社工实务""社区社会工作"等课程中使用，主要覆盖知识点包括：

（1）地区发展模式策略；

（2）社区资源分析技巧；

（3）社区组织工作技巧。

（三）配套教材

社区工作。

（四）启发思考题

本案例主要通过介入拆迁安置型老旧小区社区消防安全治理的问题，通过社区资源共聚、多方联动共建、基层协商共治、社区成果共享、百姓服务共融等方式，为社区在社区难点问题处理、社区自组织培育、社区志愿者发展、社区楼道安全自治等方面提供有效的方式和方法，并进行了创新性尝试。进一步满足社区居民参与社区事务，社区协同联动共治的需求，改善社区发展生态环境。案例涉及以下问题。

（1）社区工作中地区发展模式的具体实施策略有哪些？

（2）社区组织工作技巧中社区志愿者培育和社区社会组织培育的具体步骤是什么？

（3）社区服务中"五个一"方法论如何指导工作？

（4）基层民主创新治理在社区楼道层面可探索的新路径和方法有哪些？

（五）分析思路

案例分析的思路是引导学生运用所学知识，根据案例相关情境材料，通过一定的逻辑思路，对案例进行细致解剖和系统分析。

本案例依据社区工作的知识和要求，运用地区发展模式介入社区问题处理，社区分析技巧和社区组织工作技巧的运用是本案例教学的核心。社区分析技巧包括社区分析、社区问题和需求分析、社区动力和资源分析三个部分，以社区资源为导向落实具体服务。社区组织工作技巧重视社区宣传教育与媒体利用、居民活动组织、社区领袖的培育和社区志愿队伍培育及社区资源整合，联动多方主体发挥各自优势，挖掘并使用现有资源，高效参与社区问题解决。

（六）理论依据与分析

1. 协同治理理论

协同治理理论强调以下几个方面：一是治理主体的多元化。主体多元化是协同治理的前提，消防安全治理工作不仅仅需要政府组织，也需要社区自组织、企业、志愿队伍、社区居民在内的社会组织和行为体参与。二是各子系统的协同性。在协同治理过程中，强调各主体之间的自愿平等与协作。协同治理强调政府不再仅仅依靠强制力，更多的是通过政府与社会组织之间的协商对话、相互合作等方式，建立伙伴关系，管理社区消防安全事务。三是自组织组织间的协同。自组织组织是协同治理过程中的重要行为体，但协同治理过程是权利和资源的互动过程，社区自组织的发展和成长，组织的运作和成熟，组织与组织之间的协同离不开政府的组织和支持。四是共同规则的制定。协同治理是一种集体行为，所以协同治理过程也就是各种行为体都认可的行动规则的制定过程。在规则制定的过程中，各个组织之间的竞争与协作是促成规则最后形成的关键。HT 花园第三社区的消防安全治理工作中的消防安全机制、消防管理机制等，都需要各组织之间通过多次磨合、协作、沟通、和解而形成。

2. "五个一"方法论

地区发展模式强调，在一个较大的社区范围内鼓励社区居民通过自助或互助的方式，广泛参与社区事务，解决社区问题，推动社区发展。根据社区治理服务经验的总结，我们得出社区治理"五个一"的方法论，即解决一个问题，留下一支队伍，树立一个品牌，建立一个制度，打造一个生态。该方法论适用于提高社区居民参与，培育社区治理力量，也将在消防安全治理工作实践中不断升华。

（七）背景信息与关键点

本案例分析关键在于如何利用地区发展模式在社区根系探索治理，面对拆迁安置型社区中同质性问题，建立楼道、网格、社区、街镇四级联动保障，熟练运用社区分析技巧和社区组织工作技巧，在社区服务中发挥社区自组织优势和力量，发展社区志愿者活力和队伍。

（八）课堂教学计划建议

本案例课堂计划根据学生的差异，尤其是对案例的阅读和课前对相应知识的掌握程度来进行有针对性的设置。本案例主要按照 2 学时进行设计。

A 计划：学生事先预习到位，对于本科生和全日制研究生，可以将小组讨论布置在课外进行。因为这类学生实际工作经验少，所以案例讨论过程中需要教师引导的内容要相对多一些。

B 计划：社工硕士（MSW）学生课前预习差异较大，因此需要将小组讨论置于课堂讨论之中进行。

两种课堂教学详细安排计划如表 5-2 所示。

表 5-2　两种课堂教学课的安排计划

A 计划	B 计划
课前阅读相关资料和文献 1 小时	课前阅读至少 1 小时
小组讨论 1 小时	考虑到 MSW 学生课前阅读和讨论的可行性，建议将小组讨论置于课堂中进行
考虑到本科生的知识基础和对应用的理解，要适当增加讨论后的知识总结时间	
课堂安排：90 分钟	课堂安排：90 分钟
案例回顾：10 分钟	案例回顾：10 分钟
集体讨论：50 分钟	小组讨论：30 分钟
知识梳理总结：20 分钟	集体讨论：35 分钟
问答与机动：10 分钟	知识梳理：10 分钟
	问答与机动：5 分钟

在课堂讨论本案例前，应该要求学生至少读一遍案例全文，并尝试回答案例启发思考题。具备条件的学生还可以小组为单位，围绕所给的案例启发思考题进行讨论。

个案篇

第六章 丧亲哀伤辅导案例

案例名称： 丧亲哀伤辅导的社会工作介入案例
案例执行： 舒曼、张晓青
案例撰写： 张胜楠、魏晨、陈堃、房军
案例督导： 魏晨
使用说明： 魏晨
案例获奖： 江苏社工案例一等奖

一、案例背景

自 2020 年始，由新型冠状病毒引起的肺炎疫情在全世界蔓延开来。这次的疫情给中国带来了巨大的挑战，对人民的身体健康、生活产生了较大的影响。社会工作者要秉持以利他主义为指导和助人自助的价值理念，主动参与到我国的疫情防控工作当中；以服务对象的需求为导向，帮助服务对象解决在生活上面临的问题，缓解心理上的压力和负担；组建由社会工作者、网格员、国家防疫人员、志愿者以及心理治疗师组成的团队，帮助患者及其家属，进行心理疏导，让其能正常地融入社会生活当中。

服务对象在毫无防备情况下感染病毒生病，并丧失配偶，自康复后无法在同社区其他居民异样眼光下，以丧失亲人的悲痛中走出而郁郁寡欢，失去生活信心。服务初期，由于服务对象排斥社会工作者提供的服务，导致介入进程受阻。经过对前期工作的充分复盘分析，社会工作者运用人本主义理论方法，给予服务对象一定的空间，而后深入了解服务对象爱好，动员外部资源，构建不同的生活情景，逐步、逐层对其植入生命意义，缓解其悲伤情绪，激发生命动力。

（一）服务对象基本资料

M 阿姨（化名），女，退休教师，育有一儿一女，儿子现在 40 多岁，女儿患有慢性病症。服务对象是新冠肺炎疫情的亲身经历者，丈夫去世后，M 阿姨就独自一人居住在家中。M 阿姨本人患有慢性阻塞肺炎，不能进行剧烈运动，

现在正接受针灸治疗，腿脚稍微有一些好转。由于居住的房子在一楼，环境黑暗潮湿，因此 M 阿姨每天都会出门去散步，锻炼身体。此外，自从丈夫在疫情中去世之后，M 阿姨睡眠质量有所下降，经常失眠。目前，M 阿姨精神状态一般。

（二）家庭情况

M 阿姨不幸感染上新冠肺炎，同时丈夫去世只有半个月的时间，M 阿姨康复后面对丧亲之痛，在心理上无法接受，导致出现哀伤情感。

在这之后，无论是谁提到这件事情，M 阿姨都会表现得非常伤心、难过，不能释怀。M 阿姨的女儿患有慢性病症，其丈夫的去世又加重了女儿的病情，使得女儿目前一直居住在医院。M 阿姨需要经常去探望她。M 阿姨的儿子 40 多岁，有一个美满幸福的家庭，居住在 M 阿姨家附近，经常会回来看望母亲并且会给她带来一些生活物资。服务对象家庭结构图如图 6-1 所示。

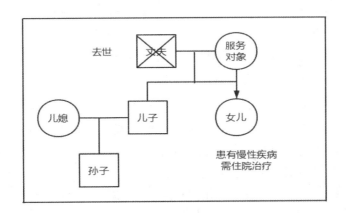

图 6-1　服务对象家庭结构图

（三）社会情况

M 阿姨曾经是中学教师，现已退休。在疫情发生之前，她偶尔会与以前的同事一起聚会聊天，出去游玩，但在疫情之后便很少出门。在其丈夫去世之后，社区网格员重点对 M 阿姨进行了关注，定期上门探访和关心。此外，社区也时常会对 M 阿姨进行慰问，给予其生活方面的帮助。

二、分析预估

（一）问题分析

从个人层面来看，服务对象状况欠佳。M 阿姨由于在疫情中失去了丈夫，因此对生活失去了信心，情绪上充满了极大的悲伤，从而使得 M 阿姨每天的睡眠质量下降，身体出现了疲惫的状态。M 阿姨自身患有慢性阻塞肺炎并且居住在阴暗潮湿的环境中，导致其身体不能进行剧烈运动，需要依靠针灸和日常锻炼身体来增强体质。

从家庭层面来看，服务对象家庭功能损害严重。M 阿姨育有一子一女。女儿患有慢性疾病，因为服务对象的丈夫去世使其受到刺激，加重了病情，使得 M 阿姨的心理受到了极大的创伤。M 阿姨也会经常去医院看望她的女儿。M 阿姨的儿子偶尔来探望她，但是由于 M 阿姨的孙子即将毕业，需要父亲帮助规划人生方向，所以只能够给予 M 阿姨心理和生理上有限的支持和帮助。

从社会层面来看，服务对象社会支持网络缺乏。M 阿姨居住的小区是一个老旧社区，其中居住的老年人较多，志愿者活跃度不高，给予 M 阿姨的帮助和支持有限。社区没有建立老年人活动中心，无法通过朋辈群体的关心和交流帮助 M 阿姨缓解心理上的哀伤。社区缺少适合老年人使用的健身器材，无法对 M 阿姨的身体起到康复的作用。社区网格员由于行政性工作较忙，不能够满足 M 阿姨的及时性需求。

（二）多元需求分析

人本主义治疗模式强调"以服务对象为中心"。在具体的介入过程中，社会工作者相信服务对象有自我成长的可能性，服务对象自身的满足感与自我实现的倾向是一致的。因此，针对 M 阿姨的现实状况，以及与 M 阿姨的沟通交流，从以下几个方面对 M 阿姨的需求进行了分析。

（1）帮助 M 阿姨走出哀伤情绪，重建对生活的信心，悦纳自我，适应其丈夫离世后的生活，使其能够正常地融入到社会当中。

（2）强调 M 阿姨自身及家庭潜能，帮助其女儿链接医疗资源，并尽量稳定女儿的病情。主动联系 M 阿姨的儿子，告知其母亲的情绪状况及家中的变故，引导其多与母亲沟通，教授其沟通技巧。

（3）动员社区资源，促进老年人群体之间的相互沟通和交流。倡导社区多关注新冠肺炎患者老年人群体，为老年人提供一个交流互动的平台，构建适老化社区。

（三）服务对象的资源分析

1. 个人层面

（1）M 阿姨作为退休的中学教师，拥有稳定的生活来源，并且有一定的社会地位，受到他人的尊重。这对于恢复其自身的心理状况起到很好地帮助。

（2）M阿姨的精神状态一般，在后期主动接受社会工作者提供的帮助。

2. 家庭层面

（1）M阿姨居住在一楼，方便外出。

（2）M阿姨的儿子拥有一个完整的家庭，会回家探望M阿姨，并且提供一些生活物资。家庭成员的支持系统会给M阿姨带来精神的慰藉。

3. 社会层面

（1）M阿姨所在的社区老年人较多，且有部分是曾经的同事，会有共同的话题，疫情期偶尔会聚会。

（2）社区网格员会探望M阿姨，重点关注其生活情况，定期电话回访或者上门探访，社区也会对M阿姨进行慰问。

（3）社会工作者会主动帮助M阿姨改变其生活环境，解决其面临的难题，缓解M阿姨的哀伤情绪。

三、服务计划

基于人本主义治疗模式及相关理论，以及根据以上收集到的资料与对的需求预估，并与M阿姨协商，社会工作者确定如下目标。

（一）总目标

创造促进M阿姨自我改变的充分必要条件，运用无条件关怀、同感、尊重等技巧，解决M阿姨的生活危机问题，促进M阿姨生理和心理的康复。帮助M阿姨缓解新冠肺炎疫情对其自身生活造成的影响，提升其抗逆力，在共享体验过程中，相信自己、实现自我成长，面对生活中的各种挑战。

（二）分目标

短期目标： 创设同感环境，进行哀伤辅助，帮助M阿姨走出丈夫去世的困境；摆脱自我宿命价值条件的约束，重新认识自我，接受自己与家庭现实状况，悦纳自我。

中期目标： 遵循人本主义原则，强调M阿姨的潜能，将主动权还给M阿姨及其家庭，推动M阿姨走出封闭困境，协助M阿姨扩大社会支持网络，提升生活品质。

长期目标： 将M阿姨能力成长作为核心，提升其自身心理调适能力、链接社会资源能力，并协助构建新冠肺炎康复者友好社区，以期M阿姨的可持续发展。

（三）理论依据

1. 人本主义理论

人本主义强调人的尊严、价值、创造力和自我实现，倡导以和睦真诚的关系促进自身健康积极地成长。罗杰斯在实践中提出了人本主义疗法也称"来访者中心"疗法：第一，一个平等、安全、开放和真诚的环境是帮助服务对象挖掘自身潜能所必需的条件。第二，人类有一种天生的"自我实现"的动机，每个人都希望自己能够成功，能够实现自身价值。第三，个人拥有机体的评价过程。个人在成长过程中，不断与现实发生着互动，不断地对互动中积累的经验进行评价。这种评价不依赖某种外部的标准，也不借助于在意识水平上的理性，而是根据自身机体上产生的满足感来评价。

基于此理论，社会工作者为 M 阿姨构建接纳、包容的环境，让 M 阿姨对自己进行重新定位，激发 M 阿姨的主观能动性；充分挖掘 M 阿姨潜能，协助其构建更加积极的生活目标；社会工作者在集体活动中为 M 阿姨赋能，在新的社会支持网络中赋予其新的社会角色和职责，提升 M 阿姨的成就感，促进其自我认同与自我发展。

2. 心理－社会治疗理论

心理－社会治疗模式认为人不是独立存在的个体，将个人与环境之间的关系概括为"人在情境中"，是人的心理投射到环境中所产生的心理反应。每个人面对一样的环境，所产生的心理感觉是不一样的，人和情境的互动推动了个人的发展。通过改变情境中的因素，甚至通过重塑情境来重塑个人，以情境改变个人的行为。在本案例中，情境是前期介入的要点，在生活中创造符合 M 阿姨心理期待的环境，与亲人朋友深入交流，互相支持，找到生活的意义。通过社区、社会支持网络和亲密伙伴提供的感知和实际工具性表达或表达性支持，为 M 阿姨提供引导、协助与解决问题的行动和心理支持、情绪支持，改变其颓唐心理，寻找生活意义。

3. 优势视角理论

优势视角是一种关注人的内在力量和优势资源的视角，意味着应当把服务对象及其环境中的优势和资源作为社会工作助人过程中所关注的焦点，而非关注其问题和病理。优势视角基于这样一种信念，即个人所具备的能力及其内部资源允许他能够有效地应对生活中的挑战。在创伤、痛苦和困境中帮助 M 阿姨寻找希望并将希望转化为生活中的动力，最终走出困境，积极生活。

（四）具体服务策略

本案例中，社会工作者运用人本主义疗法进行工作，介入的目标在于使 M

阿姨接受其丈夫因病去世的事实，重拾对生活的信心与希望；综合运用"赋能－还权－归位"的介入策略，通过"能力建设＋心理调适＋社会支持"三位一体服务策略进行整体服务。

四、服务计划实施

（一）第一阶段：赋能阶段

这一阶段工作分解为三个步骤进行。

一是以"服务对象为中心"，社会工作者了解 M 阿姨的自身情况及外部环境，以 M 阿姨为中心，通过无条件的关注、真诚与同理心，与 M 阿姨建立专业关系并且帮助其宣泄负面情绪。

二是创设同感环境，进行哀伤辅助，帮助 M 阿姨走出丈夫去世的困境。

三是摆脱自我宿命价值条件的约束，重新认识自我，接受自己与家庭现实状况，悦纳自我。

1. 建立关系

第一次面谈，社会工作者和 M 阿姨约在社区活动室见面。M 阿姨情绪低落，对于社会工作者的寒暄只是简单回应，与社会工作者的互动不积极。社会工作者秉持"无条件的积极关注"，适当进行自我袒露。

在面谈过程中，社会工作者表达了对 M 阿姨目前心理状况的理解与感受，进行自我披露。向 M 阿姨讲述了自己丧亲时的悲伤，与 M 阿姨的遭遇产生情感共鸣；然后逐步引导 M 阿姨宣泄自己内心的感受，社会工作者认识到目前面临的最主要的问题是丧亲所导致的心理问题。M 阿姨是新冠肺炎疫情的亲身经历者，且丈夫在患病后半个月内去世。目前，M 阿姨仍有较强烈的丧亲悲痛情绪。女儿疾病加重，增加了其生活的压力。M 阿姨的哀伤情绪得不到及时疏导，因此逐渐封闭自我，不愿意走出家门与人交流。

介入小结： 在第一次面谈中，M 阿姨改变意愿强烈，愿意接受社会工作者的服务。社会工作者计划在下一阶段进行心理疏导，帮助 M 阿姨从疫情的阴霾中走出来，建立理性的认知，正确看待家庭的变化。

2. 突发意外

在社会工作者准备开展接下来的服务时，突然联系不上 M 阿姨本人。社会工作者通过走访也联系不到 M 阿姨，个案进程暂时停滞。

社会工作者通过他人了解到，M 阿姨对社会工作者以及其他工作人员仍存有戒备之心。社会工作者反思后，认为可能是 M 阿姨突然受到外界太多的关心，一时间难以接受，现在她更需要的是一个抒发情绪的出口，因此拒绝接受外来人员提供的服务。社会工作者在了解 M 阿姨的状态后，修改了服务计划。

3. 同感环境

社会工作通过生活支持、环境带入等方法，经常性帮助 M 阿姨买菜拎菜，陪 M 阿姨聊天，解决一些生活上的小问题，并向 M 阿姨提供社区志愿服务的清单与免费剪发、义诊等服务的照片。在此过程中，社会工作者逐步重新获得了 M 阿姨的信任。在个案中止近一个月后，M 阿姨主动联系社会工作者，表示希望得到社会工作者帮助，社会工作者邀请 M 阿姨面谈。

服务对象按照约定时间来到社区和社会工作者见面，社会工作者开始了解到其基本情况：上午与女儿去公园玩耍，女儿给她拍了照片，从照片来看，两个人的气色都很好。M 阿姨还提到家里热水器要找人清洗，网络因修路损坏，所以家里没网络。同时 M 阿姨想找社区要一个当年家庭的合影，拿回来存档，但后来问了网格员没有反馈，所以没拿到。社会工作者答应会找人帮助其修理热水器和网络，并向网格员咨询有关照片的事情。

在面谈的过程中，社会工作者得知 M 阿姨的爱好是拍照和制图，会用"她变"这个来进行图片改造，其中照片风格包括军艺类、旗袍、古风等，再就是老年人比较常见的那种风格的风景抠图。M 阿姨向社会工作者展示了很多的照片，通过照片可以看到她家里很干净整洁，环境也可以。M 阿姨告诉社会工作者她戴帽子的原因是因为她头发都白了，但是她不能染，因为对染料过敏，还患有慢性咽炎，现在演变成了慢性肺炎，主要是影响呼吸，但不传。

介入小结：M 阿姨有主见，M 阿姨拍照喜欢摆 POSE，对光线和姿势有要求，不喜欢专业和美颜功能，会用正常的模式拍照。社会工作者已经加了 M 阿姨的微信，M 阿姨表示后期如果有拍照这类社区活动，愿意参加。因此，后期有活动可以尝试邀约。此外，社会工作者观察到 M 阿姨的哀伤情绪有了阶段性的转变，从第三阶段迷失方向期转变到第四阶段重新整顿期，逐步开始接纳自我。

（二）第二阶段：还权阶段

一是遵循人本主义原则，强调服务对象的潜能，将主动权还给服务对象及其家庭，推动服务对象走出封闭困境。社会工作者以"积极的人性观"作为"助人自助"的出发点，在服务过程中，结合心理－社会治疗模式，为 M 阿姨创设积极的生活环境，引导其进行自我思考，协助其建构积极的生活目标，促进 M 阿姨的自我认识与发展，悦纳自我。

二是协助服务对象扩大社会支持网络，提升生活品质。协助 M 阿姨重新融入生活，通过心理疏导、生活环境调整、生活目标建立、情感支持网络支持，促进 M 阿姨提升处理消极情绪的能力，找寻生活意义，重拾生活希望，逐渐回复正常生活。

罗杰斯认为,自我是在与环境和他人的相互作用中形成的,是现象场的产物,同时,人是具有建设性和社会性的,有追求美好生活、为美好生活而奋斗的本性。因此,在此阶段,社会工作者重点引导 M 阿姨建立积极的生活态度,重拾对生活和未来的希望。

1. 建构目标

社会工作者找到适合散心的拍照景点,邀请 M 阿姨的同事陪伴其共同出游,M 阿姨在情绪上有了明显转变,渐渐有了参与意识;社会工作者提前与 M 阿姨朋友沟通有关缓解心理压力的话术,帮助 M 阿姨在游玩中转移注意力,舒缓内心痛苦。在游玩过程中,社会工作者不断正向激励 M 阿姨,降低了 M 阿姨的戒备心理,为后续介入打下基础。M 阿姨把外出游玩、拍照当成一种自我减压、放松的方式,社会工作者给予很大的赞许和鼓励,对 M 阿姨能够坦然面对现实,坚强、乐观面对新生活表示很赞赏。

游玩后三天,M 阿姨和社会工作者主动电话联系,告知其同事想要学习抠图,但是不会下载抠图应用软件,想要社会工作者教一下,和社会工作者约定当天下午三点在社区碰面。在访谈过程中,社会工作者帮助 M 阿姨下载层层抠图应用软件,并帮忙清理手机内存,M 阿姨表示感谢。社会工作者邀请 M 阿姨参加摄影兴趣小组,M 阿姨表示很高兴,一定会去。

介入小结:社会工作者的关心、陪伴、支持,让服务对象感受到被理解、被尊重、被接纳,并表示愿意参加小组活动。协助服务对象建构积极的生活小目标,促进服务对象的自我认识与发展。

2. 悦纳自我

小组活动中,社会工作者邀请专业摄影人士为小组成员提供摄影知识学习、图片后期处理等手机技能教学,后期开展摄影作品展览。使 M 阿姨在小组活动中挖掘兴趣爱好,建立同辈群体支持。

社会工作者在陪伴过程中,注重观察 M 阿姨的言行举止,在其出现不良反应和行为时进行及时的调整。通过 M 阿姨主动联系朋友的频率评估 M 阿姨在活动中取得的成果,并通过支持网络称赞 M 阿姨行为,巩固活动成果。通过周围重要他人的评价,M 阿姨的自信心得到提升,逐渐寻找到生活的意义所在。

小组活动对 M 阿姨克服人际交往障碍,增强她的自信心具有很大的作用,M 阿姨的情绪出现了明显的好转,整个人更加乐观开朗。

介入小结:服务对象逐步将"问题"正常化了,认识到人生总是有缺憾的,需要积极看待;在服务对象与外部社会支持系统关系中,建构新的互动关系,使得服务对象在新的社会角色中悦纳自我。

（三）第三阶段：归位阶段

人本主义治疗模式强调人有自我实现的倾向。罗杰斯认为，人天生就有一种基本的动力性的驱动力，他称之为"实现倾向"。社会工作者根据服务对象的实际情况，结合优势视角和心理社会治理模式，将服务对象的自我成长和自身积极评价转化为发展动力。

让服务对象参与到社区活动中，邀请服务对象做志愿者，在活动中赋能服务对象，使其在志愿活动中承担一定的职责，重塑社会角色；提供与社区居民交流的平台，创造可供服务对象自我实现的社会场景，引导服务对象积极参与社会生活，挖掘培养兴趣爱好，探寻生活意义，在新的环境中重新定位自己的角色，重建生活目标。

本案例中，在经过前期的介入后，M阿姨得以正确面对家庭的变化，重建了生活目标，找到了生活乐趣。社会工作者相信M阿姨具有自我实现的倾向，因此此阶段的主要任务是协助M阿姨融入社区，重构其社会支持网络，承担新的社会角色，从而激发其自我实现的内在动力，促进自我价值的实现。

在具体活动中，M阿姨往往提前到达约定的地点，主动帮忙社会工作者布置场地；活动过程中，M阿姨坐在一旁休息，时不时也会邀请社会工作者拍照，但是和居民交流不多；到奖知识问答环节，M阿姨看到参与活动的居民较多，就主动配合社会工作者发放小夜灯，维持排队顺序。活动最后，社会工作者邀请M阿姨去社区领取志愿者兑换物资，并对M阿姨在活动中的表现给予了鼓励与肯定。M阿姨表示活动对她来说很有意义，希望以后能多多参与。

社会工作者会全程关注M阿姨的情绪变化，给予关心，给予适当的支持。同时，也会与M阿姨探讨人际交往中的一些趣事以及兴趣爱好。在社会工作者慢慢地引导下，M阿姨重新打开心扉，开始与他人进行交流，并主动邀请社区书记、社会工作者拍合照。拍照过程中，M阿姨拉着社会工作者的手，说她很感谢社会工作者们对她这段时间的关照，让她慢慢地想要走出家门，放下过去，参与到社区活动中。

五、总结评估

（一）解决了悲痛引发的抑郁与焦虑问题

服务对象（M阿姨）的丈夫去世这一事件是其出现情绪问题并失去生活动力的主要原因。社会工作者正式提供服务前，服务对象抑郁自评量表（SDS）标准得分为54，抑郁严重度为0.675，属于中重度抑郁，焦虑自评量表（SAS）

标准得分 56 分，属于轻度焦虑。在社会工作者提供相关服务后，针对服务对象的情绪进行后测，抑郁自评量表（SDS）标准得分为 38 分，抑郁严重度为 0.475，分值回归正常区间，已无抑郁倾向。焦虑自评量表（SAS）标准得分为 47 分，已无焦虑症状。在服务过程中，服务对象把外出游玩、拍照当成一种自我减压、放松的方式，社会工作者给予很大的赞许和鼓励，并针对其需求提供陪伴和拍照相关技能的培训等服务，使 M 阿姨逐渐打开心扉，愿意与他人交流。在集体活动中，M 阿姨重新定位自己的角色和探寻生活的意义，逐渐走出丧亲悲痛情绪，能够坦然面对现实，坚强、乐观地面对新生活。

服务对象："我很喜欢你们这些小姑娘，这段时间对我非常关照，我现在慢慢地想要走出家门，放下过去，参与到社区活动中，感谢你们。"

社会工作者："服务对象近期愿意走出家门，频繁参加高中同学聚会、同事聚会，并且部分同事住在附近，服务对象也会经常串门聊天。"

（二）使得服务对象从接纳自我、重塑自我到悦纳自我

在丈夫去世后，服务对象从不愿接受服务向主动联系社会工作者参与社区活动转变。在参与活动的过程中，服务对象逐渐培养起自己新的兴趣。社会工作者从服务对象的兴趣入手，帮助服务对象提升拍照和制图的技能，使服务对象逐渐放下戒备心，坦然面对生活的变故。在接受服务的过程中，社会工作者积极主动联系服务对象外出散心，并邀请其拍照，重新发掘生活中的乐趣。在服务对象与外部社会系统互动新关系中，服务对象找到了接纳新的自我、开启悦纳自我的进程。

服务对象："社区活动让我找到新的自己，我可以重新开启新生活，有大家帮助，感觉生活不一样了，自己也不一样了。"

（三）重构了服务对象的社会支持网络

从服务对象的原有支持网络来看，其家庭支持网络有所缺失，在疫情后缺乏足够的社会支持。社会工作者邀请 M 阿姨参与社区活动，提供与社区居民交流的平台，缓解了其心理压力。在社区活动中赋能，社会工作者让 M 阿姨承担一定的职责，增强其获得感和价值感。同时，社会工作者在提供服务的过程中，注重给予 M 阿姨足够的赞赏与鼓励，让她有信心参与到社区活动中来。同时，社区、社区社会组织、志愿者同社会工作者共同编制了社区内部的社会支持网络，有效提供了服务。

服务对象："大家都来关心我，对于你们提供的服务与陪伴，我感觉非常温暖，希望能够多多参与社区活动，丰富自己的精神生活。"

志愿者 A："刚开始（参加活动时）阿姨确实不怎么爱讲话，但是后来能够积极主动帮我们布置场地，安排各项工作，我们看到她这个状态也是打心底里高兴。"

社区工作者 B："确实在经历过疫情后，大家的心情是比较沉闷的。M 阿姨可能是疫情后很多居民状态的一个缩影。M 阿姨的转变也使我们对开展各项活动有了更大信心。"

朋友 C："老李之前也是一个比较乐观的人，打她老伴去世后就变得不太开心，不过现在能够跟我们一起参加活动，开开心心的也挺好的。"

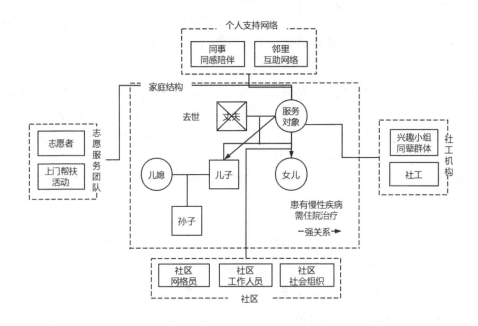

图6-2 服务对象社会支持网络图

六、专业反思

（一）建构病患丧亲"赋能－还权－归位"三位一体的社会工作者介入新模式

以往针对丧亲的社会工作介入，都是以危机干预为主要模式的，注重于心理抗逆力的介入与心理要素的整合。本案例中，社会工作者介入新冠肺炎疫情中病患丧亲的过程，是将人本主义操作范式创造性地分成了清晰的"赋能－接纳自我，还权－重塑自我，归位－悦纳自我"操作范式，通过赋能实现对象接纳自我，通过还权实现对象重塑自我，通过归位实现服务对象悦纳自我，将心理学色彩浓厚的人本主义做了社会工作模式的改良，取得了良好的介入效果。

（二）完善病患丧亲"分段分型"精细服务的社会工作者介入新方法

在面对此类服务对象时，社会工作者应分阶段、多角度进行服务介入，将"赋能－接纳自我，还权－重塑自我，归位－悦纳自我"还原成"三阶段三角度"，进行服务。在介入的第一阶段，以人本主义理论为指导，通过陪伴、心理疏导等方式，对服务对象目前面临的问题表示共情，使服务对象感受到被理解、被接纳。在第二阶段，社会工作者相信服务对象有积极的人生态度，将决定权还权给服务对象，结合心理—社会治疗模式，引导服务对象探寻生活中积极乐观的一面。在服务对象发生明显变化后，社会工作者要注意在第三阶段为服务对象重建社会支持网络，在新的生活模式下赋予其新的社会角色，在新的位置与社会角色中，促进服务对象自我价值的实现。

（三）打造病患丧亲"情境－自我"良性互动的社会工作者介入新生态

在本案例中，社会工作者主要以人本主义理论以及心理－社会治疗理论为指导，为 M 阿姨提供相应的服务。人本主义理论确信人是有理性的，在适当的环境下，会朝向潜能充分发展的方向前进。社会工作者要对 M 阿姨表示接纳与理解，围绕 M 阿姨的需求展开服务。心理－社会治疗模式立足于生理、心理和社会三重因素的综合分析与协调，协调个人与社会环境的关系。因此，本案例成功的原因之一就是在力求 M 阿姨接纳自我、重塑自我、悦纳自我的过程中，实现社会支持体系与 M 阿姨的良好互动，不断用生活情境中支持性要素促进 M 阿姨发现新的自我，并且构建良好的外在情境，构建"情境－自我"良性互动关系，使其有利于推动个人真正实现自我需求，悦纳自我。

民政部基层政权建设和社区治理司司长曾表示，要号召社区居民强化同情心、同理心，消除对出院患者的歧视，构建和谐、理性、相互尊重的社区生活共同体。在本案例中，**从行政层面来看**，在后疫情时代，M 阿姨所在地区出台相关政策，积极推行社会工作者介入服务项目，关注类似于 M 阿姨的人群，由街道组织、社区共同参与构建物无歧视、深包容、和谐友好的生态环境，为社会工作者介入该案例提供了有力支持。**从组织体系来看**，主要体现在将 M 阿姨纳入社区志愿者组织以及草根文艺组织，使 M 阿姨在新的环境中探寻新的生活乐趣。**从资源体系来看**，为 M 阿姨链接外在服务资源，联动 M 阿姨内在的资源，共同解决 M 阿姨面临的各种问题，这些都从整体上构建了"情境 – 自我"良性互动关系，进而在服务过程中为 M 阿姨构建了完善的生态体系，为 M 阿姨自我成长的构建了良好的生态基础。

七、案例使用说明

（一）教学目的与用途

本案例教学使用说明是基于"高级社工实务""医务社工""个案工作""危机干预"等课程中的危机事件干预，以及公共卫生社会工作者（社工）对于危机中次生危机的教学需求而撰写，用于讲解个案工作中的人本主义方法等方面的内容。案例的编写以此为出发点和落脚点，组织相关内容，对案例的分析和总结也基于这一目的。若将本案例用于其他课程，则需做调整，本案例使用说明可作为参考。

（二）涉及知识点

本案例适用于"高级社工实务""医务社工""个案工作""危机干预"等课程中使用，主要覆盖知识点包括：

（1）罗杰斯人本主义三原则；

（2）人本主义社会工作的变革；

（3）个案工作的一般通用模式；

（4）危机干预的介入原则。

（三）配套教材

个案工作。

（四）启发思考题

本案例主要通过社会工作者介入病患康复后，所面临的服务对象丧亲、排斥等社会问题，以及由此而产生的各种心理问题，完整系统地呈现了社会工作者在危机干预中运用人本主义理论共情原则，积极聆听服务对象的倾诉，并在聆听中不断在心理上接近服务对象，通过共情、同感性理解、无条件积极接纳、真诚一致地对待，逐步使服务对象接受了事实，并不断积极地调整了自我的认识与期待。案例涉及以下问题。

（1）人本主义方法中的无条件接纳是如何实现的？

（2）危机干预的六个步骤是什么？

（3）在案例中，应该如何处理服务对象的拒绝接受服务的情况？

（4）赋能、还权、归位对于人本主义的方法改革有哪些？

（五）分析思路

案例分析的思路是引导学生运用所学知识，根据案例相关情境材料，通过一定的逻辑思路，对案例进行细致解剖和系统分析。

本案例依据危机干预的基本原理，结合社工介入服务对象病患丧亲后问题，人本主义方法和危机干预方法结合，这是本案例教学的核心；两种方法结合后，通过赋能、还权、归位不断迭代创新构建理念和建构原则是教学目标。

1. 按照危机干预六步骤进行分析

（1）明确问题；

（2）确保当事人的安全；

（3）提供支持；

（4）诊察可资利用的应对方案；

（5）制订计划；

（6）获得承诺。

在危机发生后的阶段，社会工作者在明确问题时，需要取得服务对象认同。在服务对象拒绝时，应暂时退出接触，同时留下可以沟通的渠道。

2. 按照罗杰斯人本主义介入技巧进行分析

（1）心理接触。

和服务对象（当事人）建立信任关系，彼此聆听，投入地关注对方。

（2）当事人自我危机。

自我概念受到冲击，失去信心，生活与现实的经历脱节，内心感到沮丧。

（3）表里一致。

社工的内心情绪与行为和态度一致，很开放地披露自己内心的思想和感情。本着自我表露或真挚的目的，与当事人维系一个有意义、诚恳和有人情味的关系，使双方能有效地沟通。

（4）无条件的关怀。

无条件的关怀是无论当事人的问题或行为是怎样的，都要尊重当事人，也深信自己拥有足够的资源去协助当事人的成长。无条件的关怀并不等于他须同意当事人所有的行为。在当事人表露他对别人或自己损害的行为时，也应很坦白地表达不赞许这行为，并为此而难过。

（5）共情。

和危机干预中的共情技术相同，要求用以下五个技术，即①专注；②以语言向当事人传递共情的理解；③以非语言的方式向当事人传递共情的理解；④沉默作为传递共情的理解一种方式；⑤向当事人反馈自己的感受去实现与服务对象的共情。

（6）服务对象感知。

着重于当事人的感受。服务对象应感知到社工的真挚态度和无条件的关怀。无感知则服务效果较差。

（六）理论依据与分析

1. 罗杰斯人本主义理论分析

罗杰斯在实践中提出了人本主义疗法也称"来访者中心"疗法：一是认为一个平等、安全、开放和真诚的环境是帮助服务对象挖掘自身潜能所必需的条件。二是认为人类有一种天生的"自我实现"的动机，每个人都希望自己能够成功，能够得到自己价值的实现。三是个人拥有机体的评价过程。个人在其成长过程中，不断与现实发生着互动，个人不断地对互动中积累的经验进行评价。这种评价不依赖某种外部的标准，也不借助于人们在意识水平上的理性，而是根据自身机体上产生的满足感来评价。

基于此理论，社会工作者为服务对象构建接纳、包容的环境，让服务对象对自己进行重新定位，激发服务对象的主观能动性；充分挖掘服务对象潜能，协助其构建更加积极的生活目标；社会工作者在集体活动中为服务对象赋能，在新的社会支持网络中赋予其新的社会角色和职责，提升服务对象的成就感，促进其自我认同与自我发展。

2. 危机干预理论

社会工作者应该更加关注危机干预中服务对象自身的优势，优选出各种可供服务对象选择和利用的应对方案。服务对象在受创而失去能动性时，往往不能充分分析出最好的选择方案，有些服务对象实际上认为他们的境况无可救药了。可供选择的应对方案可以从以下三个角度来寻找：①情境的支持，实际上就是服务对象过去和现在所认识的人，他们可能会关心服务对象到底发生了什么；②应对机制，实际上就是服务对象可以用来摆脱当前危机困境的各种行为、行为方式或环境资源；③服务对象自己的、积极的、建设性的思维方式，实际上就是服务对象重新思考或审视危机情境及其问题，这或许会改变服务对象对问题的看法，并减缓压力和焦虑水平。社会工作作者可能会想出多个适合服务对象的应对方案，但只需与服务对象讨论其中几种即可，因为服务对象事实上并不需要太多的应对方案，他们只需要对他们的具体情境而言现实可行的方案。

（七）背景信息与关键点

本案例分析关键在于危机干预设计的主要原则、要素与程序，尤其是要把握人本主义方法＋危机干预方法叠加的创新关键点。

（八）课堂教学计划建议

本案例课堂教学计划，根据学生的差异，尤其是对案例的阅读和课前对相应知识的掌握程度来进行有针对性的设置。本案例主要按照 2 学时进行设计。

A 计划：学生事先预习到位，对于本科生和全日制研究生，可以将小组讨论布置在课外进行。因为这类学生实际工作经验少，所以案例讨论过程中需要教师引导的内容要相对多一些。

B 计划：社工硕士（MSW）学生课前预习不一定完成得很好，或者学员之间预习差异较大，因此需要将小组讨论置于课堂讨论之中进行。

两种课堂教学详细安排计划如下表 6-1 所示。

表 6-1　两种课堂教学详细安排计划

A 计划	B 计划
课前阅读相关资料和文献 1 小时	课前阅读至少 0.5 小时
小组讨论 1 小时	考虑到在职 MSW 学生课前阅读和讨论的可行性，建议将小组讨论置于课堂中进行
考虑到本科生的知识基础和对应用的理解，要适当增加讨论后的知识总结时间	课堂安排：90 分钟
课堂安排：90 分钟	案例回顾：10 分钟
案例回顾：10 分钟	小组讨论：20 分钟
集体讨论：50 分钟	集体讨论：50 分钟
知识梳理总结：20 分钟	知识梳理：5 分钟
问答与机动：10 分钟	问答与机动：5 分钟

在课堂讨论本案例前，应该要求学生至少读一遍案例全文，并尝试回答案例启发思考题。具备条件的学生还可以小组为单位，围绕所给的案例启发思考题进行讨论。

第七章　医务社工介入案例

案例名称： 陪伴的力量——医务社工介入爆炸事故患儿姐妹的个案服务
案例执行与撰写： 王焱
案例督导： 洪梅
使用说明： 郝其宏
案例获奖： LRLZ 社会创新机构案例大赛一等奖

一、背景介绍

（一）服务对象基本资料

服务对象为姐妹俩。妹妹可可（化名），女，7 岁，小学一年级学生，姐姐果果（化名），11 岁，小学四年级学生。两人是亲生姐妹，同为"WL 槽罐车爆炸事故"患儿。事发后，两人在 WL 当地医院救治，住院一周后，因面临后期更复杂的治疗，需多学科医学专家团队介入，于同年 6 月 18 日一同转至 ZH 大学医学院附属儿童医院骨科 / 创伤外科科室进一步接受治疗。

该个案由科室护士长转介至驻点医务社会工作者，护士长于服务对象转院前当日告知社会工作者相关情况，建议社会工作者在服务对象转至科室后给予重点关注，给到服务对象相应的支持服务。

（二）身体情况

两名服务对象转院当天，院内口腔科、骨科、创伤科、急诊科、眼科、心理科等科室医生联合会诊。可可的会诊结果为面额、口腔等部位创伤明显，下一步主要进行清创等治疗。社会工作者后期与可可父亲沟通时，了解到可可原有先天性近视，度数高达上千度，直至前两年身体检查时才发现，并日常佩戴眼镜。现眼镜在事故中被炸损，计划出院后回老家医院测配新眼镜。

姐姐果果受伤程度严重，诊断为右眼破裂，左桡骨骨折，颜面部多处创伤，已于当地医院进行急救缝合等基本治疗。因眼睛伤势严重，果果需由浙医二院的医生进一步治疗，上肢骨折将在本院接受手术治疗。

（三）心理状态

医院心理科医生初期会诊结果显示：姐姐表现为"过度"坚强，妹妹有一定的应激表现特征。社会工作者从服务对象的父母处了解到，姐姐在住院治疗期间，积极配合治疗，非常勇敢；而妹妹事发初期因现场混乱、急救分散等情况，被及时抢救包扎后，父母看到朋友圈消息才找到妹妹的救治医院，这段时间与家人分离导致的孤独与恐惧使可可好几天沉默不语，对环境的适应性不良。

（四）发展特点和能力

服务对象两人因年龄差距，认知发展水平表现不一。姐姐与社会工作者的沟通互动良好，智力、自我认知等显示出较为成熟，并且在就医过程中依从性好，为妹妹起到示范与榜样的作用；妹妹与社会工作者的语言互动不佳，沉默躲避，对姐姐的依赖感较重，和其母亲描述的"平常妹妹是个小话痨"有很大的差异。

（五）家庭与社会支持

服务对象的家庭支持照顾程度高。事故发生时，姐妹俩与舅舅家的两个弟弟同在二楼看电视，外婆在一楼，弟弟们受伤程度较轻，外婆腿部受伤，均已救治出院。服务对象的父母在事发时未在现场，身体健康。现姐妹俩由父母全程陪护，科室特意将两人安排在同病房、相邻床位，便于父母照顾。父母积极协助配合治疗，悉心照顾服务对象。

住院期间，因疫情防控与距离原因，姐妹俩主要通过视频与家人亲戚联系。服务对象的老师同学也线上与她们联系，表达关心，鼓励服务对象治疗与康复。目前姐妹俩治疗期间产生的医药费用均由当地政府负担，并链接高水平的医疗资源救治，社会支持系统较为良好。

二、分析预估

（一）生理性创伤的疼痛

姐妹俩因突发危机事件导致身体创伤，被送院救治。首先，在生理方面，创伤影响到个体基础活动，姐姐伤势严重，左手石膏固定，身体状态较差，日常行动生活不便。妹妹的面部以及口腔处创伤。在治疗初期，创伤引发的痛感给两人带来生理性不适，继而影响到情绪情感的表现与表达。

（二）心理情绪性创伤

在第一救治时间，因妹妹面对陌生的救援与医疗人员，同时与家人处于分离状态，对于环境的改变是陌生的，导致妹妹产生害怕、恐惧、焦虑等不良的心理情绪，进而通过沉默、躲避等行为来面对外界环境。

（三）住院环境适应性

社会工作者了解到服务对象的住院经历：在当地医院治疗一周后，转院至现在医院；新的医护人员，新的陌生检查诊疗，新的住院环境迫使服务对象与其家庭再次适应，并且离家的距离更远，其他家庭成员的现实互动，支持相应减弱。服务对象及家庭在前期需要获得当下环境的信息、资源、心理等方面的适应性支持，同时，面对治疗进展、住院周期等原因，需要不断地进行自我调适。

（四）社会适应性压力

在社会层面，该事件为社会重大安全事故，第一时间，关注的声音与镜头较多，也会带来双面影响。相关的物质与医疗资源在初期能够获得充分的保障与支持。但是对于外界过多的询问声音与场景画面的回顾，其他住院患儿及家长的重复性问题，会让姐妹俩的心理伤口一次次被掀开，以及因治疗需要头发剃光、颜面部创伤等外形的改变，对服务对象后期造成心理与社会适应的压力。

基于以上的背景情况了解与分析，社会工作者初步预估姐姐的综合情况相对稳定，妹妹叮叮在此次事件中受到的影响相对较大。社会工作者将妹妹定为主要服务对象，因妹妹对姐姐的依赖性较高。考虑到服务对象的日常生活轨迹与互相支持，社会工作者与姐姐果果也保持互动。

三、服务计划

（一）理论支持

1. 危机介入模式

危机介入模式下需要社会工作者快速做出有效判断，稳定服务对象情绪并积极协助解决问题。因此，在院治疗期间的社会工作者介入需要有较强的时效性。

危机介入模式是指围绕服务对象的危机而展开的调适和治疗工作方式，注重不同服务介入技巧的综合运用，目的是在有限的时间内快速、有效地帮助服务对象摆脱危机带来的影响。其通常分为发生期、应对期、解决期、恢复期四个阶段。

目前，服务对象处于危机事发后的应对期，主要为疾病治疗的应对以及心理层面的应对。据心理科评估，现阶段服务对象受影响情况处于非危机状态，在及时进行身体治疗的同时，建议服务对象与家庭的陪伴支持，输入希望，协助服务对象找到合适的办法面对以后的生活。

2. 人本治疗模式

人本治疗模式是个案介入的重要方法之一，它注重人的尊严和价值，以服务对象为中心，以真诚、同感、无条件关怀等方式塑造良好的介入关系，强调个案辅导的关系，注重个案辅导的过程。

本案例中，社会工作者与服务对象的关系建立，需要社会工作者注重自身的品格和态度，借助简洁易懂的语言、专心的聆听、耐心的陪伴、感情的支持等稳定服务对象的情绪，与服务对象建立信任关系，在介入服务的互动过程中影响服务对象的内心与行为。

（二）服务目标

（1）协助服务对象适应住院生活与医疗操作，丰富住院生活。

（2）引导服务对象对爆炸事件的正确认知，鼓励其情绪与情感的有效表达。

（3）协助服务对象找到面对危机与困难的自我调适方法。

（三）服务程序

（1）与服务对象建立关系，在高质量的游戏互动陪伴支持中，发掘服务对象的兴趣点，使服务对象保持良好的情绪状态，配合相关的医疗操作。

（2）与服务对象父母沟通，了解爆炸事件发生前后的具体过程，并引导服务对象描述叙事，社会工作者与其共同面对，形成对该事件的正确认知。

（3）在互动中加深关系，并引导服务对象诉说心里话，根据个人的自我发展。用以帮助服务对象自我调适，找到面对困难的勇气与方法。

四、服务计划实施过程

（一）初次介绍，建立关系

服务对象自转院当日，护士长向社会工作者进行转介，社会工作者初步了解服务对象两人的年龄、性别等基本情况，提前准备可互动的折纸青蛙，便于初次见面。服务对象经检查等相关程序后转入病房，社会工作者在床边向妹妹可可进行了自我介绍，但可可没有任何回应，只是面无表情地看着社会工作者。社会工作者问可可喜欢小青蛙，可可没有反应，社会工作者拿起青蛙在手上弹跳玩了一下，再次询问，可可微微地摇过头后又立即点头了，于是社会工作者将纸青蛙送给可可，并赠送了卡通贴纸。

姐姐果果随后到科室，姐妹俩在病房安顿好后，社会工作者向服务对象母亲进行身份与角色介绍。姐姐体虚卧床，眼睛微睁，也听到了社工的介绍。母亲夸赞了姐姐的勇敢表现，社会工作者真诚称赞鼓励，简单的见面介绍后，社会工作者考虑到转院的路途与检查的劳累，随机告别并告知明日来看望。

次日，社会工作者病房探访时，考虑到周末不能陪伴，便提前准备了床边玩具，挑选了适龄的拼图、绘画本与积木来到病房，想邀请服务对象选择自己喜欢的玩具。妹妹对社会工作者的到来依旧没任何回应，姐姐正躺着用手机看视频，因左手骨折无法动，右手输液，姐姐不适宜玩玩具。社会工作者借助画面呈现的人物内容为话题，与姐姐聊天，姐姐与社会工作者的互动基本为一问一答形式。在告别之前，社会工作者再次询问妹妹是否想要玩拼图时，妹妹摇头，用手指了绘画本和积木，社会工作者立即翻看展示绘画本，告诉绘画事项，终于，妹妹点了点头。探访最后，社会工作者与姐妹俩及母亲告知近两天不在医院，约定周一再来看她们。

在此危机事件发生后的应对期，姐妹俩的应对状态是不一致的，社会工作者从接触姐妹俩开始，就持续陪伴支持，注入后期的治疗恢复的希望。

（二）陪伴互动，了解情况

当天下午，妹妹在母亲的陪同下来到游戏室，选择玩雪花片游戏。母亲陪同几分钟后需回病房照看姐姐的输液情况，妹妹愿意独自在游戏室玩。社会工作者尝试与妹妹语言交流，妹妹很专注，没有回应。社会工作者观察发现，妹妹在雪花片的拼接准确性上有困难，便说明想一起拼，妹妹没有拒绝，直至母亲来接她回病房前都未换过其他玩具，也没有抬头关注其他患儿的状态。社会工作者和妹妹说再见，妹妹拉着母亲的手，未回应，往前走了几步后回头看了一下，又向病房走去。

经过四天治疗，姐妹俩已熟悉环境。社会工作者按约定时间再次来到病房，护士正给姐姐进静脉置管输液操作。姐姐面部有疼痛表情，但仍积极配合，主动要求护士在操作前告知说明，护士耐心解释，社会工作者在过程中语言反映姐姐的表现并肯定姐姐面对医疗操作时互动询问的方法。这时候，妹妹已躺在床上输液，社会工作者看到姐妹俩皮肤创伤已明显好转，为其高兴与夸赞，并告知游戏室开放游戏。

妹妹在游戏室一直选择玩雪花片并重复之前的拼法。姐姐这次主动提出想绘画，并自主创作完成了一幅小女孩在草地上放风筝的作品。妹妹的拼搭成功率依旧不高，后通过父亲了解到妹妹先天性高度近视的相关情况。

在姐姐转院进行眼部手术期间，妹妹由爷爷照看，期间每日来游戏室，社会工作者提供涂色手工材料，询问妹妹是否能看清涂色，妹妹点头，专注涂色，完成作品后主动给社会工作者看，社会工作者表扬涂色作品。妹妹第一次开口讲话"还想涂"。社会工作者提供了不同类型的涂色作品，妹妹相继专注投入地完成，并为姐姐选择了手工作品带回病房，等待姐姐做完手术回来后送给她。

姐姐眼部手术一回来，妹妹便靠在床边陪伴，在社会工作者病房探访时候，妹妹在妈妈的鼓励下主动把完成的作品展示给社会工作者看，社会工作者仔细观察，并耐心提问与倾听。

之后的半个多月，除了治疗时段，姐妹俩大部分时间都在游戏室。她们的活动大多以绘画、涂色为主。社会工作者关注俩人的绘画状态与过程，妹妹因先天性视力问题，对画面的看清程度存在困难，但在涂色过程中对边框的画笔控制是较好的。父母表示，妹妹需要出院回老家后，去之前就诊的医院配专门的眼镜才行。

社会工作者日常全身心陪伴，了解服务对象基本情况，日常的游戏互动中时刻反映她们的动作状态，表达积极鼓励的心情，与服务对象建立了深厚关系。并引导妹妹发现自身潜能。

（三）多方协作，医疗适应

社会工作者通过主治医生、护士长等医护人员了解服务对象的疾病情况与诊疗计划，在查房过程中跟进，观察服务对象面对医护人员的状态，肯定鼓励她们的自我表达。同时，术前进行心理操作预备，同理紧张情绪，缓解服务对象治疗过程中的未知操作带来的恐惧。社会工作者向心理医生了解姐妹俩的心理评估结果，反馈社会工作者与她们互动过程中的情况，心理科医生建议持续陪伴支持与积极鼓励。

社会工作者与院内 Child Life 老师沟通个案情况，并合作介入，探讨有效的陪伴互动内容与方法，以及在姐妹俩对爆炸事件的认知上进行深入沟通，评估服务对象的心理情绪状态。

（四）叙事回忆，鼓励面对

在经过一段时间的陪伴后，社会工作者已与服务对象俩建立了信任关系，并在评估其情绪相对稳定的状态下，通过语言沟通的形式主要与姐姐进行了叙事回忆，从当时事故现场的环境、行为动作、情绪反应、后期的入院治疗，到现阶段的治疗过程以及出院后的计划安排等，做了一次深度沟通。

姐妹俩边涂色边交流，主要由姐姐叙述，妹妹偶尔会主动语言补充。叙述过程两人的语言语气平稳，从一开始社会工作者的一问一答，到后来姐姐能主动补充在手机上、父母聊天时所关注与听到的相关信息。社会工作者及时抓取讲述细节关键点，进行同理、支持、肯定她们的情绪。

危机的发生通常导致服务对象身心的混乱，使服务对象的自尊感下降。社会工作者在解决服务对象的危机时，首先需要了解服务对象对自己的看法，帮助服务对象恢复自信。在此次的叙事回忆中，能看到服务对象可以直面当时的危机情况，与之前母亲所讲述的，姐姐不愿意听到妈妈向别人解释爆炸事故时的状态相比，有了明显的改善。服务对象能够主动叙述，是对困难的一种自我消化，也体现出对事件的情绪感受梳理与正向认知发展。

（五）团体互动，积极疗愈

游戏室是住院患儿的共同活动空间，常有其他患儿与家长对服务对象的病情表示好奇，其母亲在旁解释，并会将手机所拍摄的现场情况视频进行播放。母亲表示，一开始提到爆炸事故时，姐姐就很反感，现在适应了些，会在手机上浏览到相关的消息。同时，因配合治疗，服务对象俩将长头发剃掉了，其他患儿与家长不免会认错性别。一开始，社会工作者会代为解释两人的性别。后期，妹妹则会主动说："我们是女生。"妹妹能与陌生人进行语言沟通，是很重要的进步。

社会工作者邀请服务对象参与游戏室的主题活动。在活动中，姐妹俩表现积极，表情很丰富，向其他患儿自我介绍时落落大方，现场融入与适应力很好，但在面对稍有难度的个人焦点式的话题行为时，妹妹会扭动身体，表现得不自然，甚至有些焦虑，后社会工作者了解到其事故发生前在校期间的独处等表现，有了合理的解释，与事件发生前保持在同样的行为基准线。此次团体活动意外表现对后来妹妹在游戏室的日常互动未产生其他的改变，仍然积极来游戏室活动，并在情绪主题的绘本阅读互动中表达出自己在害怕时的感受，找到了用画画来放松的这个办法。出院时，社会工作者打印了涂色的线稿画，希望姐妹俩在不开心的时候，通过涂色绘画变得开心与勇敢。在寻求应对危机的方法和途径过程中，服务对象逐渐形成用绘画艺术来解决危机的方法，并达到了积极面对的良好策略。

（六）后期跟进，目标巩固

出院后的日子里，姐姐会和社会工作者分享在家中的日常经历，有朋友、同学、家人来看望，姐妹俩会拿出打印的线稿画和小伙伴们在画上涂颜色。社会工作者及时了解姐姐的阶段性检查情况，鼓励其配合康复治疗，做好后期院外的线上支持服务。

五、总结评估

在突发灾害面前，每个人会呈现不同的应激状态和持续时间，一部分人在几个月或者半年以后才出现较多的躯体症状和问题。危机是否能够解决最终取决于服务对象是否能够增强自主能力。虽然服务对象在危机中自主能力有所下降，但社会工作者不能认为服务对象缺乏自主能力。整个危机介入过程就是社会工作者帮助服务对象增强自主能力，面对和克服危机的过程。服务对象目前受到事故的表征影响相对较小，姐姐的情绪状态一直很稳定，妹妹的反应则表现出变化明显。

此案例在社会工作者的介入下，取得了一定的效果。从心理医生的评估量表显示结果来看，妹妹的表现改变较大。根据目标达成情况，服务对象在住院期间通过社会工作者的陪伴与活动的参与，进行团体互动，包括绘画、游戏、彩泥等活动，满足了住院生活丰富性的需求。在医疗适应上，服务对象能积极配合各项检查与手术治疗，社会工作者肯定并鼓励父母作为支持陪伴者的付出，正向强化服务对象的勇敢配合，进行心理情绪的观察与支持，并建议服务对象与亲朋好友互动，保持社会交往，增强家庭面对危机的信心，提升内部抗逆力。

从行为上可以看出，妹妹从一开始的不说话不互动，到最后与社会工作者的频繁自主性语言表达，与陌生人能够进行语言交流。服务对象找到了通过涂色绘画来舒缓压力、寻求获得自我控制感与获得感的办法。在院期间，每人完成了二十多幅作品，社会工作者打印了相关的涂色线稿画，便于出院后服务对象俩能在家涂色绘画，并肯定绘画涂色的自我疗愈方法，鼓励在不开心的时候能够画自己喜欢的画。

在此个案的介入服务过程中，社会工作者运用人本治疗模式陪伴服务对象，注重自身的积极态度与热情影响，全身心与服务对象交流，倾听表达，提供同感、无条件的爱，使服务对象关注到自己的感受，理解自己的内心冲突，减轻消极事件的影响。社会工作者在融洽、轻松的环境下帮助服务对象及家庭进行情绪抒发，接纳与尊重他们的各种表现。同时，在服务过程中，给案主营造宽松和真诚的氛围，社会工作者真挚的交流，表达自己的各种感受，尤其是对于爆炸事故的恐惧情绪，让服务对象得到舒缓。

六、专业反思

（一）多方合作沟通

医务社会工作者面对的个案情境，在医疗场域下，主要以疾病为联结基础，在介入服务中需要跨角色、跨专业领域的多学科资源链接与合作沟通。对于服务对象的疾病信息、诊疗情况、资源支持等相关信息，需要社会工作者及时与医护人员跟进，并提前准备相关医疗操作适应方面的预备服务，给服务对象支持与面对治疗的勇气。在心理诊断方面，听取心理医生的建议并反馈互动表现；在危机介入方面，积极寻找专业督导的支持，引导社会工作者的服务方向；在儿童游戏辅导中，链接院内专家资源，找到合适的互动突破口。社会工作者要在前期需求评估的分析基础上，找到相应的资源并运用到服务过程中。

（二）青少年服务介入的形式考量

面对青少年，社会工作者与服务对象的关系是建立在信任与平等的基础上的，并且能够保持良性的互动，促进服务对象的积极改变。在与青少年的互动中，社会工作者需要把握青少年的个性特征，找到符合该年龄阶段群体的合适的沟通方法，例如角色扮演、绘画表达等游戏式互动。个案服务是重视价值观、情境、社会资源的运用。在人本主义的理念下，社会工作者创造的安全环境与状态，全身心投入，陪伴游戏互动中的言行影响，多称赞和鼓励，可让服务对象感受到信任与支持，促进其表达自我与消化情绪。但同时社会工作者也需要把握程度，明确专业的工作方式，避免产生移情与反移情。

（三）家庭对突发危机事件处理的态度与抗逆力

面对突发危机，服务对象家庭自身的应对态度与能力是至关重要的。社会工作者需要协助服务对象家庭提升自我应对的抗逆力，通过外部的支持，包括心理情绪支持、信息支持、资源支持以及必要的物质资金支持，协助服务对象度过危机重要时期。同时，对于服务对象及家庭自身而言，利用优势视角挖掘自身潜能，激发家庭内部人员的良性互动，在不断的调适中提升面对危机的能力，社会工作者要始终坚信服务对象有改变自己的能力。

（四）社会工作者介入的层次性与案主改变的关联性因素分析不足

社会工作者在服务过程中倾向于日常的陪伴互动，并觉察服务对象的细节改变，与服务对象同步，保持对自身的服务内容的时刻反思。但对于服务对象的行为改变过程的逻辑把握欠佳，没有在每次互动中做好下一步的明确计划，因此，对于服务对象实际改变的影响因素还有待进一步的分析。

七、案例使用说明

（一）教学目的与用途

本案例教学使用说明是基于"社会工作实务""医务社会工作""社会保

障概论""社会工作方法""个案工作"等课程中涉及的医务领域社会工作的相关教学需求撰写,用于讲解以及引导学生掌握医务社会工作领域内的工作内容和工作方法,重点侧重在医务社会工作者的工作技巧、服务进程的掌握以及在突发灾害中医务社会工作方法的灵活运用。

本案例整体再现了对"6.13WL槽罐车爆炸事故"中患儿姐妹的服务介入过程。该案例主要为社会工作专业研究生(MSW)开发,也适用于社会工作高年级本科生和社会学类学术研究生使用。

案例的编写以此内容为出发点和落脚点组织相关内容,对案例的分析和总结也是基于这一目的。若将本案例用于其他课程,则需做调整,本案例使用说明可作为参考。

(二)涉及知识点

本案例在于"社会工作实务""医务社会工作""社会保障概论""社会工作方法""个案工作"等课程中使用,主要覆盖知识点包括:

(1)医务社会工作个案方法;

(2)医务社会工作的理论基础;

(3)少年儿童健康与医务社会工作实务。

(三)配套教材

(1)社会工作实务;

(2)医务社会工作;

(3)社会工作方法;

(4)个案工作。

(四)启发思考题

本案例通过社会工作者对"WL槽罐车爆炸事故"中患儿姐妹的一系列专业介入,依托危机介入模式、人本介入模式、优势视角等方法、理论,以真挚的态度与服务对象建立关系,根据患儿姐妹的兴趣,以绘画、玩玩具等方式了解服务对象,从生理、心理、社会、住院环境四个维度分析服务对象的问题,基于与患儿姐妹家长、主治医生等人员的交流,制订诊疗计划。同时,社会工作者在介入过程中,以疾病为联结基础,在介入服务中实现了跨角色、跨专业领域的多学科资源链接,同时利用优势视角挖掘服务对象自身潜能以及其家庭抗逆能力,实现更加有效的服务介入。案例涉及以下问题:

(1)医务社会工作领域,个案工作的介入应注重哪些理论支持?

(2)如何将社会工作通用模式应用到实务中?(医务社会工作者提供服务

的过程及主要步骤）

（3）医务社工如何调动多方资源？

（4）医务社会工作领域，社会工作者扮演的主要角色是什么？

（5）医务社会工作在开展专业服务时，与一般社会工作相比，特殊性表现在哪方面？

（五）分析思路

案例分析的思路是引导学生运用所学知识，根据案例相关情境材料，通过一定的逻辑思路，对案例进行细致解剖和系统分析。

本案例依托社会工作专业理论，依照社会工作通用过程模式的大方向，本着"助人自助"的介入原则，协助病患及家属挖掘自身潜能，实现介入目标。整个案例的介入过程中社会工作者运用真诚、鼓励的态度引导服务对象重新建构，借助儿童游戏辅导、团体互动等专业方法，同时链接多方合作资源，实现了有效介入。

（六）理论依据与分析

1. 危机介入模式

危机介入模式下，需要社会工作者做出有效判断，稳定服务对象情绪并积极协助解决问题。本案例中，服务对象处于危机事发后的应对期，主要为疾病治疗的应对以及心理层面的应对。

2. 人本治疗模式

人本治疗模式是个案介入的重要方法之一，它注重人的尊严和价值。本案例中，社会工作者与服务对象的关系建立，需要社会工作者本着真诚的原则，给予服务对象一定的情感支持，在介入服务的互动过程中影响患儿的内心与行为。

3. 优势视角理论

优势视角是一种关注人的内在力量和优势资源的视角，意味着应当把人及其环境中的优势和资源作为社会工作关注的焦点，而非关注其问题和病理。本案例中，社会工作者利用优势视角挖掘服务对象及其家庭的潜能。

（七）背景信息与关键点

本案例以"医务社工介入爆炸事故患儿姐妹服务"为背景，展示了社会工作者一系列服务介入过程。本案例分析关键在于在社会工作实务中，社会工作者需要将自身拥有的专业知识以及社会工作通用模式和实践进行有效且灵活的结合，同时，也要注意到医务社会工作的特殊性。

（八）建议的课堂教学计划

本案例作为专门研究生教学案例，课堂教学安排如下。

1. 课前准备

课前将本案例内容发送到班级微信群，让学生提前熟悉案例结构和服务介入流程，并同时阅读相关文献和资料至少 3 篇，做到预习到位。

2. 课程导入

教师简单介绍案例，引导学生围绕教学目标以及案例的启发思考题展开思考，介绍时间在 15～20 分钟。

3. 分组讨论

分组展开讨论，讨论时间在 15～20 分钟。

4. 小组发言

每个小组派代表发言，说明小组讨论的结果，组员可做补充；其他成员可以质疑提问；观点不与前边阐述的观点重复；每组发言时间控制在 5～10 分钟。

5. 角色扮演

各小组假设 1 个案例会出现的冲突情境，并根据案例中的相关人物进行角色扮演，给出解决冲突的方案并说明可行性；角色扮演时间控制在 20～25 分钟。

6. 知识梳理

教师同步将学生阐述的核心观点记录在黑板上，或者在电脑上打出，显示到投影上。同时教师整合大家观点，将分析案例的讨论引导到如何解决问题的思路上。知识梳理时间控制在 20～25 分钟。

7. 课后计划

整理课堂讨论内容，梳理小组及全班总结的观点，形成书面案例分析报告。

8. 反思与思考

结合本案例，讨论社会工作其他领域的服务介入，教师适时进行理论提升。引申时间控制在 10～20 分钟。

第八章　家庭暴力社会工作介入案例

案例名称： 社会工作者全链条服务在激情式家暴个案中的运用
案例执行与撰写： 吕玲
案例督导： 魏晨、洪梅
使用说明： 魏晨
案例获奖： 江苏省未成年人关爱保护优秀案例二等奖

一、背景介绍

服务对象，女，3 岁半，遭受侵害和虐待的儿童；受母亲家暴，曾因盆骨骨折，膝盖处受伤，邻居发现后报警并送至当地医院就诊，10 月 23 日凌晨转至 S 大附儿院进一步治疗，10 月 26 日从 PICU 转至骨科普通病房，11 月 21 日左右出院。此时，母亲怀有 3 个月身孕。

服务对象家住在合租房门口楼梯下杂物间里，约 10 平方米的空间，房间仅容纳下一张床和狭小的空间，放置了一个衣柜、一些玩具和其他杂物。服务对象比一般 3 岁多的孩子成熟。有邻居表示，服务对象自 2020 年端午节来 KS 后，受虐情况一直存在，曾经看到过孩子跪在地上膝盖流血的情况，多人尝试劝阻未果，态度恶劣。

服务对象母亲，1995 年生人，目前是怀孕状态，无工作。服务对象非常依赖母亲，能够一直"原谅"母亲，在母亲拿两人冲突的事情开玩笑时，服务对象也非常配合。服务对象告诉社会工作者自己喜欢妈妈。服务对象父亲，1990年生人，S 市人。服务对象父亲，对于母亲的虐待行为，认为母亲只是"手打重"了。父亲在工地上机械装运，月薪 8000 ~ 9000 元，每天会回家。父母非本地户籍，家庭收入来源单一，无法支撑孩子在本地私立学校的就学开支。服务对象三岁尚未落户，只能回老家落户就学，而老家祖辈照护水平非常低。

二、分析预估

（一）预估

1. 服务对象的身心安全保障

服务对象母亲对其教育过于急迫，希望在服务对象就学前能够改变祖辈照护的 3 年中养成的不良习惯，学会自理自立，能够讲普通话。接案前近半年中母亲多次对孩子采取过激的暴力行为，触发事件以孩子失禁情况发生为主。社会工作者接触到孩子时，孩子表现出超出同龄人的礼貌和表达能力，但相对机械。同时社会工作者发现，孩子对母亲的"指令"唯命是从。咨询心理咨询师了解到，由于孩子尚小，暂时未形成心理问题，须母亲及时改变，才不会影响到其成长。此外，当前孩子的失禁是否为受家暴的应激反应，需诊断，如严重应就医。

2. 服务对象母亲的情绪控制与养育方式改善

母亲怀孕三个月，加上早年原生家庭经历、家庭两难规划、与祖辈之间的矛盾、服务对象自立能力未达到期待等情况，压力大；平时丈夫早出晚归，对母女关注较少，多次无法控制情绪，并向服务对象施虐。母亲对于孩子改变的周期缺少合理期待，采用过激教育方式，故服务对象的需求为母亲情绪控制。

3. 服务对象就学与照护需求的平衡

服务对象三岁未落户，父母皆非本地户籍，无法支撑孩子在本地私立学校的就学开支，且不考虑外来子女学校，故只能回老家落户就学。而老家祖辈照护水平不符合母亲期待，也的确影响到孩子的成长。由于服务对象十分依赖母亲，表示不想回老家，因此怀有身孕的母亲考虑与孩子一同回老家，父亲独自在 KS 打工。这样的话母亲妊娠期缺少照料的委屈、二宝出生后照护者两难又会重演。

（二）优劣势分析

1. 服务对象本人优势

身体总体健康；学龄前期，当下遭遇对心理健康与成长的影响降低的可能较大；对母亲信任依赖，没有敌对情绪；语言表达能力和成熟度比同龄孩子高，有求助能力。

2. 服务对象本人劣势

有身心受虐经历，长久不干预影响其安全和心理；年龄尚小，暂无自我保护意识和能力；生活习惯改变难，存在失禁情况。

3. 服务对象环境优势

母亲希望给孩子提供较好的照护；祖父母愿意在老家给到孩子基本照护；家庭经济能够保证基本食宿生活；社会工作者、儿童主任、民政等正式支持关注度高；部分邻居、租户对此事件愿意反馈情况。

4. 服务对象环境劣势

母亲教育养育方式过激，父亲对此情况漠然；家庭总体收入水平较低，在将有二宝的情况下，难以支持服务对象在身边就学；祖父母提供的照护水平较低，无法符合母亲的期待；非本地户籍在 KS 就学条件客观限制；母亲原生家庭在孩子照护方面不提供支持，且早年对其造成创伤。

三、服务计划

（一）服务目标

总目标：协助处理孩子安全危机，协助家庭处理孩子就学与照护之间的矛盾，改善母亲养育方式。

具体目标：

（1）父母了解到相关法律知识，提升法律意识；

（2）多方联动，及时进行关注，保障孩子安全状态；

（3）探寻母亲施虐行为产生原因，提供支持，改善其养育方式；

（4）协助家庭处理孩子就学与照护之间的矛盾。

（二）干预策略

个案管理是联结和协调不同服务体系，确保运用更全面的方式来满足服务对象被照顾的需求。本案例涉及民政儿童保护体系、医院、公安、社会工作者、心理咨询师、妇联等多方机构及人员，同时需协调志愿者、邻居、好友等非正式资源。社会工作者需要担任协调者、教育者、倡导者的角色，集合多方优势，协同服务。

案例中的全链条介入，是指在服务对象"发现、救助、干预、疗愈"的"介入链"中，社会工作者在进行个案管理的每个环节，梳理出有利于服务对象问题解决的"支持链条"，在相应介入阶段、相应领域发挥作用。本案例搭建了三个支持链条：内在支持链条——服务对象及其家庭；个案服务链条——危机介入、心理支持、难题规划、法律与家庭教育知识科普、社区融入；在地生态链条——医院、社会组织、公安、检察院、律师、社区儿童主任、志愿者。

干预策略是：及时止损风险，紧急介入危机；分析施虐原因，链接心理疏导；多方联动资源，落实干预方案；协助利弊分析，平衡两难规划；对接跨地资源，长链条促进疗愈。

四、服务计划实施过程

（一）及时止损风险，紧急介入危机

现状：邻居报案后，公安介入，孩子因粉碎性骨折住院，社会工作者介入。由于母亲怀有身孕，无法将其拘留，年幼孩子出院后将回到家庭，安全风险非常大。

介入重点：社会工作者咨询律师，了解法律红线，在此基础上与医院、民政、公安、社区等方面沟通，商定安全守护计划。

介入内容：危机解除前加强定期与不定期监督：儿童主任每月 1 次探访、公安每周 1 次监督、社会工作者和志愿者每周 1 次跟进，热心邻居日常观察，存在特殊情况立即联系社会工作者；建议家庭对于孩子尿失禁情况就医评估，并提供就医资源，需要时及时治疗。

介入效果：母亲暴力行为减少，暴力程度降低。

（二）探寻施虐原因，链接心理疏导

现状：母亲自述会停止家庭暴力行为，但依旧在孩子身上发现隐约新伤，而孩子非常依赖母亲的照护；服务对象表现出超出同龄人的礼貌和克制，语言表达僵硬，持续下去将影响其心理健康。

介入重点：与母亲建立信任关系，了解施虐触发原因；链接心理咨询师，提供郁结疏导及亲子沟通建议。

介入内容：社会工作者运用积极倾听、同理等技巧让母亲知道，即使其行为过当，她的感受依旧可以得到尊重和接纳，与其分析问题产生的原因，探讨是否有更好的应对方式；了解到母亲很可能受到原生家庭的影响，存在强迫行为表现，社会工作者鼓励其接受心理咨询；同时，孩子的语言表现和失禁状态受到母亲过激教育方式影响的可能性较大，故在建议就医检查的同时，也与心理咨询师探讨配合一定心理治疗方案的可能性。

介入效果：服务对象与母亲得到心理疏导，母亲情绪控制能力增强，服务对象明显变得轻松开朗，亲子相处模式得到改善。

（三）多方联动资源，落实干预方案

现状：服务对象情况受到多方关注，同时也在社会工作者接案前期存在服务对象家庭一周接待多次拜访的情况，各方相互对所提供的具体服务了解较少。服务对象母亲仅对社会工作者持良好态度，对部分必要的支持有抗拒。

介入重点：约定面谈，了解各方提供服务的内容与当前难点，发挥社会工作者与服务对象良好关系的优势，商讨制订合理介入方案，协调助推各方。

介入内容：联系儿童主任、邻居、志愿者，协助了解各自适合的角色，共同探讨制订定期探访方案；建立公安、志愿者、心理咨询师、社工参与的线上联席群，了解公安方面已提供服务，解决心理咨询师交通问题，每周跟进孩子身心安全状态；协助咨询孩子就学与落户政策，列本地公立、私立、流动儿童学校清单，在交通便利性、费用支出、教学水平等方面提供所收集到的信息；协助咨询医院医生，了解孩子失禁情况目前不严重，存在应激可能性。

介入效果：协助解决了各方在提供服务中存在的难点；社会工作者与服务对象家庭的良好关系助推了服务接受度；实现了多方信息的互通。

（四）协助利弊分析，平衡两难规划

现状：服务对象不符合 KS 本地公立学校就学条件，家庭经济承担私立学校学费存在难度，而流动儿童学校教学水平在父母看来不符合期待，但回老家就学就无法在父母身边。

介入重点：与家庭商讨权衡，规划服务对象就学与照护安排，对于选择的方案讨论减少其弊端的方式。

介入内容：对于不同就学选择对应的照护安排以及对家庭的影响进行分析，与家庭探讨可行方案，分析利弊及需要克服的困难；对于影响因素及其重要性，协助家庭进行排序；分类明确家庭可解决的内容和需要社会工作者协助解决的内容，并讨论重要影响因素且对方案进行排序，依次尝试解决。

介入效果：考虑到已在老家购房，家庭明确思路，选择让服务对象回老家就学，照护方面由母亲负责，父亲一人在 KS 工作。

（五）对接跨地资源，长链条促进疗愈

现状：母亲预产期靠近，需要更多照护，选择暂时回到 KS，期间服务对象由祖辈照护。服务对象回到老家的适应性、生活习惯反弹可能性均需跟进，期间母亲与祖辈的矛盾、妊娠期照护等都是需支持的部分。

介入重点：为服务对象对接在地社会服务机构，持续长链条提供支持；关注家庭在就学与照护问题选择后对遇到的困难的克服。

介入内容：与家庭商讨在地服务资源对接的意愿和具体需求；寻找并评估适当的社会服务组织；持续关注母亲妊娠期照护问题的解决。

介入效果：在社会工作者的协助下，母亲在 KS 照护寻求了好友的协助，对于服务对象接受在地服务的意愿，家庭认为可以接受，但希望过一个月观察一下服务对象的适应情况。

五、总结评估

（一）降低了服务对象安全风险

困境儿童危机程度评估由高危转为中危。服务对象与母亲在一起生活，相当于处在一个时时危险的环境。社会工作者与母亲一起探寻情绪难以控制及暴力行为的产生原因，服务对象母亲通过心理咨询师运用的催眠手法得到了一定程度上的心理恢复，经过一步步治疗，服务对象母亲逐步学着控制自己的情绪，在家暴服务对象方面，程度逐渐变轻至该行为消失，也就是说服务对象母亲家暴的行为已经得到矫正，这就降低了服务对象生活的安全风险。

（二）增进了家庭的法律意识

服务对象母亲虐打服务对象的行为经公安、检察院、妇联、民政等多部门介入，经社会工作者多次入户，潜移默化地宣传法律知识，增加了对相关法律知识的认识，认知到家暴是违法的，殴打服务对象是一件会极其危害孩子心理健康的手段，是不可取的。

（三）母亲认知改善，减少暴力行为

母亲接受了心理咨询，得到了一定程度上的心理恢复，也在这个过程中对自身、对服务对象、对环境有了新的认识，在行为上，对服务对象的暴力行为逐渐减少。

（四）服务对象家庭对于服务对象就学与照护的规划明晰

服务对象家庭对于服务对象就学方面，有了更加清晰的考虑。服务对象家庭决定母女29日回老家后就住镇里购置的房子，年后父亲自己回KS，原因主要是服务对象到了就学年龄，老家买了房，服务对象又可以上公立学校，两人还是想在老家定居。服务对象上学，平时由母亲照顾，二宝要生的时候父亲请假在家照顾，几年内服务对象父亲会KS和老家两地跑。

六、专业反思

（一）个案管理，跨部门联动

家庭暴力的发生往往引发一系列矛盾，以儿童为本的视角来看，帮助服务对象降低生活环境的安全风险是至关重要的。经过公安部门、检察院、妇联等多部门联动，服务对象家庭意识到了家暴是对服务对象身心有严重伤害的行为，应当予以遏止。此次个案跟进，运用个案管理的手法，实现了跨部门联动，也帮助服务对象母亲链接了心理咨询的资源，家暴这一不良行为也逐步得到了矫正。

（二）"激情式"家暴，全链条服务

目前为止，服务对象的精神面貌得到了很大的改变，也不再遭受虐待。经过深入的介入，可以发现，服务对象母亲从机制的层面面对着两种压力：一是自身怀有身孕的压力，二是服务对象即将异地上学但自理能力较差。在这两种压力的包围下，服务对象母亲选择了对服务对象"下重手"，这可以称为是家暴的显性，没有家暴的实质，属于一种"激情式家暴"。服务对象母亲的家暴行为已经得到控制，家暴的深层原因也得到了梳理，孩子身心状态均得到了保障。就学与照护需求的平衡方面，家庭也权衡之下做出了选择。但家庭的选择是存在妥协及需进一步克服困难的情况的。所以，社会工作者继续提供长链条服务，对接下来服务对象及其家庭即将面对的困难，提供支持。

（三）服务自觉，图谱化资源

本案例与服务对象及其家庭建立关系阶段非常重要，也推动了各方服务的有效提供。关系的建立需要社会工作者在微观有更多技巧上准备，更需要在非语言行为上注意整体呈现；服务对象母亲宣泄情绪和焦虑时，社会工作者的倾听和打断要有理性判断；照护人（服务对象母亲）往往不一定能够对孩子的变化及时察觉，社会工作者可以引导帮助其回顾细节。作为家暴者，其对来访人的意图有一定的设定，社会工作者希望服务有效，建立让服务对象母亲感受到被接纳、有一定安全空间的专业关系是关键。

关于服务对象自觉性方面，社会工作者应帮助服务对象了解自己的功课和可以合理获取的资源。社会工作者需要提醒服务对象他们担心的和自己本身角色功能发挥是否匹配，能够把自己当下的事情做好，看到解决问题的其他资源很重要。案例中，服务对象母亲受原生家庭影响，非常要强，习惯于自己承担和解决问题，对于外界可能提供帮助的资源缺少信任，社会工作者将资源提供的可能性、方式、利弊具体呈现，搭建了服务对象与资源之间的图谱，有助于服务对象母亲尝试通过自己的努力获取支持，提升了其应对能力。

本次个案服务对象是孩子，而很多社会工作者服务介入的面谈对象为服务对象母亲，提供的支持和服务也面向服务对象母亲，并不代表服务对象应该是服务对象母亲。社会工作者做的是调动服务对象母亲的资源来服务孩子，实现孩子利益的最大化。所以，对于服务对象母亲的介入和治疗不能忽视。

七、案例使用说明

（一）教学目的与用途

本案例教学使用说明是基于"个案工作""家庭社会工作"等课程中的家

庭暴力案件干预的教学需求撰写，用于讲解家暴事件中的社会工作者面对复杂且多变的家庭环境时，需要仔细分析家暴事件背后的表、症、因、源，分析案例背后的成因与根源。案例的编写以此为出发点和落脚点组织相关内容，对案例的分析和总结也基于这一目的。

（二）涉及知识点

本案例运用于"个案工作""家庭社会工作"等课程中使用，主要覆盖知识点有：

（1）"挫折—攻击"假设；

（2）家庭压力理论；

（3）依附理论。

（三）配套教材

（1）家庭社会工作；

（2）个案工作。

（四）启发思考题

本案例主要通过社会工作者对家庭权力结构的分析，介入家庭暴力，分析家庭暴力背后母子之间特殊的家庭权力结构。案例关涉以下问题：

（1）家庭暴力理论中有哪些可以解释该案例中家庭暴力发生的原因？

（2）社会工作介入家庭暴力前期需要做哪些准备？

（3）如何确定家庭暴力发生原因？

（五）分析思路

案例分析的思路是引导学生运用所学知识，根据案例相关情境材料，通过一定的逻辑思路，对案例进行细致解剖和系统分析。

首先，需要从法律上明确家庭暴力的证据。《民法典》中，家庭暴力是指行为人殴打、捆绑、残害、强行限制人身自由或者其他手段，给其他家庭成员的身体、精神等方面造成一定伤害后果的行为。

其次是家庭暴力包括身体暴力、性暴力、精神暴力和经济控制四种类型：第一，身体暴力是加害人通过殴打或捆绑受害人、或限制受害人人身自由等使受害人产生恐惧的行为；第二，性暴力是加害人强迫受害人以其感到屈辱、恐惧、抵触的方式接受性行为，或残害受害人性器官等性侵犯行为；第三，精神暴力是加害人以侮辱、谩骂或者不予理睬、不给治病、不肯离婚等手段对受害人进行精神折磨，使受害人产生屈辱、恐惧、无价值感等作为或不作为行为；第四，经济控制是加害人通过对夫妻共同财产和家庭收支状况的严格控制，摧毁受害人自尊心、自信心和自我价值感，以达到控制受害人的目的。

第三是结合具体的场域进行分析，"场域—惯习"是法国社会学家布尔迪厄（布迪厄）提出的一种实践的结构理论，它把行为与文化、结构、权力等宏观要素相联系，将产生家庭暴力的个体行动者、家庭和社会因素进行结合，也即在"行动—结构"的框架下进行解读，从而整合了不同分析层次（个体、家庭和社会）和不同研究取向（生理的、文化的和心理的等）的各种家庭暴力理论。

与此相对应，家庭即场域，各自家庭成员在家庭中都有其位置和相应的性情倾向，由于历史和现实的原因决定了家庭成员的地位和权力的差异性和不平等性，在此基础之上显现出来的性情差异，加剧了关系网络的失衡，家庭暴力便产生了。

（六）理论依据与分析

1. 社会压力理论

社会结构因素导致家庭与个人贫穷、机会不均等、社会地位低、生活品质差后，产生了巨大的结构性压力。如果家庭与个人又无因应力时，压力促使人们找寻无辜且便利的受害者进行攻击，称为社会压力下挫折——攻击假设。

2. 家庭压力理论

家庭因无法克服的困难而产生压力，而家庭是情感涉深的社会关系，孩子往往依赖于父母，妻子往往依赖于丈夫，一定程度上形成了对于家庭权力的依赖。而家庭的私密性也使得孤立且缺乏社会支持的家庭易发生家庭暴力。

3. 依附理论

依附是幼儿与照顾者的依赖关系，所造成的持久情绪连接具有重要功能，幼儿形成信任安全感、自我感，及学习探索的能力，不安全的依附关系易导致攻击的行为。

4. 人际互动理论

亲子互动容易产生压力，爱哭闹的孩子以及难以控制情绪的父母容易产生家庭暴力行为。

5. 场域理论

布尔迪厄的场域理论，即一个相对独立的结构化空间，联系着宏观社会与微观个体，是各种位置之间存在的客观关系的网络或构型，它不仅是作为实体的存在，更是各种社会关系交织而成的权力空间，即关系—位置—权力架构。而惯习是一个开放的性情倾向系统，是一种处于形塑过程中而不断地发生变化的结构，所以社会行动者既不是受外在因素决定的机械客体，也不是只受内在驱动、按照某种完美理念设计行动的理性主体，这决定了行动者具有对应于其地位的性情倾向。

家庭场域有三个重要因素：一是家庭场域在社会场域中的位置；二是家庭成员之间的权力结构及情感关系；三是行动者的惯习，即个人的性情倾向系统。

（七）背景信息与关键点

本案例分析关键在于家庭暴力发生成因在于：家庭权力的不对等；亲子人际互动中家庭压力，社会工作介入的风险控制等。

（八）课堂教学计划建议

本案例课堂教学计划根据学生的差异，尤其是对案例的阅读和课前对相应知识的掌握程度来进行有针对性的设置。本案例主要按照 2 学时进行设计。

A 计划：学生事先预习到位，对于本科生和全日制研究生，可以将小组讨论布置在课外进行。因为这类学生实际工作经验少，所以案例讨论过程中需要教师引导的内容要相对多一些。

B 计划：社工硕士（MSW）学生课前预习不一定完成得很好，或者学员之间预习差异较大，因此需要将小组讨论置于课堂讨论之中进行。

两种课堂教学详细安排计划如下表 8-1 所示。

表 8-1　两种课堂教学详细安排计划

A 计划	B 计划
课前阅读相关资料和文献 1 小时	课前阅读至少 0.5 小时
小组讨论 1 小时 考虑到本科生的知识基础和对应用的理解，要适当增加讨论后的知识总结时间	考虑到在职 MSW 学生课前阅读和讨论的可行性，建议将小组讨论置于课堂中进行
课堂安排：90 分钟	课堂安排：90 分钟
案例回顾：10 分钟	案例回顾：10 分钟
集体讨论：50 分钟	小组讨论：20 分钟
知识梳理总结：20 分钟	集体讨论：50 分钟
问答与机动：10 分钟	知识梳理：5 分钟
	问答与机动：5 分钟

在课堂讨论本案例前，应该要求学生至少读一遍案例全文，并尝试回答案例启发思考题。具备条件的学生还可以小组为单位，围绕所给的案例启发思考题进行讨论。

第九章　社区"困儿"社会工作介入案例

案例名称："五叶花"助童社会工作服务项目
案例执行与撰写：曹阳、洪涛
使用说明：姜红
案例获奖：江苏省社工项目一等奖

一、背景介绍

XZ 市历来高度重视儿童群体的关爱和保护工作，始终把实现儿童合法权益作为首要工作目标。随着社会的发展，孩子们的需求也在不断变化，复杂的社会成长环境，使得对他们的关爱保护工作面临着许多挑战，迫切需要建立起科学、系统的帮扶体系，更需要社会工作者的深度参与。

"五叶花"助童社会工作服务项目的名称来源于网络上一位留守儿童期盼外出务工父母回家的感人故事。项目紧紧围绕 2020 年度全国"社会工作宣传周"主题——"专业社工，守护儿童，托起希望"，聚焦社区困境（留守）儿童的基本生活、教育、情感等需求，以"五叶花"的五片叶子为灵感，分别设置汇聚暖阳、传递温暖、输入希望、点燃自信、超越梦想五大模块，通过个案、小组、社区三大工作方法，为服务对象提供个案陪伴、临时看护、知识和技能学习、行为习惯培养、能力提升、社区参与等多元化的服务，实现呵护"儿童之花"健康安全成长的目的；同时探索建立困境（留守）儿童社会工作本土化帮扶体系，进一步推动 XZ 市儿童社会工作的发展。该项目获得了 XZ 市第八届公益创投资金支持。

二、分析预估

项目针对 XZ 市主城区 50 名社区困境（留守）儿童。

服务对象特征：一是未满 18 周岁的低保或生活极其困难家庭的儿童；二是

父母双方外出或一方外、出另一方无监护能力，年龄在16周岁以下的留守儿童。主要需求为以下几点：

（一）心理层面

服务对象家庭监护缺失或失当、生活环境不良，缺少亲情关爱，存在自卑、不善交往、自控能力差等心理问题。

（二）学习层面

服务对象的家庭教育缺失，做作业遇到困难时得不到及时有效的辅导，成绩不理想，导致对学业失去信心和耐性。

（三）家庭层面

服务对象的家庭系统不健全，缺乏安全感，家庭生活来源主要依靠低保、困难救助、亲戚朋友救济等，进一步的娱乐需求得不到有效的满足。

三、项目目标

（一）微观层面

运用社会工作方法和理论，通过接案、预估、计划、服务、评估、结案的个案工作方法，深入服务对象问题本质；根据不同情况"一人一策"提供专业化支持服务，每月对服务上门走访、动态评估，在提供物质帮助的同时，重点提升服务对象安全感和幸福感，避免服务对象受到伤害、维护合法权益。

（二）中观层面

以服务对象实际需求和成长要求为重点，结合节假日开展丰富多彩、切实有效的兴趣、成长小组活动；通过社区周末课堂和兴趣培养活动，舒缓他们家长缺位、生活失助、情感缺失、社会融入等成长问题；从钱物帮扶延伸到专业服务，同时加强与家长、社区的沟通，建立起助童的亲情生态系统。

（三）宏观层面

探索建立困境（留守）儿童社会工作本土化帮扶体系，形成"精准定位、统筹资源、结对互联"的社会支持系统，通过实现一个微心愿的方式，动员和吸引更多的企业和社会组织在人力、物力和财力上的注入，产生项目"品牌化、持续化"发展新动能。

四、项目方案

（一）关系建立阶段

项目实施初期，社会工作人员针对三个社区居委会提供的服务对象名单，分批次、有重点地采用了入户走访、社区咨询和量表评估的方式，对60名困境（留守）儿童进行了建档。在此过程中，社会工作人员征求了市民政局业务处室、市未成年保护中心和儿童所在社区的意见，参考儿童本人和监护人的意愿，经评估最终确定了50名项目受益儿童。

（二）定位需求阶段

社会工作人员根据需求调研报告，确定了服务需求，制订了《儿童评估与接案信息表》，动态将服务对象由高到低分为紧急干预、个案服务、生活保障、身心关爱、基本服务5个等级（红、橙、黄、蓝、绿，5个颜色），实行"靶向"定位服务。

（三）精准服务阶段

1. 小组活动方案

根据服务对象的特点和需求，社会工作者通过小组游戏、主题活动、户外游戏等方式，利用小组动力，激发服务对象个体潜能，学习成长技能，促进人际沟通，提升认知水平，促进自我成长发展。

（1）点燃自信模块——"阳光下的我们"小组活动，促进之间互相认识、沟通交流，培养彼此默契，加深对项目和社会工作者的了解等。

（2）输入希望模块——开展"彭城有爱"主题活动，帮助服务对象感受城市文化，感受美好生活。

（3）传递温暖模块——举办"成长日记征文"活动，鼓励服务对象写下自己在成长中难忘的经历和现在的梦想，提升服务对象作文水平和写作能力。

（4）传递温暖模块——建立"周末学业加油站"儿童社区课堂，定期为服务对象提供学业辅导、心灵陪伴。

（5）传递温暖模块——举办"学习环境变形记"主题活动，改善服务对象的生活、学习环境。

（6）传递温暖模块——欢度"六一"儿童节活动，并举办一个"微心愿"活动，让服务对象感受关爱，增强社会支持系统。

（7）超越梦想模块——举行"寻找未来的我"主题活动，鼓励服务对象乐观应对今后学习生活，展望未来，巩固改变成果。

2. 个案服务方案

（1）接触服务对象。社会工作者入户探访，建立服务对象档案，填写儿童评估与接案信息表。

（2）与服务对象建立关系、签订服务协议。社会工作者根据个案的需要建立"一对一"专业关系，签订服务协议；开展个案服务，解决需求问题；

社会工作者定期走访，帮助他们解决情感、精神、物资等方面的问题，促进其自身的康复和社会功能的恢复，提高自我抗压、自我解压能力。

五、项目方案实施过程

项目前期每个社区由 3 名社会工作者组成了服务组（1 名机构社工 +1 落地社区社工 +1 名民政领域社工），进行了人力资源规划，确定了组织架构和人员分工。

项目组成员全部签订了服务保密承诺书，制定了儿童个案预估表、高风险家庭评估表、个案工作服务计划表 / 记录表 / 结案表、小组活动计划书 / 记录表 / 总结报告等系列规范表格及《"五叶花"助童项目志愿者服务规范》，规范项目标准化服务。

（一）项目启动

活动时间：2020 年 11 月 13 日。

活动内容：项目启动。

活动目标：通过设立"社工信箱"，发放《来自 XZ 社会工作者的一封信》，建立社会工作者与服务对象的联系，初步形成"一对五"服务和"一对一"个案的关系。

（二）入户走访

活动时间：2020 年 11 月 16—23 日。

活动内容：接案预估、入户走访。

活动目标：建立了 50 名儿童服务档案，填写了儿童评估与接案信息表，根据服务对象需求，初步制订了服务计划。

（三）个案服务

活动时间：2020 年 10 月—2021 年 7 月。

活动内容：围绕服务对象基本生活、教育、健康、情感等需求，精准提供个案服务。

活动目标：提供微观、中观、宏观三个维度的专业化、个性化的社会工作服务（见个案服务档案）。

（四）"阳光下的我们"成长小组

活动时间：2020 年 12 月 5 日、2021 年 2 月 8 日。

活动内容：国际志愿者日主题活动、"温暖在身边 甜蜜留心间"春节主题活动。

活动目标：培养服务对象彼此默契，践行"志愿者精神"；为服务对象送去关怀和温暖，使他们感受到社会工作者的关爱。

（五）"彭城有爱"主题小组

活动时间：2021 年 3 月 13 日。

活动内容：参观运河支队抗日纪念馆、举行向运河支队抗日四百烈士纪念碑致敬仪式，户外拓展游戏活动等。

活动目标：激发服务对象爱国情怀，引导服务对象树立远大理想。此外，增进服务对象彼此的了解和感情，在一定程度上弥补服务对象缺少家人陪伴的空缺，释放消极情绪。

（六）"周末学业加油站"儿童社区课堂

活动时间：2020 年 11 月—2021 年 7 月（每周六、周日）。

活动内容：为服务对象提供学业辅导、心灵陪伴。

活动目标：建立儿童社区课堂，为服务对象提供安全活动空间的同时，满足对学业辅导、阅读、娱乐以及同伴交往的需求。

（七）成长日记征文比赛

活动时间：2021 年 5 月—2021 年 6 月（共 7 次）。

活动内容："妙笔生花"作文兴趣课堂和成长日记征文比赛。

活动目标：鼓励服务对象写下自己在成长中难忘的经历和现在的梦想，丰富服务对象课余生活，增加对语文的热爱，同时通过比赛提升服务对象作文水平和写作能力，最终评选出一等奖 1 名、二等奖 2 名、三等奖 3 名、优秀奖 10 名，在结项仪式上颁发获奖证书和奖品。

（八）欢度六一儿童节主题活动

活动时间：2020 年 5 月 30 日。

活动内容："趣味儿童节"农场采摘游活动。

活动目标：感受关爱，促进社会融入，完成一个微心愿。

（九）"学习环境变形记"主题活动

活动时间：2021年6月—7月。

活动内容：对服务对象家庭中学习和生活环境进行适当改造。

活动目标：结合服务对象房屋空间，改善服务对象的生活、学习环境，激励他们更好学习。

（十）"寻找未来的我"主题活动

活动时间：2021年7月31日。

活动内容：项目最后一次活动，回归项目成效，妥善处理离别情绪。

活动目标：鼓励服务对象乐观应对今后的学习生活，展望未来，总结成果，结项总结和表彰。

六、总结评估

项目2020年10月开始，由XZ市"福彩公益金"投入资金8万元，10名社会工作者围绕服务对象的技能学习与能力提升、课余兴趣娱乐与身心发展等方面，服务了三个社区的61名服务对象（含非固定服务对象11名）；针对11名服务对象的生活、情绪、学习提供了超过110人次的个案服务；开展了73次支持和教育性小组活动；开展儿童兴趣类、发展类、成长类的活动8场次，通过"社工信箱"为50名服务对象满足了各自的"微心愿"，同时邀请文体教育领域老师作为"助梦大使"制作微视频传播，提升社会对困境（留守）儿童的关注度；项目结项时总服务量达到959人次。

项目服务内容囊括了服务对象的生理、行为、文化、社会参与和接纳等方面。在整个项目实施的过程中，项目团队集齐多方力量，共同探索"三社联动"服务社区儿童新模式。项目执行中有专业社工团队，有社区服务阵地，有特色服务内容，有资源调动网络，实现了活动长效、儿童受助、社工促能的目标，服务对象的服务满意度为90%以上，服务对象心理、学习、文化适应都有显著改善或提升，项目主要取得了以下成效。

（一）"周末学业加油站"，搭建社区空间

项目联动社区、志愿者共同打造了"学业辅导，兴趣培养，娱乐身心"三位一体的社区课堂模式，每周六、周日依托社区活动场地，共开展了80次"周末学业加油站"小组活动，为服务对象提供安全活动空间的同时，满足了服务对象对辅导、阅读、娱乐以及同伴交往的需求，获得服务对象和家长认可与好评。

（二）组织丰富主题活动，促进儿童成长

项目定期开展丰富多彩的小组活动、兴趣班、节庆主题活动等，一方面丰富了服务对象的课余及假期生活，另一方面，拓宽了服务对象的视野及人际交往圈，提升他们的知识和技能，并在活动中培养他们的行为习惯和参与意识，从而提升服务对象的自我认同和自信心。

（三）个案助难同陪伴，回应儿童困境

针对学习及生活遭遇突发情况或面临危机的服务对象，采用个案工作方法进行回应。首先，建立了服务对象识别机制，实行"靶向"定位；其次，邀请落地社区的专业社会工作者参与项目团队，缩短与服务对象的"距离"，发挥落地社区社工更了解服务对象的优势，及时发现问题、确定需求、精准计划、个性服务；对于生活或学习有问题的儿童，项目组会根据儿童的实际情况，开展个案陪伴，定期家访，协助儿童及家庭解决生活困难。此外还采用"督导＋社工"培训方式，督导提升社会工作者专业能力、破解服务难题，有效解决了社会工作者实操能力不足的问题。

（四）社会工作介入，关注儿童发展。

（1）通过个案的开展，服务对象与社会工作者敞开心扉，建立服务对象情感联系渠道，助力服务对象问题的解决，如多部门联动，保护疑似受家暴儿童；用游戏"诱导"，助"游戏高手"解除网瘾；立"契约"帮儿童克服不良行为；通过视频情感告白，改善父子关系；心理辅导改变儿童错误性别认知；链接社会资源提供发音矫正；为因病致上学困难学生定向寻找捐赠等服务。

（2）通过小组活动的开展，组员从陌生到熟悉，从胆怯到自信，认识了更多同伴，建立了深厚的友谊，新颖的小组游戏让服务对象在活动中学习、成长、尽情展示自我。例如，开展"元旦""春节""六一儿童节""生日会"等主题活动，使得服务对象充分体验节日的快乐和成长的意义，感受到来自项目和社会工作者的关爱；利用"国际志愿者日"，组织服务对象参与社区志愿者服务，引导他们从"服务对象"到"服务的提供者"转变，不仅让服务对象践行了志愿服务精神，并且培养他们无私奉献，乐于助人的美好品德；组织踏青游园（贾汪卧龙泉抗战基地）、农场采摘游活动，帮助服务对象感受彭城文化、激发爱国情怀、释放消极情绪，得到了亲近自然、舒缓身心的感官收获；举办作文兴趣课堂、书画兴趣小组、天文和物理兴趣小组课堂、成长日记征文比赛等，促进服务对象成长，丰富服务对象课余生活。

（3）项目实施机构广泛与团市委、市慈善总会、市未成年人保护中心、

XZ 市山西商会、市新风志愿者总队、江苏师范大学和 XZ 医科大学志愿者社团等单位或个人建立社会支持网络，为服务对象拓展服务内容。此外项目还受到市民政局、市社会工作服务中心相关领导的高度关注，在社会工作者的努力下，8 名特困家庭的服务对象被市民政局确定为"四大"包挂结对帮扶对象，进一步扩大了项目成效。

七、专业反思

项目执行机构为节省资金，大部分常规活动使用落地社区场地开展，因立项资金比原计划减少，项目执行机构只在两个社区设立了周末课堂活动，而余下一个社区的服务对象又距离两个开展活动的社区稍远，所以参与活动较少，只能由社会工作者定期上门服务。虽然项目方通过调整活动的内容，适当增加一些服务对象感兴趣的活动，促进服务对象参与，但是成效甚微。可见服务便利性是保障服务成效的必要条件之一，因此有必要调动社区内生力量参与到服务中，吸引更多的企业和社会组织在人力、物力和财力上的注入，打造长效"共助"服务。

志愿者招募模式和培训形式尚需完善。项目中招募和培训的大学生志愿者，流动性大，甚至不了解社会工作，所以在服务内容上距离项目要求还存在一定偏差。因此，在今后的同类项目中应尽量招募固定的志愿者，并及时开展线上培训，做到志愿者与服务对象之间的双向需求满足。

项目执行机构对儿童社会工作领域"三社联动"模式进行了有益探索实践。以社区为阵地、机构为载体、社会工作者为支撑，从需求评估到社区资源"地图"开发，再到打造专业助童品牌，项目初步达到了儿童社会工作服务全流程"练兵"的目的。但仅仅依靠实施机构的单一力量，是无法回应服务对象全部需求的，达到这一目标需要进一步加强与相关部门的联络，并且有必要建立儿童社会工作领域的督导和培训体系，为持续推进儿童社会工作事业发展提供专业支撑和人才保障。

八、案例使用说明

（一）教学目的与用途

本案例是基于"社工实务""社会政策分析""儿童、青少年社会工作""社会服务机构管理"等课程中综融社会实务取向的应用、社会政策分析、志愿服务活动管理等教学的需求撰写，用于讲解综融社会方法中的三大方法的融合，社会政策分析中的分配公平理论视角的运用，以及志愿服务管理平台建设。案例的编写以此为出发点和落脚点组织相关内容，对案例的分析和总结也基于这一目的。若将本案例用于其他课程，则需做调整，本案例使用说明可作为参考。

（二）涉及知识点

本案例在于"高级社工实务""社会政策分析""儿童、青少年社会工作""社会服务机构划管理"等课程中使用，主要覆盖知识点包括：

（1）生态系统观；

（2）社会救助政策、困境儿童社会政策价值观、目标分析；

（3）社会政策的个案分析；

（4）困境儿童的社会融入；

（5）志愿服务平台建设。

（三）配套教材

（1）社会政策概论；

（2）儿童青少年社会工作。

（四）启发思考题

本案例主要通过微观、中观、宏观的个体及家庭、社区、社会政策的分析，在实施方法中运用个案、小组、社区的工作方法，对接困境儿童的资源结构性供给问题，在社区和社会资源上进行链接和建设。案例涉及以下问题：

（1）困境儿童服务的综融方法中使用如何确定个体、社区困境和制度困境的分析？

（2）如何运用社会政策的经验分析方法？

（3）困境儿童的社会融入需求分析如何进行？

（五）分析思路

案例分析的思路是引导学生运用所学知识，根据案例相关情境材料，通过一定的逻辑思路，对案例进行细致解剖和系统分析。案例分析思路是确保达到教学目的的重要教学过程。

本案例社会工作者以生态系统理论为指导，按照微观、中观和宏观的三个维度进行社会服务安排。在评估阶段着眼于个体困境、社区困境、制度困境的分析，在服务方案阶段，从三个层面进行社会服务的开展。

（1）对困境儿童进行生态系统视角下的分析。

（2）从综融取向视角制订三个层面的服务计划。

（3）在社区层面的资源支持建设与问题分析。

（4）在制度层面落实困境儿童救助的政策不足分析。

（六）理论依据与分析

1. 发展性取向的社会政策对困境儿童社会政策的分析

社会政策的发展性取向探讨困境儿童政策的价值观、政策内容分析、政策的实施分析。

2. 综融取向的社会工作实务

综融取向的社会工作实务强调全方位的观点看待问题，着重案主问题中所包含的所有社会系统，也就是包含所谓的服务对象社会系统，并且以此拟定相关的介入计划。在同一时间运用多种模式去协助服务对象及改变社会体系，这些新的取向称为"综融取向"。

综融取向的社会工作实务强调采取多元的介入方法解决问题，以服务对象的需求为基础，探索从个人、群体到社区等各个层面的服务介入。

20世纪80年代后，综融取向和后现代主义的个案工作视角逐步成为个案工作中重要理论之一，强调多元层面的介入，强调从案主的角度理解他们看问题的方法。

（七）背景信息与关键点

本案例分析关键在于综融取向的社会工作对困境儿童社会政策的生态系统资源的整合，困境儿童社会政策的整合，对困境儿童的社会支持整合以及多个层面的介入。

（八）课堂教学计划建议

本案例课堂教学计划根据学生的差异，尤其是对案例的阅读和课前对相应知识的掌握程度来进行有针对性的设置。本案例主要按照2学时进行设计。

A计划：学生事先预习到位，对于本科生，可以将小组讨论布置在课外进行。因为这类学生实际工作经验少，所以案例讨论过程中需要教师引导的内容要相对多一些。

B计划：社工硕士（MSW）学生课前预习不一定完成得很好，或者学员之间预习差异较大，因此需要将小组讨论置于课堂讨论之中进行。

两种课堂教学详细安排计划如表9-1所示。

表 9-1　两种课堂教学详细安排计划

A 计划	B 计划
课前阅读相关资料和文献 1 小时 小组讨论 1 小时 考虑到本科生的知识基础和对应用的理解，要适当增加讨论后的知识总结时间 课堂安排：90 分钟 案例回顾：10 分钟 集体讨论：50 分钟 知识梳理总结：20 分钟 问答与机动：10 分钟	课前阅读至少 0.5 小时 考虑到在职 MSW 学生课前阅读和讨论的可行性，建议将小组讨论置于课堂中进行 课堂安排：90 分钟 案例回顾：10 分钟 小组讨论：20 分钟 集体讨论：50 分钟 知识梳理：5 分钟 问答与机动：5 分钟

　　在课堂讨论本案例前，应该要求学生至少读一遍案例全文，并尝试回答案例启发思考题。具备条件的学生还可以小组为单位，围绕所给的案例启发思考题进行讨论。

第十章　事实"孤儿"社工介入案例

案例名称：多维支持，温暖相伴——基于社会支持理论对孤儿家庭的社会工作介入

案例执行与撰写：何婷婷、吴赟赟

案例督导：黄翠翠

使用说明：黄翠翠

案例获奖：江苏社工案例二等奖

一、背景介绍

（一）服务对象基本来源

2020 年 4 月，S 市 W 区社会事业局向儿童关爱之家的社会工作者转介了一名叫小鹿（化名）的在册困境儿童。小鹿是一名 8 岁男童，父母因高速车祸过世，当时小鹿也在车上，受轻伤，目前由老家赶来的祖父母照料其日常生活。

（二）服务对象基本情况分析

1. 生理

服务对象曾患有过敏性紫癜肾炎，日常饮食需忌口，上学期间，无法彻底适应学校的饮食，奶奶需要将午餐送至学校；由于服用激素类药物，体型略微发胖。

2. 心理

服务对象对父母去世以及车祸还有一定的心理阴影，如晚上睡觉需要有人陪伴以及睡觉方向必须为同一侧；过敏性紫癜肾炎由于情绪过于焦虑会反复发作；自尊心比较强，对自己要求很高，不管是学业上表现还是日常社交上都想极力表现优秀。

3. 照料者情况

父母世过后，祖父母从老家到 S 市照料服务对象，主要照料者是祖母。祖父母普通话水平一般，对 S 市的生活有一定的不适应。祖母本身对父母离世尚未接受，也有一定的自责情绪，对服务对象的功课辅导感觉力不从心。

4. 社会交往情况

服务对象在小区内有 1～2 名同校同学较为熟悉，周末偶尔会去同学家做作业、玩耍，日常和班级同学关系较好，在学校也是比较受老师喜欢的学生；照顾者由于刚从老家过来 S 市，暂无熟悉的同辈群体或支持资源。

二、分析预估

（一）服务对象的需求分析

服务对象的需求，包括如下几个方面。

（1）身心需求：服务对象及照顾者安全稳定的生活环境以及持续的心理陪伴和倾听。

（2）家庭需求：服务对象及照顾者面对新的家庭关系和生活氛围的适应。

（3）社交需求：服务对象及照顾者需要有稳定的同辈群体用于分享、支持以及倾诉。

（4）自我提升的需求：服务对象需要保持学业表现以及提升其他方面的能力来增强自信心，提升抗逆力。

（二）服务对象的优势分析

服务对象的优势分析，包括如下几个方面。

（1）服务对象自身：性格比较开朗活泼，虽然发生了突发事件，但是整体心理情绪上比较正向积极，内在动力比较强；在学校学业表现较好，老师和同学关注也较多。

（2）照顾者及家庭经济条件：目前服务对象照顾者虽然为隔代的爷爷奶奶，但是之前与服务对象有一定的感情基础，关系比较亲密，日常交流沟通无障碍；除父母留下的遗产外，爷爷目前在社区找了一份保安的工作，加上每月补贴，家庭经济条件可以满足日常生活所需。

（3）居住社区环境：居住在离儿童之家比较近的社区，日常过来儿童之家参加活动或者社会工作者上门提供服务，比较便利；社区周边资源丰富，能够提供给家庭较多的支持；所在街道的儿童之家日常活动的同龄群体较多，同辈之间交往频繁。

三、服务计划

（一）服务目标

1. 总目标

协助服务对象及其照顾者逐渐解脱出当前身心困境，增强其抗逆力，提高对环境的适应能力。

2. 具体目标

（1）协助服务对象疗愈父母突然离去导致的心理创伤。

（2）提升服务对象以及其照顾者应对新环境、新情境的能力。

（3）链接更多资源主体增强服务对象的社会支持网络。

（二）理论基础

社会支持理论：社会支持是指运用一定的物质和精神手段对社会困境群体进行无偿帮助的行为的总和。其一般是指来自个人之外的各种支持的总称，是与困境群体相伴随的社会行为。社会支持理论包括互动、信息传递、物质支持、精神慰藉等基本内容。

其基本假设包括以下内容。

（1）人类的生存需要与他人合作，并且依赖他人从而获得协助，尤其是面临压力或突发事件时，需要用自身所具备的外部资源缓解压力，资源越多越能够应对压力或突发事件。

（2）社会中的困境群体更需要强化其社会支持网络，增强社会支持功能，以便能够应对困境局面。

（三）介入策略

（1）服务对象个人层面：主要包括心理层面和生理层面。心理层面上，引入心理咨询师资源，协助服务对象疗愈父母突然离世的心理创伤；生理层面上，由于服务对象过敏性病症，协助其照顾者掌握正确健康的生活习惯，制订健康生活准则；协助服务对象保证其学业表现，增强其自信心。

（2）服务对象照顾者层面：主要包括心理层面和社会适应层面，重点是缓解其面对亲人离去的悲伤情绪，协助其适应新的居住地的生活，纾解其面对未来生活迷茫无依的心理情绪。

（3）群体交往层面：主要分为增强服务对象的同辈群体社交支持网络以及照顾者的社交支持网络，加强重建其社会支持网络，协助服务对象及其家庭各类正式支持网络以及非正式支持网络的健全。

四、服务计划实施过程

（一）前期：稳定情绪安定生活

在接触到服务对象及其照顾者前，社会工作者先与儿童督导员以及社区儿童主任详细了解服务对象家庭情况。

在首次上门入户时，社会工作者并未着急进行开案等工作，而是与服务对象及其照顾者耐心沟通，了解生活现状及需求；在沟通的过程中耐心陪伴，在照顾者情绪崩溃时积极同理；在了解需求时与服务对象单独交谈，从儿童自身的角度看待生活的现状和需求。经过详细的了解后，征得服务对象及其照顾者的同意，社会工作者在前期主要开展以下服务。

1. 引入心理咨询师资源，评估心理状态

社会工作者通过链接辖区内成熟、擅长儿童心理咨询的老师，深入评估服务对象的心理状态。心理咨询师反馈服务对象出现假声行为，日常比较焦虑，对父母离世还有一定的心理创伤，于是心理咨询师鼓励社会工作者和照顾者加强对于服务对象的关注，并与社会工作者讨论制订了心理层面介入方案，内容如真声训练、加强分享、认可接纳自己等。

2. 倾听同理为主，与照顾者建立信任关系

社会工作者在与服务对象照顾者见面的过程中，了解到照顾者一方面因子女突然离世无法接受，心理上仍存在愧疚迷茫等情绪；另一方面从老家远赴 S 市，生活习惯和语言习惯也不适应，不知道该如何带好孙子。社会工作者并未着急介入，在前几次的服务中找到单独机会与照顾者奶奶和爷爷会谈，在会谈的过程中鼓励他们表达情绪、敞开心扉、讲述需求，在这一阶段过程中，社会工作者与照顾者建立的稳定信任的关系对于之后的服务介入起到事半功倍的效果。

3. 习得经验，提升服务对象及照顾者生活适应性

社会工作者针对服务对象以及其照顾者分别制定了适应性的小策略，例如，针对服务对象，从其学习习惯入手，培养其良好的学习习惯，养成独立自主不拖拉的学习习惯；同时鼓励其勇敢表达，学会面对困难时积极寻找可用资源；对服务对象照顾者来说，社会工作者从衣食住行以及饮食习惯等五个方面归纳总结，循序渐进教会照顾者如何确保自己和服务对象均能够更好地生活在 S 市，同时鼓励爷爷奶奶进行家庭分工，避免将精力过于集中在孙子身上，给双方都带来压力。

（二）中期：增强能力提升社交

在近 3 个月的服务介入之后，社会工作者发现服务对象及其照顾者已经基

本适应目前的生活状态，双方磨合也进入更好的状态。在前一阶段内，社会工作者着力在家庭内部稳定双方，在服务中期阶段，社会工作者计划将服务外缘扩展，从服务对象层面增强其学习以及社交能力，从照顾者层面协助其寻找同辈群体，建立社交网络。

1. 服务对象层面

这一服务阶段的时间跨度刚好涵盖暑假与寒假，能够与服务对象的时间匹配。社会工作者在征求服务对象本人以及其照顾者意见的基础上，为服务对象链接到新东方课业辅导以及中学生志愿者辅导资源，协助服务对象在假期有规律地学习生活；另外，结合服务对象日常兴趣，安排了生命力课堂，培养其体育、艺术、朗诵等方面的能力，增强其自信心以及拓宽其社交网络。

2. 照顾者层面

社会工作者结合服务对象家庭居住地以及家庭情况，邀请其照顾者参加儿童之家兴趣活动。在此过程中，照顾者结识到一位家庭情况类似的同龄人，社会工作者在之后的活动设计过程中有意识邀请她们同时参加，分组也会在一起，两位照顾者之间的交流沟通次数不断增加。同时社会工作者也组织开展隔代教养家长课堂等活动，鼓励照顾者积极参与家长课堂，获得同辈群体支持。

（三）后期：稳定资源长期关注

在一年多的服务介入之后，社会工作者对服务对象及其照顾者的状态和能力进行评估；除了进行结案工作外，从服务对象家庭角度出发，进行社区倡导，积极在 W 区搭建护童家联盟。

1. 进行结案工作，同时常规服务继续跟进

社会工作者在介入工作后期，分别对服务对象及其照顾者的身心状态、适应能力以及社交网络同时征求服务对象及其照顾者建议，结合实际情况，认为本阶段个案工作可以进行结案工作。但儿童关爱之家的服务除了针对普通儿童外，在册困境儿童是工作重点，所以之后儿童关爱之家开展的各项服务中，社会工作者依旧会与服务对象及其照顾者保持稳定的专业关系。社会工作者计划之后月度探访或电访，开展儿童生命力课堂、家长教育课堂等活动时会积极邀请服务对象及其照顾者参与，也在活动的过程中保持对服务对象及其照顾者的关注。

2. 开展社区倡导，搭建护童家联盟资源共享

在本次个案服务之后，结合 W 区儿童及其家庭需要，社会工作者在社会事业局的支持下，联动各社区资源搭建护童家联盟，助力各区资源共享的同时，确保针对困境儿童及其家庭的需求能够得到及时满足。

护童家联盟包括各类资源主体如心理健康资源、上门护理资源、课业辅导资源以及各类医疗资源。社会工作者还建立联席会制度，定期介绍困境儿童基本情况，合理分配资源，同时签署联盟公约，规范和统一安排各资源主体的介入服务。

五、总结评估

（一）服务对象能够正确对待自己的心理情绪状态

在社会工作者介入服务之前，服务对象较少提到父母情况，焦虑情绪导致其过敏性症反复发作，同时每晚要求照顾者陪睡且坚持同一姿势。

在社会工作者介入服务后：①服务对象能够在母亲节、父亲节以及父母忌日等敏感节日坦然与照顾者表达对父母的思念，也逐渐以比较积极的状态接受父母离开的情况；②服务介入后期，照顾者表示目前过敏性症状已经不再出现，服务对象回家不再表达对于学习以及生活的焦虑情绪，对自身的认同感增强；③在睡觉习惯方面，虽然还需要照顾者陪伴，但是在睡觉姿势以及安睡程度等方面均得到较大改善，睡眠习惯得到一定程度改善。

（二）服务对象以及其照顾者能够适应新生活

在社会工作者介入服务之前，服务对象学习和日常生活明显不适，继而引发焦虑，加重过敏性症状；照顾者表述对于在 S 市的生活以及与孙子在一起的生活有明显的不适应。

在社会工作者介入后：①服务对象的学习习惯得到改善，日常功课辅导也有资源对应介入，焦虑情况明显减弱；②服务对象与照顾者之间的关系得到改善，服务对象与照顾者之间的沟通频次不断增加，据照顾者反馈，服务对象分享意识提高；③照顾者目前已经能够独自应对服务对象衣食住行方面的事项，而且能够独立带服务对象外出等。

（三）服务对象及其家庭各类支持网络完善有力

在社会工作者介入服务前，服务对象及其照顾者支持网络匮乏，多依靠原有资源且可用资源较少，照顾者明显觉得无力迷茫。

在社会工作者介入服务后，服务对象获得心理健康资源、教育辅导资源等，在个人层面获得同辈群体资源；照顾者也同样在社区内获得同辈群体资源，同时在社会工作者的帮助下，资源主体得到进一步丰富。

六、专业反思

（一）成为重要他人来增强儿童抗逆力

重要他人是指对个人（尤其是儿童时期）自我发展有重要影响的群体，即对个人智力、语言及思维方式的发展和行为习惯、生活方式及价值观的形成有重要影响的父母、教师、受崇拜的人物及同辈群体等。虽然服务对象的重要他人——父母角色缺失，但是社会工作者以及其他资源主体可以作为其重要他人，尤其是对在册困境儿童群体中的孤儿，成为他们的重要他人，能够不断提升他们抗逆力，增强其应对之后生活困境的各种能力，成为他们一路相伴的温暖。

（二）安心陪伴比着急介入重要得多

在社会工作者介入服务初期，不要因为个案进度以及部分标准化流程就忽视建立专业关系的过程。对于不习惯接受公益服务的人来说，与陌生人建立互相信任的关系需要一段时间，社会工作者的安心陪伴和耐心倾听就显得格外重要。同时对于社会工作者而言，在陪伴建立互相信任关系阶段，就要舍得花时间和精力，所有个案服务目标的达成，在初期一定需要建立稳定的互相信任的专业关系。

（三）结案并不意味着结束关系

在西方个案过程中，结案即结束专业关系的特点，社会工作者需要对其进行本土化的反思。尤其是对于在册困境儿童来说，个案的结案意味着部分问题的解决或改善，但对于困境儿童的关注不应该随着个案的结束而终止。在阶段性的个案服务结束后，应该为其匹配相应的常规服务，确保针对困境儿童的服务体系是完整且有效的。

（四）儿童社会工作者也要学会和家庭一起工作

在开展儿童服务的过程中，儿童社会工作者常常会把儿童本身作为专注点开展服务，但家庭里的其他成员也是工作的重点，毕竟儿童在家庭环境内成长的时间更多。社会工作者需要注意避免用指责的语气去批判照顾者的照顾方式，注意理解照顾者照顾方式背后的缘由。社会工作者学会与家庭其他成员建立合作关系，有助于营造儿童成长的健康家庭氛围，也能够从长期的角度促进儿童的改变。

七、案例使用说明

（一）教学目的与用途

本案例教学使用说明基于"高级社工实务""儿童社会工作""个案工作"等课程中的儿童服务特别是困境儿童服务介入教学需求撰写，用于讲解个案工作中的工作流程、介入策略以及理论选择等方面的内容。案例的编写以此为出发点和落脚点组织相关内容，对案例的分析和总结也基于这一目的。若将本案例用于其他课程，则需做调整，本案例使用说明可作为参考。

（二）涉及知识点

本案例在于"高级社工实务""儿童社会工作""个案工作"等课程中使用，主要覆盖知识点包括：

（1）社会支持理论；

（2）儿童社会工作伦理；

（3）个案管理模式。

（三）配套教材

（1）儿童社会工作；

（2）现代社会工作理论。

（四）启发思考题

本案例主要通过介入事实孤儿及其照顾者面临丧亲带来的心理问题、新家庭关系构建、社会环境适应等，系统展现社会工作者开展困境儿童服务过程中，运用社会支持理论，从服务对象个人、照顾者以及群体交往层面明确介入策略，使用个案管理模式制订并执行服务计划，达成服务目标，同时儿童社会工作者从重要他人、介入进程、服务持续等方面进行了反思。案例涉及以下问题：

（1）事实孤儿面临的困境有哪些？

（2）社会支持理论是如何应用在本案例中的？

（3）本案例使用了个案管理方法，其基本流程是什么？

（4）困境儿童社会工作本土化是如何在本案例中体现的？

（五）分析思路

案例分析的思路是引导学生运用所学知识，根据案例相关情境材料，通过一定的逻辑思路，对案例进行细致解剖和系统分析。

本案例基于社会支持理论，对事实孤儿开展社会工作介入，基于对服务对象生理、心理、社会支持网络的分析进行预估，强调服务对象及其照顾者的优势，社会工作者根据工作进程与儿童督导员、儿童主任、心理咨询师、朋辈群体、志愿者等多种资源主体构建服务对象支持网络。在计划实施过程中，可以看到社会工作者对个案管理方法的使用。

（六）理论依据与分析

1. 社会支持理论及其假设

社会支持是指运用一定的物质和精神手段对社会困境群体进行无偿帮助的行为的总和。其一般是指来自个人之外的各种支持的总称，是与困境群体相伴随的社会行为。社会支持理论包括互动、信息传递、物质支持、精神慰藉等基本内容。

社会支持理论基本假设包括以下内容。

（1）人类的生存需要与他人合作，并且依赖他人从而获得协助，尤其是面临压力或突发事件时，需要用自身所具备的外部资源缓解压力，资源越多越能够应对压力或突发事件。

（2）社会中的困境群体更需要强化其社会支持网络，增强社会支持功能，以便能够应对困境局面。

社会支持网络可能在密度和性质上有所区别，这取决于网络中特定部分之间的联系次数和所赋予的价值意义。社会工作者集中关注形成服务对象日常生活模式的网络与机构联结，其目的是为了识别正式的和非正式的社会网络，拓展它们并使它们有助于服务对象。

2. 个案管理

个案管理是一种提供服务的方法，它是由专业社会工作者评估服务对象及其家庭的需求，并安排协调监督、评估和倡导一套包含多种项目的服务，以满足特定服务对象的多种需求。当服务对象遭遇的问题较为复杂，需要专业人员的服务才能解决，需要更多的社会资源时，社会工作者需要为服务对象建构服务网络，实现服务的合理配置，保障服务对象获得恰当、最完整的服务，提升个案服务的效率。

（七）背景信息与关键点

本案例分析关键在于对事实孤儿这一特殊群体充分了解的基础上，运用社会支持理论与个案管理相结合，并注意服务过程中社会工作技巧与伦理。

（八）课堂教学计划建议

本案例课堂教学计划根据学生的差异，尤其是对案例的阅读和课前对相应知识的掌握程度来进行有针对性的设置。本案例主要按照 2 学时进行设计。

A计划：学生事先预习到位，对于本科生和全日制研究生，可以将小组讨论布置在课外进行。因为这类学生实际工作经验少，所以案例讨论过程中需要教师引导的内容要相对多一些。

B计划：社工硕士（MSW）学生课前预习差异较大，因此需要将小组讨论置于课堂讨论之中进行。

两种课堂教学详细安排计划如下表10-1所示。

表10-1　两种课堂教学详细安排计划

A 计划	B 计划
课前阅读相关资料和文献 1 小时	课前阅读至少 1 小时
小组讨论 1 小时	考虑到 MSW 学生课前阅读和讨论的可行性，建议将小组讨论置于课堂中进行
考虑到本科生的知识基础和对应用的理解，要适当增加讨论后的知识总结时间	
课堂安排：100 分钟	课堂安排：100 分钟
案例回顾：10 分钟	案例回顾：10 分钟
集体讨论：50 分钟	小组讨论：10 分钟
知识梳理总结：30 分钟	集体讨论：60 分钟
问答与机动：10 分钟	知识梳理：10 分钟
	问答与机动：10 分钟

在课堂讨论本案例前，应该要求学生至少读一遍案例全文，并尝试回答案例启发思考题。具备条件的学生还可以小组为单位，围绕所给的案例启发思考题进行讨论。

第十一章　留守儿童社工介入案例

案例名称："童伴计划"留守困境儿童关爱项目
案例执行与撰写：陈佳齐、吴诗诗、徐梦佳
使用说明：魏晨
案例获奖：江苏省社工项目二等奖

一、背景介绍

（一）机构背景

1. 基本情况

RD 新风公益服务中心 2018 年 7 月注册成立，目前登记志愿者有 1196 人，配备数十名社会工作师及专业领域督导、心理咨询师、医疗支持单位、财务专员、自媒体团队等，是为不同的群体提供专业帮扶的社工机构。

2. 机构宗旨

用生命影响生命，助人自助。

业务范围：专注于留守困境儿童与社区孤寡老人的关爱帮扶；赛会展览志愿服务；社会组织服务；青少年公益培育等。

3. 专业优势

本机构是一家由社会工作专业的青年大学生及研究生组成的团属青年社会组织，具有丰富的志愿服务和公益项目开展经验。自成立以来，本机构开展了"果果成长计划"女童保护、"小手拉大手情暖夕阳红鼚乐其融融"老幼互助、"朝花夕拾定格美好"独居老人关爱等省市级志愿服务公益项目。

其中"果果成长计划"女童保护公益项目荣获江苏省青年志愿服务项目大赛关爱留守儿童类二等奖、入围 NT 市第六届公益项目大赛社会工作方向专栏；"小手拉大手情暖夕阳红鼚乐其融融"老幼互助公益项目荣获"志愿江海"优秀志愿服务项目、RD 县优秀公益项目等多项荣誉。2020 年该机构荣获"志愿

江海"优秀志愿服务组织称号，多名骨干先后荣获"志愿江海"优秀志愿者、NT市优秀慈善志愿者等荣誉。

（二）背景分析

1. 项目背景

近年来，随着我国工业化与城镇化的推进，人口流动不断加速，大量农村青壮年劳动力出外务工，造成农村地区出现一定比例的留守儿童（以下也称留守困境儿童）。由于父母长期缺席，亲子关系、亲子支持和家庭建设受到极大影响，伴随而来的是留守儿童的心理发展、社会发展相应问题的出现。截至2018年，全国共有农村留守儿童697万余人，其中6～13岁的农村留守儿童规模最大，均超50%。其中，96%的农村留守儿童由祖父母或者外祖父母照顾，4%的农村留守儿童由其他亲戚朋友监护。有研究表明：留守儿童的焦虑情绪明显高于非留守儿童，60%的留守儿童存在各种情绪问题和人际交往问题。关注留守儿童的生存与发展，一直是政府、社会和社会工作的重要议题。

留守困境儿童，让党中央牵挂在心，要关心留守儿童，习近平指出要"让他们都能感受到社会主义大家庭的温暖"。2019年4月30日，民政部、教育部、公安部、司法部、财政部、人力资源社会保障部、国务院妇儿工委办公室、共青团中央、全国妇联、中国残联联合印发《关于进一步健全农村留守儿童和困境儿童关爱服务体系的意见》，为做好农村留守儿童和困境儿童关爱服务工作提供了制度保障。

在此基础上，考虑到孩子们多层面需求的现状，我们计划开展"童伴计划"留守儿童关爱项目来促进社会重视困境留守儿童的身心健康，也期望通过专业的帮扶，帮助孩子健康快乐成长。

2. 社区背景

NT市RD县共有城中、掘港、长沙、洋口等17个镇区街道，其中困境留守儿童大多聚集在沿海乡镇，且分布较为分散。在RD县未成年救助保护中心的协助下，通过深入的走访调查和评估，我们最终确认筛选了50名留守困境儿童，列为该项目的服务对象。在RD县民政局与共青团RD县委员会的大力扶持下，在"儿童关爱之家""社工小站""社区青春行动"等政策环境的有效助推下，该项目有序落地实施。

（三）项目问题分析

1. 认知行为偏差

因家庭结构不健全、代理监护人不力、学校教育监督不到位，家庭贫困的留守儿童无法享受到父母在思想认知及价值观念上的引导和帮助，成长中缺失家庭温暖和亲情呵护，极易产生认知偏离、情感缺失及陷入心理发展的困境。

2. 家庭教育缺失问题

儿童处于成长发育的关键时期，而留守的孩子大多以隔代抚养为主，他们渴望与亲人的感情交流，但是由于价值观念的差异，又得不到父母的教育、关爱，在沟通发生困难时，容易表现出性格内向、失落自卑、自私冷漠或叛逆暴躁等特征。一些失范行为若得不到及时修正，他们在个性品质、行为习惯等方面都会受到影响。

3. 生活环境问题

由于家庭经济水平有限，再加缺乏父母的养护，孩子们的总体生活质量难以保证，伙食标准及合理营养结构无从落实。此外，孩子们的基础卫生状况堪忧。在生理变化阶段缺乏关怀和指导，有些留守儿童的卫生习惯得不到指正，特别是女孩，这些问题直接影响孩子们的健康成长。

4. 监护质量问题

大部分祖辈受教育程度低，不懂科学的教养方式，缺少与孩子沟通，放任自由。长期如此，滋长了孩子的不良行为。在祖辈看来，让孩子吃得饱、穿得暖就是对他们最好的照顾，他们对留守儿童的安全教育不够、意识不强。特别是双休、寒暑假等脱离学校管理的时期，留守儿童存在大量的安全隐患，极易出现安全事故。

5. 社会资源整合问题

一方面，所在地区的专业社会工作服务机构数量有限，客观上很难深入、全面地评估留守儿童的生活状况，服务质量和效果难以保证；另一方面，专门从事儿童社会工作服务的社工较为分散，志愿者在儿童社会工作领域的服务水平参差不齐，一定程度上导致留守儿童社会工作服务的专业性与针对性不强。

二、项目目标

（一）总目标

动员组织社会力量深入推进儿童关爱保护工作，从多方面为留守困境儿童提供和营造健康成长的外部环境，促进留守困境儿童的全面发展。通过实施"童伴计划"留守困境儿童关爱项目，从思想道德、社会价值、心理健康、爱心援助等方面出发，为留守困境儿童提供帮扶，帮助其充实情感，提升能力，培养良好品格，促进身心健康发展，满足自我实现的需要。

（二）分目标

1. 微观层面

（1）为留守儿童提供直接物质性帮扶。

（2）为留守儿童提供成长性服务。

（3）为留守儿童提供发展性服务。

2. 中观层面

（1）推动儿童关爱群体和服务留守儿童的社会组织发展。

（2）与家庭、学校、社区建立长效合作机制，为留守儿童提供各类正式及非正式支持。

3. 宏观层面

（1）增加社会资源，为留守儿童提供社会支持。

（2）进行政策倡导，推动相关政策及社会福利的变迁。

（3）营造良好社会文化氛围，提供良好的成长环境。

（三）针对不同服务人群的项目目标

1. 针对困境留守儿童

RD 新风公益服务中心主体落地实施，民政等部门合力推进，社会各界志愿者广泛参与，以促进未成年人的身心健康为出发点，开展关爱帮扶系列活动。留守儿童家庭监护质量全面提升，思想道德品质进一步优化、行为偏差风险明显降低，家庭亲子关系明显改善，留守儿童及其家庭的获得感、幸福感进一步增强。

以集中互动、上门探访、捐资助学、小组互动、亲子互动、课后兴趣培养等多种形式，促进留守儿童身心健康、全面发展。同时，社工运用专业个案工作方法，为留守儿童开展心理咨询、资源链接、情绪疏导、课业辅导、成长教育、兴趣爱好、文明礼仪等专业个案救助和辅导服务，提高留守儿童的学习能力和学习兴趣、挖掘留守儿童潜能、提升留守儿童抗逆力。

2. 针对服务儿童监护人

传播科学的家庭教育知识，提升监护人对留守儿童心理疏导、安全管理、卫生保健等方面的认识。本项目采用与监护人面对面交流的方式，特别针对留守儿童的隔代监护人以及其他托管亲属开展家庭教育培训。

通过幻灯片、视频、实际案例等的讲解，向监护人解读国家、省、市在关爱留守儿童方面相关的政策，同时介绍家庭教育的重要性，深入分析留守儿童家庭教育中存在的情感问题、心理问题、行为问题、学习问题、安全问题，并对留守儿童监护问题提出应对策略；帮助监护人了解科学教育留守儿童的重要性，培养自觉担当监护人的责任感，掌握未成年人保护相关的法律法规；从实际案例中总结经验教训，从而达到监护人切实履行好职责，改进家庭教养方式，让受助儿童在尊重中健康成长的目的。

三、项目方案

（一）项目主要内容

1. 暖爱童伴——基础需求型救助帮扶

（1）总体构思。

从留守儿童基本生存条件出发，深入了解其基本物质资料是否充足；依据留守儿童家庭经济条件情况，饮食、住房等生存条件，建立留守儿童记录档案；根据实际情况划分等级，准确将关怀落到实处，因材施"助"。

（2）预期成效。

建立"精准救助、动态管理"的儿童关爱服务体系，帮助其改善生活、学习环境，获得家庭、社会的关怀教育，使留守儿童养成健全的人格，树立正确的世界观、人生观和价值观，实现其"监护有人、生活有助、活动有家"。

（3）实施内容。

具体内容："暖爱童伴"专题活动，包含微心愿、集体生日会、彩虹包裹等，从基础物资补助提供帮扶。

实施地域：NT市RD县。

服务频次：每季度1场次。

受益人群：50名留守困境儿童。

人员配置：1名督导、5名社工、1名医护人员、10名志愿者。

2. 安全童伴——发展保护功能型服务

（1）总体构思。

推进物质帮扶与心理支持相结合。社会工作不仅注重助人结果，更重视受助者的改变。在农村留守儿童服务领域，社会工作的专业性在助人过程中集中表现为：对留守儿童的心理建设和情感支持，引导他们调整偏差认知、增强自我意识、加强心理建设。同时，社会工作者可对农村留守儿童及其家长开展防溺水、防性侵、消防安全等社区教育活动。

（2）预期成效。

建立同伴关系，开展团体辅导，扩大交友圈，激发留守儿童的主动性，引导留守儿童树立积极向上的信念，弥补情感空缺。通过持续的安全教育，促进留守儿童提高自我保护意识，学会自我保护、远离危险，为其健康成长保驾护航。

（3）实施内容。

具体内容："安全童伴"专题活动，主要包括心理辅导、心理素质拓展、安全讲座，旨在提升安全意识及技能。

实施地域：NT 市 RD 县。

服务频次：每月 1 场次。

受益人群：50 名留守困境儿童。

人员配置：1 名督导、5 名社工、2 名医护人员、10 名志愿者。

3. 筑梦童伴——成长赋能型服务

（1）总体构思。

根据学前、义教、大龄留守儿童的不同学习时间与心理特点，突破传统的教育方式，结合百年党史、科技科普、非遗传承等，多方面、多维度为留守儿童赋能，开展针对性的文体、教育、科创、实践活动。回归留守儿童自身，为其创设温暖包容的环境，鼓励他们在表达、分享与创作中享受生活。

（2）预期成效。

通过系列成长活动，培育留守儿童积极的生活态度及价值取向，深化对美好生活的理解与追求，树立为未来努力拼搏的斗志与信心。

（3）实施内容。

具体内容：开展"筑梦童伴"专题活动，主要包括"童伴成长"及"童伴趣味坊"等主题赋能型活动。

实施地域：NT 市 RD 县。

服务频次：每月 1 场次。

受益人群：50 名留守困境儿童。

人员配置：1 名督导、5 名社工、2 名医护人员、10 名志愿者。

表 11-1　服务计划表

服务时间	服务计划	具体服务内容
项目前期 （2020.1—2020.3）	动态调研	针对留守困境儿童需求开展动态调研
	项目宣传	以互联网＋公益的模式，结合项目过程中开展的情况，在保护儿童隐私的情况下，有选择地进行宣传报道
	儿童个人档案建设	健全留守困境儿童个人档案，完善每个孩子的家庭情况、性格特点等个性化信息
	链接各方资源，取得支持	对接民政部、学校等，取得项目支持，做好活动前期相关筹备工作，确定活动地点，筹备活动所需物资

服务时间	服务计划	具体服务内容
项目中期 （2020.4- 2020.10）	暖爱童伴：基础物资帮扶	微心愿：为孩子们送去彩虹包裹，在生活、学习方面暖心助力儿童成长。
		集体生日会：为孩子们开展集体生日会，种下一颗心愿树，许下生日心愿，陪伴孩子温暖成长
	安全童伴： 发展保护功能性服务	心理辅导：采用一对一个案辅导、小组活动等形式，为孩子提供心理辅导，守护孩子的健康成长。
		举行消防安全、自然灾害安全、生理常识、防毒禁毒等安全知识讲座，增强儿童自我保护意识和能力
	筑梦童伴： 成长赋能型服务	童伴成长：建立儿童志愿者队伍，志愿者与孩子们一起读书、写字、画画等，满足儿童自我实现的需求。
		童伴趣味坊：小组团辅导公益课堂活动。
		开展及展馆学习，拓展素质的同时帮助孩子们享受童真童趣
项目后期 （2020.10- 2020.12）	信息归档	对项目中的各类活动进行归档整理
	离别情绪	活动尾声，处理服务对象离别情绪
	结项评估	评估项目成效，进行数据分析
	反思总结	对项目设计的所有文档进行归档整理，并撰写结项报告

（二）项目服务推进策略

"童伴计划"留守儿童关爱项目从物质、情感、能力、心理、道德、自我实现等方面出发，开展促进留守儿童身心健康的各类成长活动。整合社区、学校及公检司法等多平台资源，以"互联网＋公益"、增权赋能等方式开展陪伴式成长模式。为留守儿童提供物质帮扶，开展成长性及发展性服务。为留守儿童提供帮扶，帮助其充实情感，提升能力，培养良好品格，促进身心健康，满足自我实现的需要。

通过政府购买服务方式，引入青年社会组织力量。以社会工作专业的青年大学生为主体构建队伍，内设督导及专业社工，高校联合，强化交流及项目运作实施。聚焦农村留守儿童作为帮扶对象，根据所在社区及镇村的儿童分布情况逐步拓展到全体儿童，通过示范项目的建立，增强农村留守儿童的抗逆力，赋权增能，帮助服务对象更好掌握社会资源，提升社会适应能力，提升家庭监护能力。

四、项目方案实施过程

（1）项目前期：确定服务对象，开展需求评估。

①动态调研。针对留守困境儿童的需求开展动态调研。

②项目宣传。以"互联网＋公益"的模式，结合项目过程中开展的情况，在保护儿童隐私的前提下，进行项目宣传。

③儿童个人档案建设。健全留守困境儿童个人档案，完善每个孩子的家庭情况、性格特点等个性化信息。

④链接各方资源，取得支持。对接民政部、学校等，取得项目支持，做好活动前期相关筹备工作，确定活动地点，筹备活动所需物资。

（2）项目中期：提供各类服务，开展促进留守困境儿童健康成长的各类活动。

①提供物质帮扶。主要开展"暖爱童伴"专题活动，如：微心愿、集体生日会、彩虹包裹等，从基础物资补助提供帮扶。

②提供成长性服务。主要开展"安全童伴"专题活动，包括心理辅导及安全讲座，旨在身心的安全意识及技能提升。

③提供发展性服务。主要开展"筑梦童伴"专题活动，包括"童伴成长"及"童伴趣味坊"等主题赋能型活动。

（3）项目后期：服务结束阶段。

这个阶段的内容包括：对项目中的各类资料进行归档整理。活动进入尾声，处理离别情绪。经验总结反思，项目结项。定期回访，评估成效，数据分析。

表11-2　活动主题表

序号	活动主题	活动内容
1	扶海暖冬行	留守困境儿童走访，建立儿童档案
2	彩虹微心愿	为孩子们送去彩虹包裹，从生活、学习方面暖心助力儿童成长
3	七彩阳光公益课堂	通过线上线下结合的方式，对服务对象进行爱心陪护、课业辅导
4	做自己情绪的主人	加强心理疏导，保障健全人格。让服务对象认识情绪的多样性，帮助服务对象调节和控制不良情绪
5	集体生日会	开展集体生日会，种下一颗心愿树，许下生日心愿，陪伴孩子温暖成长
6	童心探展馆	走访城市展览馆，增强服务对象归属感，感受家乡的独特魅力，了解家乡历史沿革和发展规划

序号	活动主题	活动内容
7	爱心烘焙	蛋糕 DIY，在劳动和分享的过程中重获自我满足感
8	活力青春	户外素质拓展，培养团队意识，增强社会交往能力
9	曼陀罗公益彩绘	自我赋能，激活内在能量，以更好的状态面对生活；深入内心的同时，提高欣赏美和创造美的能力
10	生命的拥抱	医务人员教授服务对象学习海姆利克急救法，掌握急救知识和急救技能
11	德润童心	参观 RD 好人馆，了解道德模范和好人事迹，学习孝老爱幼、诚实守信、乐于助人等优秀品质
12	梦想纸飞机	服务对象在志愿者的陪伴下，写下梦想和对美好生活的祝福，同时锻炼动手能力
13	不做沉默的羔羊	组织前往检察院，通过"校园欺凌"法制宣传片，加强自我保护意识。邀请检察官进行法制宣传，帮助孩子们学会运用法律武器保护自己
14	关注消防关爱生命	组织前往公安消防大队，开展消防知识普及宣讲，观摩学习，在实践中提高自防自救能力
15	红色旋律分享会	颂经典，在红色旋律的故事中，感悟美好生活的来之不易。通过自我展示交流的过程，树立自信心
16	知文明守公约	教育引导遵守和主动践行文明公约，现场解读分享
17	垃圾分类从我做起	通过问答、情景模拟讲述开展垃圾分类小游戏，树立健康节约的绿色环保意识
18	鬙乐融融度中秋	结合中秋节开展主题活动，与爷爷奶奶欢度佳节，弘扬中华民族的优秀传统文化
19	情暖九九爱在重阳	与爷爷奶奶欢度重阳节，了解和感受中国传统节日，增强他们对文化的认同感
20	童享自然	服务对象亲近自然，欣赏自然的美，在互动游戏中放松身心，有效舒缓学业压力
21	一杯姜茶暖港城	服务对象找寻严寒冬日里城巾的守护者，为他们送上保温杯以及姜茶，融汇感恩教育

五、总结评估

（一）评估方法

对项目的评估分为项目初期评估、项目过程评估及项目结果评估。

（1）项目初期评估。项目开始前，综合运用问卷法、访谈法、观察法等方法对服务对象的需求进行评估。通过入户走访，收集服务对象的资料及需求。以需求为导向，依据服务对象的主要需求制订及调整服务计划，保证活动方案设计客观、准确。

（2）项目过程评估。

每次活动结束后，社会工作者对活动过程进行总结，自我评估，也通过对服务对象的访问及活动满意度调查进行评估。

①社会工作者自评。

在每次活动结束之际简要总结本次活动；在每次活动结束后对活动过程进行复盘，反思工作目标达成情况和工作表现、技巧运用情况。

②对服务对象进行访问及满意度调查。

对服务对象进行活动满意度调查，了解服务对象的活动感受及对活动的建议，实时了解留守儿童的新需求，为下次活动的开展做准备。

（3）项目结果评估。

整个项目结束后，社会工作者及服务对象评估整个活动的开展过程。

①社会工作者：根据活动记录总结与反思服务过程中社会工作者对于专业价值观、专业方法及技巧的运用情况，反思服务过程中遇到的各种问题。

②服务对象：留守儿童及监护人填写项目满意度调查表以及自我评估表。

此外，还要对服务目标的达成情况及服务的社会影响力进行评估。

（二）项目覆盖范围

项目自实施落地，开展了多类型、多场次的活动数十场，受益对象辐射范围不断扩大，得到了社会公众的高度认可和大力支持。

留守儿童在参与项目活动后，在物质、情感、能力、心理、道德及自我实现方面都有很大的改善。

项目开展前：因父母外出打工，家庭贫困的留守儿童无法享受到父母在思想认识及价值观念上的引导和帮助，成长中缺少了父母情感上的关注和呵护，极易产生认知、价值上的偏离和陷入个性、心理发展的困境。除此之外，由于父母监护的缺失，留守儿童还面临着教育物资和亲情陪伴的缺乏以及各种安全问题。项目开展过程中，为留守儿童提供物质帮扶，开展成长性及发展性服务。

项目结束之后：参与项目的留守儿童获得了生活及学习上的各种物资支持；满足了情感需要，提升了各方面的能力，感受到温暖，得到心灵的慰藉，培养了良好的道德意识；为留守儿童提供志愿服务平台，满足了自我实现的需要。

（三）社会影响

活动前后,通过志愿者的召集、微信公众号的推送等方式加大项目宣传力度,增加社会对留守困境儿童的关注度,让更多的爱心商企加入到关爱留守儿童的行动中。多家媒体宣传报道,社会公众大力支持。

六、专业反思

（一）以需求为导向,运用整合型服务模式

社会工作者的各方面服务都应该是以服务对象（留守困境儿童）为中心的,社会工作服务过程中需要尊重留守困境儿童的意愿,保护留守困境儿童的隐私,最大限度地保护留守困境儿童的利益等,这些规范应该是每个社会工作者都应该遵守的。社会工作为留守困境儿童提供服务所进行的每一场活动,都应该始终坚持留守困境儿童的中心地位,在服务过程中对留守困境儿童进行细致的观察,探究其动作背后流露出的情感。

留守困境儿童在物质、情感、能力、心理、道德、自我实现等各个方面具有多重需求,社会工作者若是简单采用普通单一的服务模式,则难以回应这些需求。因此,社会工作者需要提供多层次的整合服务。首先,从服务方法来看,社会工作者在项目化整合模式中综合采取个案、小组、社区三大方法对留守困境儿童展开服务。其次,从服务内容来看,为满足服务对象的多层次需求,有针对性地整合多样性的活动。最后,从服务资源来看,构建家庭、学校、社会长效合作机制,整合服务对象的正式资源及非正式资源,为服务对象提供多方面的支持。

（二）聚焦年龄特点,巧设活动

留守困境儿童因其特有的年龄特征,对活动内容以及在活动中的一些内容设置可能会存在疑惑。此外,儿童本身具有极强的好奇心,这也导致了其注意力不能长时间集中,需要用一些趣味性的活动来吸引他们的注意。开展寓教于乐的活动能够让孩子们边玩耍边学习,边玩耍边进步,提高孩子的学习兴趣;可以吸引孩子的注意力,使孩子在短时间内学习到更多的知识,融入自己的兴趣,提高学习效率;可以拓展孩子的学习内容,使孩子们学习到更多的不同种类的知识。

项目多采用游戏的形式开展活动,抓住孩子的兴趣,拓展孩子们的学习内容,通过寓教于乐的方式让孩子们投入到活动中,确保活动顺利开展,为留守困境儿童提供优质、有效的服务。

（三）善用优势视角，发掘服务对象潜能

优势视角认为每个人都有内在的能力及优势，包括知识、资源、能力等。优势视角聚焦于个体的优势，而不是个体的不足和局限。优势视角在社会工作领域中运用时，强调社会工作者在实践过程中要对案主所具有的优势和资源的聚焦，从而发掘和培养案主的潜在能力，最终达到助人自助的目的。

留守儿童作为独立的个人，拥有内在潜能。社会工作者应该利用各种活动，在活动中最大限度地挖掘留守儿童的潜能，达到让留守儿童发展自身能力的目的，从而实现助人自助。

（四）强调增能理论，推动环境变迁

增能理论认为，案主的无力感并非是由个人造成的，而是由社会环境压迫产生的；案主可以在社会工作者的协助下成为解决自己问题的主体，从而改变无力感。

社会工作者要使留守儿童认识到，现阶段的问题并不是自身造成的，而是现阶段政策制度或社会大环境造成的。社会工作者要与留守儿童建立平等的伙伴关系，视助人过程为分享能力的过程，因为通过分享，可以使留守儿童获得更多的能力。此外，社会工作者还需要关注社会环境的变迁，推动社会政策及社会福利的发展。

七、案例使用说明

（一）教学目的与用途

本案例基于"社工实务""儿童青少年社会工作"等课程中整合社会工作教学的需求撰写，用于讲解在系统观影响下，整合社会工作方法的三大方法的有效利用，以及"人在情境中"的人与生态的互构。案例的编写以此为出发点和落脚点组织相关内容，对案例的分析和总结也基于这一目的。若将本案例用于其他课程，则需做调整，本案例使用说明可作为参考。

（二）涉及知识点

本案例在于"社工实务""儿童青少年社会工作"等课程中使用，主要覆盖知识点包括：

（1）生态系统观；

（2）整合社会工作；

（3）系统整合；

（4）人在情境中。

（三）配套教材

（1）社会政策概论；

（2）儿童青少年社会工作。

（四）启发思考题

"人在环境中"充分体现了人与情境的互动关系与双向互构的特征。整合社会工作在研究系统的过程中，既主张将其还原至要素层次，了解构成元素的性质、功能，又强调从整体上了解系统的结构和功能，是还原论和整体论的辩证统一。案例涉及以下问题：

（1）通过留守儿童所处环境分析，结合案例，理解人在情境中的概念？

（2）用整合性社会工作的方法分析留守儿童的成因。

（3）用整合性社会工作的方法该如何介入留守儿童问题？

（五）分析思路

案例分析的思路是引导学生运用所学知识，根据案例相关情境材料，通过一定的逻辑思路，对案例进行细致解剖和系统分析。

本案例出现了整合性社会工作方法。关注涉及服务对象问题的多重系统，包括个人、家庭、社区、组织、正式群体、非正式群体等各个层面，兼顾个人与环境系统的双重改变。在此过程中，打破传统不同方法之间的割裂局面，将个案工作、小组工作、社区工作等专业方法有机整合，灵活运用于助人实践。

（六）理论依据与分析

1. 整合社会工作

整合社会工作是为"打破传统的个案工作、小组工作和社区工作分立的方法，将各种方法统一为一种方法，以回应服务对象所面对的复杂问题与情境"。这一观点着重在社会工作者所使用的方法和技巧上强调整合。

系统理论对社会工作的广泛影响始于20世纪70年代。它对个人和环境的双重聚焦，对众多因素的综合考察，对关联性的重视都纳入社会工作综融模式，成为主流社会工作实践的基础性要素。

2. 生态系统理论

生态系统理论将局部与整体整合为一个连续体。社会工作者应将服务的对象放在各种社会情境中，思考各级生态系统对服务对象问题发生成因的影响，介入的影响，并且要深入观察这些因素如何相互影响以至结合为一个整体。这个整体包括：输入系统，转化系统，输出系统，反馈系统；熵（entropy）——系统利用自身的能量达到有序、有效运行状态的程度。系统视角下的整合社会工作模式，更加强调局部和整体的关系，以及系统运行方式。系统是由社会、政府、社区、社会工作者构成。其中社会工作者是整个系统的中心，其他组成部分则对其提供支持。社会工作者需要对案主的差异性需求作出评估，有针对性地开展服务工作。

系统整合对社工的要求较高。无论是对案主问题及需求的判定还是资源整合方面，社工自身如果缺乏相应的专业素养和相关经验，则很难作出积极回应。

3. 互构理论

社会学领域长期存在个人—社会、行动—结构、微观—宏观的二元对立。吉登斯、布迪厄、卢曼等理论家开始强调个人与社会、行动与结构之间的相互影响、相互建构的辩证统一关系，主张个人与社会、行动与结构之间的双向交互作用，既反对结构主义、结构功能主义等宏观流派过分强调社会结构的制约性，也反对解释社会学、现象学社会学等微观理论过分凸显个人的能动性。吉登斯的结构化理论、布迪厄的"惯习—场域"论是最具有典型特征的互构理论。

（七）背景信息与关键点

本案例分析关键在于理解人在情境中的基础概念，以及背后的生态系统理论。将社会环境如家庭等看作是一种社会性的生态系统，强调这种生态环境在多个层级上与个人相互作用，包括微观系统（个人）、中观系统（家庭、同辈群体、职业群体）、宏观系统（社区、组织、制度、文化等）三个层次。三个层次的系统相互依赖、相互影响、相互制约，个人的行为便是这些系统交互作用的结果。

分析留守儿童问题需要从留守儿童自身（个人）、中观系统（家庭、同辈群体、职业群体）、宏观系统（学校、社区、组织、制度、文化等）三个层次上进行分析。

（八）课堂教学计划建议

本案例课堂教学计划根据学生的差异，尤其是对案例的阅读和课前对相应知识的掌握程度来进行有针对性的施教。本案例主要按照2学时进行设计。

A计划：学生事先预习到位，对于本科生，可以将小组讨论布置在课外进行。因为这类学生实际工作经验少，所以案例讨论过程中需要教师引导的内容要相对多一些。

B计划：社工硕士（MSW）学生课前预习不一定完成得很好，或者学员之间预习差异较大，因此需要将小组讨论置于课堂讨论之中进行。

两种课堂教学详细安排计划如表11-1所示。

表 11-1　两种课堂教学详细安排计划

A 计划	B 计划
课前阅读相关资料和文献 1 小时	课前阅读至少 0.5 小时
小组讨论 1 小时	考虑到在职 MSW 学生课前阅读和讨论的可行性，建议将小组讨论置于课堂中进行
考虑到本科生的知识基础和对应用的理解，要适当增加讨论后的知识总结时间	课堂安排：90 分钟
课堂安排：90 分钟	案例回顾：10 分钟
案例回顾：10 分钟	小组讨论：20 分钟
集体讨论：50 分钟	集体讨论：50 分钟
知识梳理总结：20 分钟	知识梳理：5 分钟
问答与机动：10 分钟	问答与机动：5 分钟

在课堂讨论本案例前，应该要求学生至少读一遍案例全文，并尝试回答案例启发思考题。具备条件的学生还可以小组为单位，围绕所给的案例启发思考题进行讨论。

第十二章　残障儿童社工介入案例

案例名称：照亮生命的"小太阳"——智力障碍女孩的社会融入
案例执行与撰写：马灵
案例督导：洪梅
使用说明：司开玲
案例获奖：SZ 市 GS 区社会组织"优秀服务案例"

一、背景介绍

服务对象性别女，2022 年 20 周岁，是江苏省淮安人。在服务对象 7 岁时，随同父母来到 SZ，一直租住在 SZ 市 GS 区新庄新村，已有 13 年，服务对象父母均在附近厂里工作。服务对象父亲因工作经常不在家，服务对象母亲因两班倒工作制，陪伴服务对象的时间较少。服务对象幼年时因家中煤气泄漏发现不及时，导致其大脑缺氧而智力发育不足。经智力测试，服务对象智商为 50。服务对象从三年级开始进入 SZ 培智学校学习，并于 2018 年 7 月份毕业，目前无业在家，主要由服务对象母亲负责其饮食起居。

二、分析预估

（一）收集资料

1. 服务对象来源

服务对象母亲通过社区宣传海报上的联系方式主动与社会工作者电话联系。在电话里，服务对象的母亲表示，服务对象已满 18 周岁，刚从培智学校毕业，目前没有继续学习也没有工作，待在家中，希望能够参加社区活动，但是不知道如何参与。

2. 社区信息收集

社会工作者委托社区工作人员查阅服务对象及其家庭信息，了解到：服务对象与父母来苏定居已有 13 年，服务对象曾经在社区附近的一所外来务工子女小学读书，后来因为智力障碍退学，三年级开始去了金阊培智学校读书。

3. 邻里信息收集

社会工作者与服务对象家所在楼道的楼道长了解服务对象及其家庭信息，了解到：经常看到服务对象跟母亲去附近菜市场买东西，很少看到服务对象父亲，服务对象自己很少出门，在楼道里见到会打招呼，挺有礼貌的。

（二）问题评估

1. 社区融入需求

服务对象随同父母从老家来苏定居已有 13 年，从未参加过社区活动，在社区认识的人较少，对于社区感到陌生，服务对象希望有机会参加社区手工、绘画、文娱方面活动。

2. 基础教育需求

服务对象因智力障碍，从小学三年级开始在金阊培智学校上学，于 2018 年 7 月毕业，没有继续学习。服务对象缺乏日常生活中的基本买卖计算能力，服务对象及家庭希望能够链接教育资源，加强对服务对象的基础教育。

3. 家庭沟通需求

服务对象父母因工作原因，与服务对象相处时间较少，对服务对象的教育方式单一，对其存在暴力沟通和冷战行为，导致服务对象与父母经常互不理解。服务对象社会化程度较高，对自己有一定的社会角色认知，但服务对象父母认为服务对象智力障碍，应该被家庭保护起来。

三、服务计划

（一）理论基础

1. 优势视角

优势视角是一种关注人的内在力量和优势资源的视角，意味着应当把人及其环境中的优势和资源作为社会工作助人过程中所关注的焦点，而非关注其问题和病理。本案在介入初期，社会工作者（社工）以日常简单话题与服务对象建立信任关系，构建恰当的情境，帮助服务对象发现自己的能力，增强其处理问题的信心和缓解心理压力。

2. 任务中心模式

任务中心模式把服务介入的焦点集中在为服务对象提供简而有效的服务上，希望帮助服务对象在有限的时间内实现自己所选定的明确目标。本案例中，针对服务对象基础教育需求，社会工作者依据任务中心模式，从问题解决理论着手，服务对象当前面临的问题从微视层面（服务对象的自我学习功能）到钜视层面（服务对象社会生活融入等）都有所体现，并且相互影响。

3. 萨提亚家庭治疗模式

萨提亚家庭治疗模式着重提高个人的自尊，改善沟通及帮助人活得更"人性化"，而非只求消除"症状"。治疗的最终目标是个人达到"身心整合，内外一致"，实现个人潜能的最大限度发挥。本案例中，针对服务对象家庭沟通需求，社会工作者通过诊断、整合，注重服务对象及家庭成员感受的改变，缓解服务对象家庭沟通压力。

（二）服务目标

1. 总目标

协助服务对象提升人际交往能力，挖掘服务对象潜在优势，培养良好的学习习惯及态度，增强服务对象解决问题的能力。同时，帮助服务对象及家庭改善亲子关系，使服务对象能够较好地融入家庭及社会生活中。

2. 分目标

分目标1：服务对象及家庭能够信任社会工作者，并一起开展工作。

分目标2：协助服务对象参与社区活动。

分目标3：协助链接志愿者资源，为服务对象提供基础教育服务。

分目标4：逐步影响和改善服务对象与服务对象家人的关系。

（三）介入策略

社会工作者通过与服务对象及家庭保持线上线下沟通，多渠道了解服务对象的实际需求，建立与服务对象之间的信任关系与专业关系。

介入初期，社会工作者通过鼓励服务对象参与社区活动，帮助服务对象接触新鲜事物，学习新的技巧。

介入中期，社会工作者根据服务对象实际需求，确定需要链接的资源，发挥社会工作者资源链接功能，为服务对象和家庭引入外部资源，满足服务对象基础教育需求。

介入后期，社会工作者重点关注服务对象与家人相处模式和焦点问题，以解决焦点问题为切入点，逐步影响和改善服务对象家庭亲子关系。

四、服务计划实施过程

（一）建立专业关系

本案介入初期，社会工作者邀请服务对象参与社区新 SZ 人兴趣小组，并以此为契机，在活动期间观察服务对象参加不同主题的社区活动的态度与行为。服务对象第一次参加社区活动时，一直紧靠着自己的母亲，头低着，在听到别人说话时会抬头看一眼，后又马上低头，不和其他人交流。通过多次活动参与，服务对象能够慢慢习惯活动场所，独立参加活动，并在活动中跟其他居民交流。在活动之余，社会工作者与服务对象多次面谈，秉承尊重与接纳原则，社会工作者与服务对象建立了良好的专业关系，服务对象愿意与社会工作者分享日常生活、兴趣爱好和家庭情况信息。

（二）挖掘优势，鼓励成长

在多次的面谈中，社会工作者了解到服务对象对绘画、园艺、美食感兴趣，并且有在糕点店、咖啡馆实习的经历，对服务对象的兴趣才艺表示肯定，鼓励服务对象以志愿者的身份，协助社区开展美食类、手工类活动。同时，将服务对象的绘画作品进行投稿，刊登在社区宣传手册上。服务对象之后成为社区志愿队伍中的一员，除了发挥自己兴趣爱好外，还参与了社区文化宣传、环境美化等服务，获得所在社区"2019 年优秀志愿者"的荣誉称号。

（三）提升服务对象学习能力

社工通过前期面谈了解到，服务对象缺乏基础运算能力，影响了日常生活。社会工作者通过资源链接，联络到一位当地居民志愿者，愿意为服务对象义务提供基础教育服务。经多方沟通，社会工作者联合社区、服务对象家庭、志愿者创建"小太阳"微信交流群，共同制订"小太阳"教学计划。教学周期为两个月，每周三下午 1.5 小时，分两节课，总计共 8 周，16 节课，课程内容为小学三四年级数学运算。教学期间，教学者结合生活实际消费场景，寓教于乐，巩固训练，服务对象能够坚持按时上课，并完成相应作业。从原先掌握两三位数加减运算到掌握两三位数乘除运算，计算能力得到提升，养成守时的习惯，最终通过考核、顺利结业。

（四）引导家长与服务对象良性互动

在基础教育后，家人为服务对象找了一份工厂工作，但服务对象做了一周后拒绝上班，并跟着工厂的男女同事搬到别处居住，家人在发现此事后找到服务对象，想要强制将服务对象带回家，当场发生争执打闹，服务对象并未同意回家。家人向社会工作者寻求帮助。

1. 改变非理性认知

服务对象希望能够靠自己找到一份自己喜欢的工作，并且和同龄人在一起更有共同语言。家人断定服务对象无法判断对错，也无法选择自己的职业，必须得由父母安排，同时对于服务对象在外居住的安全性也表示担忧。社会工作者对家人的消极情绪表示理解和安抚，对具体事件进行理性分析，结合服务对象实际变化与成长情况，帮助家人正视服务对象的能力。

2. 改变沟通方式

社会工作者与服务对象母亲一起反思与服务对象的消极沟通方式，指出暴力沟通的弊端与连锁反应。服务对象母亲表示，每一次打骂过后，夫妻俩都会后悔，不知道怎么表达自己。社会工作者建议家人以平等的姿态，朋友的身份关心服务对象的状态，以逛街、散心等方式营造轻松交流的氛围。了解服务对象的需求，在她的需求上给予相应帮助。

3. 促进服务对象与家人的沟通交流

社会工作者单独邀请服务对象会谈，从社区活动、找工作、到外出居住，逐步引导服务对象主动表达内心想法。服务对象在社会工作者的陪同下，当天回家看望家人，表示希望暂时体验独立生活，服务对象母亲嘱咐服务对象注意安全，没有再强制要求其留下。一周后，服务对象主动搬回家中，并继续参与社区活动。

五、总结评估

（一）结论

社会工作者在介入该案中，将服务计划书的总目标细分成四个分目标，循序渐进，从服务对象个人需求满足到服务对象家庭需求满足，逐步改善案主及案家整体状态。在介入过程中，围绕目标选择合适的介入方式，并持续关注服务对象及家庭在每个介入节点的变化。服务跟进共计44次，社会工作者制定的短期、中期、长期目标均有效达成，服务对象及家庭对于社会工作者的服务表示满意，且服务对象及家庭都有了一定的改变。

（二）效果评价

1. 服务对象具体问题改善效果评估

（1）服务对象及家庭与社会工作者建立信任关系，促进服务对象情感联结：社会工作者通过邀请服务对象参加社区手工类、文娱类活动，增加与服务对象面对面沟通的机会，并通过网络沟通平台，侧面了解服务对象兴趣点，与服务对象及家庭建立信任关系。服务对象从初期沉默回避转变为积极主动，并称呼社会工作者为"姐姐"，乐于与社会工作者分享自己的生活趣事。服务对象家庭逐步披露更多家庭信息，并会主动通过拍摄视频和微信沟通，主动与社会工作者沟通服务对象情况，对社会工作者的介入服务感到非常满意，并赠送锦旗表示感谢。

（2）协助服务对象参与社区活动，增强服务对象自信心：社会工作者协助服务对象挖掘自身优势，鼓励服务对象成为社区志愿者。从一开始带领服务对象做志愿服务，到逐渐由服务对象独立完成志愿服务，最后由服务对象带领新志愿者一起合作完成志愿服务。在此过程中，服务对象自信心提升，并能够坚持参加志愿服务，认识了超过 10 位年长志愿者和 8 位青少年志愿者，在志愿者团队中获得他人称赞，并于 2019 年 7 月获得由社区颁发的优秀志愿者证书。

（3）协助链接志愿者资源，为服务对象提供基础教育服务，满足服务对象继续教育需求：社会工作者通过社区居委会渠道对接了一位居民志愿者，该志愿者有辅导小学生的经验，并表示愿意义务服务。社会工作者邀请服务对象及家庭、教学志愿者、社区共同参与两个月教学的计划制订，最终，服务对象顺利完成两个月的集中基础教学，达成教学目标。服务对象在教学结束后，会主动做运算练习，并帮助服务对象母亲计算日常购物金额。

（4）逐步影响和改善服务对象与服务对象家人的关系，激发家庭良性互动：社会工作者通过诊断，了解服务对象与其家人的关系，服务对象父母因为工作原因，常年与服务对象相处时间较少，服务对象内心孤单感强烈，但因为智力缺陷，思考能力与情绪表达能力不足，而服务对象父母对于服务对象社会化成长不够重视，容易忽略服务对象内心真实需求，双方容易产生矛盾，且缺少正确认知和有效处理方式。在了解服务对象家庭沟通方式和固有规则后，社会工作者通过协助服务对象及家庭解决焦点问题，逐步影响和改善服务对象家庭亲子关系。

2. 服务对象家庭互动改善效果评估

服务对象家庭情况稳定，服务对象在家做手工，跟母亲学习做菜，服务对象母亲经常陪伴服务对象逛街郊游，缓解服务对象孤单感，并陪同服务对象一起了解年轻人就业平台。服务对象能够把自己想要做的事情与父母分享，双方沟通逐渐从暴力、无效沟通转变为平等、有效沟通，家庭氛围变得融洽。

3. 社会工作者自我评估

（1）本案例中，社会工作者通过前期的大量沟通与观察工作，发现服务对象是一位智力障碍但社会化程度较高的少女，社会工作者并未过度挖掘服务对象智力缺陷的问题及需求，而是尊重服务对象及家庭的需要，着眼于服务对象社会融入需求。在介入初期，没有将社区活动作为连接点，增加与服务对象及家庭的互动，并与服务对象快速建立平等、信任的关系，让服务对象感到被尊重、被认可、被关注。

（2）在个案服务过程中，社会工作者除了面对面与服务对象及家庭进行沟通外，还选择通过微信增加联系。一方面，运用服务对象常用的聊天方式，能够营造轻松单纯的聊天环境，同时，通过表情包等网络语言，容易找到话题，侧面了解服务对象近况。另一方面，微信聊天降低了单次沟通时间成本，增加了同一周期的介入频次，更有利于及时了解服务对象及家庭情况。

（3）在个案服务过程中，社会工作者介入频次较高，周期较长，服务对象及家庭对社会工作者存在依赖心理。服务对象及家庭对社会工作者产生依赖后，社会工作者及时与服务对象或者服务对象父母分析其真实需求和满足方式，并表示要相信服务对象有能力处理一些实际问题，社会工作者会积极配合服务对象及家庭，并协助链接资源。

（4）在个案服务过程中，社会工作者常常会遇到职业伦理问题，容易因为具体事件而带入主观色彩。例如，服务对象主动与社会工作者分享隐私，但不想让父母知道。服务对象父母希望社会工作者帮忙劝说服务对象听从父母安排。诸如此类，社会工作者很难不带入自己的个人情感，也会出现反移情的情况。社会工作者可以通过督导和自我调适的方式，暂时脱离个案服务内容，重新审视服务对象及家庭的需求与变化，通过不断学习理论知识，强化专业关系，回归客观中立态度。

（5）本案例中，社会工作者多以挖掘服务对象周围的资源进行介入，包括社区融入、社区志愿者资源链接，引导服务对象自我发展，并且邀请社区居委会作为联系者，鼓励服务对象继续参与社区活动，不断提升其社会融入能力。

六、专业反思

（1）注重个案工作各阶段工作要求和完整性。个案工作包括申请与接案、预估与问题诊断、制订计划、开展服务、链接社会资源与协调服务、评估与结案。每个环节需要社会工作者与服务对象及家庭的全程参与，充分沟通后达成一致目标方可执行。

（2）社会工作者与服务对象及家庭始终保持中立的专业关系，社会工作者应以平等、真诚的态度，运用同理共情理解服务对象及家庭面对的问题和需求，给予服务对象及家庭尊重与认可，但不能加入社会工作者个人主观情感，也不能为服务对象及家庭制定需求，尊重服务对象及家庭自决权利。

（3）个案服务目标及计划的明确性和可实现性。社会工作者在与服务对象及家庭确定目标及计划时，需要保证目标是明确的、可实现的，计划是清晰有逻辑的。社会工作者在每一次介入前，需要明确当次服务主题和服务目标，事前做好充分准备，保证服务不偏题，会谈有结果。

（4）对服务对象每个介入阶段的转变进行预判，对可能会出现的突发事件进行心理建设与应急准备。当服务对象突然出现行为变化或者情绪变化时，社会工作者要能够及时应对。

（5）强调"助人自助"的本质。社会工作者以"引导者"的身份，挖掘服务对象及家庭的优势，提高服务对象及家庭解决问题的能力。同时，社会工作者以"资源链接者"的身份，为服务对象及家庭创造良好的社会融入环境，引入更多社会资源，协助服务对象及家庭的逐渐转变，关注服务对象及家庭运用资源的能力与效果，让其在资源的引导下，发挥正向的功能。

七、案例使用说明

（一）教学目的与用途

本案例教学使用说明基于"高级社工实务""家庭社会工作""个案工作""残障社会工作"等课程中的残障人士社会融入、家庭支持网络构建的教学需求撰写，用于讲解个案工作中的任务中心、萨提亚家庭治疗方法等方面的内容。案例的编写以此为出发点和落脚点组织相关内容，对案例的分析和总结也基于这一目的。若将本案例用于其他课程，则需做调整，本案例使用说明可作为参考。

（二）涉及知识点

本案例运用于"高级社工实务""家庭社会工作""个案工作""残障人士社会工作"等课程中使用，主要覆盖知识点包括：

（1）优势视角理论；

（2）任务中心模式；

（3）萨提亚家庭治疗理论；

（4）个案工作的一般通用模式。

（三）配套教材

个案工作。

（四）启发思考题

本案例主要通过社工介入残障人士在学业结束后，所面临的独立需要、社会融入、就业、社会关系维持等社会问题，以及由此而产生的个体交往关系面狭窄、家庭关系紧张问题，完整系统地呈现了社会工作者在残障人士社会工作服务中应持有的的尊重与接纳原则，发挥服务对象优势，让其成为助人者，充分体现社工"助人自助"的专业理念，并且以"人在情境中"的方式，妥善处理障碍人士及其家庭的关系。案例涉及以下问题：

（1）社工"助人自助"理念是如何实现的？

（2）对残障人士群体来说，如何运用优势视角？

（3）如何理解并处理案主的独立需要与家庭照顾之间的关系？

（4）服务过程中，如何处理案主对社工的过度依赖？

（五）分析思路

案例分析的思路是引导学生运用所学知识，根据案例相关情境材料，通过一定的逻辑思路，对案例进行细致解剖和系统分析。

本案例依据优势视角的基本原理和知识，结合社工介入案主及其家庭的具体情况，将优势视角、潜能发掘和萨提亚家庭治疗方法结合，这是本案例教学的核心。这些方法结合后，通过社区融入、自助助人不断迭代创新建构理念和建构原则是教学目标。

1. 按照优势视角理论进行分析

（1）注重案主的内在力量和优势资源；

（2）克服病理和问题思维；

（3）发掘案主潜能；

（4）在社区融入中取得成员资格；

（5）增强权能。

在服务初期阶段，社会工作者注重案主优势和潜能的发掘，获得案主融入社区生活的内在资源和成员资格。在服务中后期，案主对自身优势觉醒后，生发出独立需求，并产生家庭关系的紧张，社工将服务目标转向家庭关系的协调。

2. 按照任务中心介入技巧进行分析

任务中心模式把服务介入的焦点集中在为服务对象提供简而有效的服务上，希望帮助服务对象在有限的时间内实现自己所选定的明确目标。

（1）实现服务对象的自我学习需求。

社工和当事人建立信任关系后，了解服务对象基础教育中断后，快速回应，提升服务对象的自我学习效能。

（2）社区生活融入。

挖掘服务对象自身优势，通过绘画、手工等活动，让案主有机会获得社区成员资格，快速融入社区生活。

3. 按照萨提亚家庭治疗方法进行分析

（1）改变非理性认知。

服务对象因为在外住宿与家庭发生冲突时，社工引导家庭正视孩子的成长与能力的提升。

（2）改变沟通方式。

家长通过暴力方式处理亲子冲突时，社工鼓励家长改变沟通方式，以轻松方式处理与孩子之间的矛盾。

（3）引导孩子回家看望家人。

当服务对象尝试在外独立生活后，案例中的社工引导孩子回归家庭正常生活，并参与社区活动。

（六）理论依据与分析

1. 优势视角

优势视角是一种关注人的内在力量和优势资源的视角，意味着应当把人及其环境中的优势和资源作为社会工作助人过程中所关注的焦点，而非关注其问题和病理。本案在介入初期，以日常简单话题与服务对象建立信任关系，构建恰当的情境，帮助服务对象发现自己的能力，增强其处理问题的信心和缓解心理压力。

2. 任务中心模式

任务中心模式把服务介入的焦点集中在为服务对象提供简而有效的服务上，希望帮助服务对象在有限的时间内实现自己所选定的明确目标。本案例中，针对服务对象基础教育需求，社会工作者依据任务中心模式，从问题解决理论着手，服务对象当前面临的问题从微视层面（服务对象的自我学习功能）到钜视层面（服务对象社会生活融入等）都有所体现，并且相互影响。

3. 萨提亚家庭治疗模式

萨提亚家庭治疗模式着重提高个人的自尊，改善沟通及帮助人活得更"人性化"，而非只求消除"症状"。治疗的最终目标是个人达到"身心整合，内外一致"，实现个人潜能的最大发挥。本案例中，针对服务对象家庭沟通需求，社会工作者通过诊断、整合，注重服务对象及家庭成员感受的改变，缓解服务对象家庭沟通压力。

（七）背景信息与关键点

本案例分析关键在于把握优势视角下残障人士社区融入的主要原则、要素与程序，尤其是要把握"人在情境中"和"助人自助"理念的运用，从家庭照顾和案主正常生活的角度理解残障人士社会工作。

（八）课堂教学计划建议

本案例课堂教学计划根据学生的差异，尤其是对案例的阅读和课前对相应知识的掌握程度来进行有针对性的设置。本案例主要按照 2 学时进行设计。

A 计划：学生事先预习到位，对于本科生和全日制研究生，可以将小组讨论布置在课外进行。因为这类学生实际工作经验少，所以案例讨论过程中需要教师引导的内容要相对多一些。

B 计划：社工硕士（MSW）学生课前预习不一定完成得很好，或者学员之间预习差异较大，因此需要将小组讨论置于课堂讨论之中进行。

两种课堂教学详细安排计划如表 12-1 所示。

表 12-1　两种课堂教学详细安排计划

A 计划	B 计划
课前阅读相关资料和文献 1 小时	课前阅读至少 0.5 小时
小组讨论 1 小时	考虑到在职 MSW 学生课前阅读和讨论的可行性，建议将小组讨论置于课堂中进行
考虑到本科生的知识基础和对应用的理解，要适当增加讨论后的知识总结时间	
课堂安排：90 分钟	课堂安排：90 分钟
案例回顾：10 分钟	案例回顾：10 分钟
集体讨论：50 分钟	小组讨论：20 分钟
知识梳理总结：20 分钟	集体讨论：50 分钟
问答与机动：10 分钟	知识梳理：5 分钟
	问答与机动：5 分钟

在课堂讨论本案例前，应该要求学生至少读一遍案例全文，并尝试回答案例启发思考题。具备条件的学生还可以小组为单位，围绕所给的案例启发思考题进行讨论。

第十三章　困境儿童社工介入案例

案例名称：向阳而生，逐光前行——W市XS区"向日葵计划"困境儿童社工服务项目

案例执行与撰写：沈芳

案例督导：龚婷婷

使用说明：魏晨

案例获奖：江苏省社工项目二等奖

一、背景介绍

（一）宏观背景

困境儿童救助是一项庞大的系统工程。2019年12月，江苏省多部门联合出台《关于进一步健全农村留守儿童和困境儿童关爱服务体系的实施意见》，进一步明确了加强基层儿童工作队伍建设的要求，明确了多方参与儿童关爱服务的工作格局。因此，由政府部门、专业机构、基层工作队伍等多方参与，形成长期有效的协作联动机制，是未来困境儿童服务工作的必经之路。

（二）现实背景

对于困境儿童的救助，如果再采用传统的方式则很难解决多层面、多面向的具体问题。近年来，通过专业社会工作者（社工）所开展的多项服务证明，专业社会工作服务者介入到各种弱势群体中具有较高的价值和意义。基于此，政府职能部门为了更好地服务于各个村社区内的困境儿童免受伤害，尝试探索一条由政府购买社工机构的专业社工服务，介入困境儿童社会保护的道路。

据统计，至2019年12月，W市XS区登记在册的困境儿童共223人，分布在5个街道、4个镇，地域分布较为分散。许多困境儿童缺少家庭支持环境，而他们正处于个体社会化关键的阶段，人生观、价值观尚未完全稳固形成，这

对其身心健康成长产生一定影响。因此，仅依靠政府开展关爱工作很难满足困境儿童多样化的需求，需要外在的资源协助。

二、项目目标

（一）总目标

整合各方资源，发挥"政府主导、社会协同"的运行机制，探索困境儿童综合救助的社会化运作，为其提供个性化、多元化、专业化的救助服务，满足困境儿童成长性、发展性的需要。

（二）具体目标

1. 提供精准服务

针对困境儿童在学业辅导、心理抚慰、行为矫正、社会融合等各方面的需求，梳理政府各责任单位以及社会各界的有效资源，进行资源最优配置，提供高效、精准服务。

2. 优化支持网络

增进家庭支持，改善困境儿童与重要的联系者以及周围环境的关系，协助困境儿童解决发展阶段的任务。

3. 加强动态管理

通过对乡镇（街道）一级儿童督导员、村（居）一级儿童主任的统一培训，建立本区域困境儿童基础台账，实现对辖区内困境儿童的密切关注。

4. 实现联动机制

切实形成民政牵头、部门协作、社会力量参与的多元联动工作模式，实现困境儿童的综合救助。

三、项目方案

本项目通过专业社会工作者介入，综合运用社会工作专业知识和助人技巧，为困境儿童开展专业性系统服务和综合性社会支持，并积极摸索专业社会工作者介入困境儿童的社会化服务方式。

（一）督导服务

1. 制定标准

制订儿童主任入户走访、摸底排查、监护干预、帮扶转介、心理疏导、档案管理、跟踪回访等工作的标准化档案，协助其建立困境儿童基础台账，加强动态化管理，对权益受到侵害的儿童做到及时发现。

2. 培训指导

针对困境儿童相关人员，如儿童主任、团干部、社会组织从业人员、困境儿童家长等开展培训工作，在儿童福利、残疾人政策咨询、心理健康讲座、困境儿童服务技巧和工作能力方面提供培训和指导。

活动频次：日常工作。

（二）个案服务

1. 个案筛选

通过电话访问、实地走访等形式，基于困境儿童自评、社会支持力量评估、社工专业评估等多角度评估进行综合评估，根据困境儿童风险等级筛选个案服务对象。

2. 跟踪服务

项目实施过程中，以个案工作为主要工作方式开展服务，利用专业社会工作方法，在了解和评估困境儿童的具体需求的基础上，制订服务计划，为困境儿童构建社会支持网络，促进困境儿童健康成长和自由发展。

活动频次：15 名服务对象，每个个案的服务频次不少于 15 次（根据服务对象实际，经项目专家督导确认、提前结案的不受此次数限制）。

（三）小组服务

针对存在同类问题的困境儿童，在其相对集中的地点开展小组服务，一方面，针对困境儿童的普遍需要，促进其学习力、抗逆力、自护力以及人际交往能力的提升；另一方面，通过形成相互支持、相互分享的小组氛围，增强困境儿童的自尊感、安全感和归属感，促进其社会融入和适应能力。

活动频次：共开展 3 个小组（每个小组含 5 节活动）。

（四）主题活动

引入公益资源，专业社会工作者设计和开展各类主题特色活动，让困境儿童走出家庭、融入集体，在团体生活中学习、锻炼，培养自理能力与适应能力，并引导困境儿童在活动中进行互动，通过彼此分享、分担、支持、治疗等，获得进一步的成长与改变。

活动频次：每季度 1 次，共 4 次。

（五）项目评估

为规范困境儿童社会工作服务，确保社会工作服务质量，提升社会工作服务的绩效，需要对社会工作者介入困境儿童服务进行评估。

1. 项目自评

项目实施机构进行项目阶段自评，按周期围绕项目开展进度、完成情况度、目标贴合度等开展自评工作。

2. 主办方评估

主办方对项目进行整体评估，依据档案管理、服务量标准和服务质量标准等指标进行综合评估。

四、项目方案实施过程

工作理论支撑：社会支持网络理论，即由各种有形的和无形的支持构建起来的支持体系。通过这些关系网，个人得以维持其认同，并获得情绪支持、物质援助、服务讯息、社会接触等。项目前期，社会工作者对困境儿童的"个体、家庭、朋辈、社会"四个维度进行不同层面的评估，从而拟定主要的项目计划。通过各项工作的开展，向困境儿童提供个性化、多元化、专业化的救助服务，满足其成长性、发展性的需要，为他们搭建更加完善的社会支持网络。

（一）督导服务：困境儿童工作队伍赋能

1. 标准制定，规范管理

项目档案资料管理是社会工作服务的重要内容。困境儿童实行一人一档，由社会工作者协助儿童主任与学校班主任，每季度完成档案中的《困境儿童信息登记表》《困境儿童访谈记录表》《困境儿童在校情况反馈表》等工作表单填写工作，建立基础工作台账，加强动态化管理。

2. 服务跟进，专业指导

（1）针对专业社会工作者。

项目常年配备 6 名全职持证社会工作者，并由江苏师范大学的 3 名专业老师作为督导，为社会工作者提供全程技术支持。社会工作者也通过各种方式进行自我学习、反思与提升。对内，社会工作者定期召开团体会议，针对提供服务时面临的问题进行交流，探讨解决方案，提升实务技巧；对外，社会工作者积极参加各项专业培训，并前往 SZWZ 高新区科文中心儿童关爱之家及张家港市困境儿童关爱中心等优秀社会组织机构进行参访学习，了解前沿理论知识，学习先进实践技能，拓宽服务内容与形式，探索创新服务方式，不断提升服务质量。目前社会工作者团队累计开展内部团体会议 12 次，外部专业技能培训 2 次，参访优秀组织 2 次。

（2）针对儿童主任。

社会工作者在不断自我学习、为儿童提供专业服务的同时，也负责儿童主任及其他相关人员的培训督导工作，推动基层儿童工作队伍的专业发展，目前开展 1 次业务培训，累计培训人数 130 人。

（二）个案服务：专业社工开展精准帮扶

2020 年 1 月期间，各镇（街道）向社会工作者推荐需要进行深层次介入的困境儿童 34 名；2020 年 3 月，社会工作者进行走访，多角度综合评估困境儿童风险等级，最终确定为 15 名困境儿童提供专业个案服务；截至 2020 年 12 月底，累计个案服务 249 次，形成 15 个个案服务手册。

1. 探访筛选，接案建档

社会工作者通过电话访问、实地走访等形式，从"家庭支持、心理情绪、人际交往、学习提升、行为规范、亲子关系、家庭经济、生活环境、社会支持"等角度综合评估困境儿童风险等级，筛选个案服务对象，并为其建立个人档案。

2. 个案预估，制定计划

社会工作者通过个案访谈、心理咨询介入等方式，基于心理分析及需求分析，运用"房树人"及"OH 卡（潜意识投射卡）"等符合儿童发展阶段心理特点的工具，了解困境儿童的心理及行为方式，深入剖析问题产生的原因，并寻求相应的干预措施，制订适合的服务计划。

3. 专业介入，个案辅导

社会工作者综合运用专业社会工作方法，按照服务计划，为服务对象提供一对一的精准个案服务，包括行为纠正、人际指引、情感陪伴、社会实践、资源链接等，促进服务对象所处环境的改善，帮助其完善社会支持系统，实现个人成长。主要工作内容如下：

（1）首先解决服务对象的迫切性需求，开展就医治疗、学习教育帮扶、康复训练等服务；而后解决服务对象的持续性需求，开展心理健康、家庭教育指导等服务，辅助建立良好社交网络、加大社会融入；针对阶段性的需求评估，也会及时调整服务目标。

（2）帮助服务对象家长及时了解社会保障政策以及福利服务、公益帮扶项目等信息，将其递送给家庭。

4. 多方协同，资源链接

社会工作者通过需求调研和评估，基于服务对象的个性与共性需求，在民政部门牵头下，社会工作者尝试整合了 XS 团区委、市气象局等部门资源与广大社会资源，共链接到活动支持、学业支持、物质支持、志愿结对等 4 大类资源，并改"给方视角"为"儿童需求视角"，将爱心合理有序送给有需要的儿童。

（1）空间改造：打造儿童美好学习环境。

学习教育是困境儿童实现梦想和价值的有效途径。社会工作者协助民政局实施"锡梦空间"改造计划，为160多名困境儿童家庭订制学习空间，配置"一台灯、一书桌、一座椅、一书柜、一书卡、一网线"，改善他们学习环境逼仄、学习条件不良、阅读资源匮乏，以及疫情等特殊时期网络学习需求等问题，为他们创造一个宜书、宜读、宜学、宜居的学习环境。

（2）爱心召集：特色项目完善支持网络。

为改善困境儿童所处环境，帮助完善其社会支持系统，LZ社工发布爱心召集令，内容包括生日礼包、成长助学金、志愿者结对、居室改造、新年家庭合照等特色公益项目。召集令一经发布便得到了政府责任单位以及社会各界爱心人士的暖心支持，XS团区委、XS区妇联、W市气象局、XS中专、羊尖企业家协会、东亚电力、公益摄影团体等纷纷助力认领。

5. 评估结案，跟踪回访

社工针对服务对象的改变情况、个案目标的实现程度等方面进行全面的评估，对符合结案条件的服务对象进行结案，并进行跟踪服务，持续评估个案服务的成效。

（三）小组服务：团体动力影响组员改变

社会工作者招募存在同类问题的困境儿童，在服务对象相对集中的社区开展了以抗逆成长、情绪管理、自护训练为主题的三个小组服务，总计开展15次小组活动，服务近26名困境儿童。

1. 抗逆成长小组

社会工作者围绕优势视角理论，通过5次小组活动培养困境儿童的抗逆力，帮助其提升在抵抗挫折、应对失败、解决困难等方面的心理协调和适应能力，从而发挥潜能，在逆境中健康成长。

2. 情绪管理小组

社会工作者以情绪智力理论为基础，设计《情绪管理能力量表》，以社会学习理论与情绪ABC理论为基础，设计干预方案，通过小组工作方法，对6名事实孤儿的情绪管理能力进行干预，从而提升其在情绪感知、情绪理解、情绪应用、情绪调控四大方面的情绪管理能力。

3. 自护训练小组

社会工作者针对困境儿童家庭监护缺失、社会支持少，以及新冠肺炎疫情产生的问题，开展自护训练小组，帮助他们提高安全意识和自我保护的能力，降低受伤害的风险，促进安全健康生活。

（四）主题活动：互动体验创造发展机遇

社会工作者通过调研，选取困境儿童最喜爱以及最契合其成长需要的主题开展1次成长夏令营和3次职业体验营，帮助困境儿童走出家门，在团体中锻炼独立自主能力，同时激发他们对未来的憧憬，培养职业梦想，树立职业兴趣，助力其实现个人成长。

1. 成长夏令营

社会工作者与 XS 区爱心企业设计开展"挑战未来"主题爱心夏令营，让困境儿童走出家庭、融入集体，在团体生活中学习、锻炼，培养自理能力与适应能力，听取前辈成长经验，收获成长能量，勇敢面对未来挑战。

2. 职业体验营

社会工作者联合 XS 团区委设计开展"童心筑梦"职业体验营，让困境儿童参与"使命责任""日常生活""人文科技"等相关主题职业体验。困境儿童们体验了消防员、急救员、航模家、气象员等职业，激发了对未来的憧憬和向往，培养职业兴趣，树立职业梦想。

（五）项目评估：反思总结提高服务水平

"向日葵计划"项目召开结项评估会议，由评估专家、民政局代表、慈善会代表、合作单位代表和家长代表组成联合评审团，分别审阅了"向日葵计划"项目档案资料，并针对"项目实施、项目成效、项目评价"三个一级指标以及"项目团队、档案管理、服务次数、需求针对性、项目进展、项目宣传、项目可持续性、服务评价"八个二级指标对该项目进行了综合评估，"向日葵计划"项目综合得分为94.25分。

其中，服务对象家长代表表示，社会工作者在帮助服务对象链接资源方面付出了很大的精力，在日常生活中也给予服务对象及家庭较多的关怀，由衷地向所有支持单位表示感谢。评估专家在肯定社会工作者在儿童保护这方面所开展工作的基础上提出了进一步的建议，如社会工作者在今后的工作中可与村（居）一级的儿童主任、乡镇（街道）一级的儿童督导员加强联系，定期了解困境儿童情况，发掘更多需要个案服务的群体，这为项目的实施优化提供了新思路。

五、总结评估

"向日葵计划"项目的实施开展取得了一定成效，基本达成项目目标。

（一）务实务，服务对象有变化

社会工作者综合利用个案工作、小组工作、社区工作三大工作方法，基于儿童保护视角、认知行为理论、生态系统理论、需求层次理论，践行助人自助的专业理念。在开展个案工作时，针对不同特殊家庭的儿童，通过心理疏导、成长陪伴等形式充分发挥其内在潜能，通过小组活动等形式，提升服务对象团队协作、沟通交流、人际交往、社区融入等方面的能力。

（二）汇需求，项目服务更多元

1. 关注基层工作，进行专业督导

社会工作者帮助儿童主任与学校班主任规范了表单，明确了工作内容，并定期协助他们实时了解困境儿童基本情况；专业督导为社会工作者提供技术支持与外部培训机会，从而多方位为的开展提供专业化支撑。

2. 挖掘个性需求，实行跟踪服务

以困境儿童为中心、以家庭为对象，通过探访、接案、预估、计划、介入、结案评估等专业化运作的方式，社会工作者精准识别困境儿童需求，制订服务计划，提供精准帮扶，包括家庭探访、学习辅导、行为纠正、人际指引、情感陪伴、社会实践、资源链接等。

3. 围绕共性需求，实现自身增能

社会工作者结合困境儿童在心理、学习、自护、社会融入等方面的共性需求，开展小组工作、主题活动，不仅促进了服务对象学习力、抗逆力、自护力以及人际交往能力的提升，也更好地帮助他们融入集体、完善支持网络。

（三）聚资源，多方力量共参与

在民政局与慈善会的大力支持下，社会工作者积极对接社会各界资源，招募爱心志愿者，为有需要的困境儿童提供了活动支持、学业支持、物质支持、志愿结对等 4 大类资源，包括 18 场活动支持、160 多个学习空间改造机会、46000 元助学金、价值约 1.5 万元物资和 25 位志愿者结对参与等，在一定程度上帮助服务对象改善资源匮乏的现状，使得项目产生了良好的效果。

（四）定标准，项目开展有产出

1. 制定《困境儿童工作服务指南》

社会工作者联合 XS 区民政局科学编撰了《服务指南》，并设计了配套的 8 张工作表单（包含个案基本资料表、接案表、预估表、监护人评估表、个案服务计划书、个案服务记录表、服务评估表、结案表），使得困境儿童服务流程更加规范化、标准化。

2. 汇编《困境儿童成长手册》

因为工作和距离原因,社会工作者无法做到无时无刻地陪伴服务对象。为此,社会工作者根据多年经验，为困境儿童编制印发符合其发展特点的 3 本成长手册——安全生活手册、青春健康手册、防疫赋能手册，通过图文、案例、互动等多种形式，提高服务对象明辨是非和自我保护的能力。

六、专业反思

回顾一整年的工作，总结了以下几点，对新年度项目的设计、筹备与实施具有重要借鉴意义。

（一）坚持党建引领激活社会资源，探索更多合作方式

为改善困境儿童所处环境，帮助其完善支持系统，社工对接到了 XS 团区委、XS 区妇联、市气象局、东亚电力有限公司、XS 特殊教育学校等单位，为困境儿童提供了活动支持、学业支持、物质支持、志愿结对等 4 大类资源。但总体来说，社工调动资源的能力有限，所以在新年度项目工作中，需要党组织凝聚力量，党员冲锋在前，整合政府、群团、社会组织、爱心人士等各方面的资源，建立"党委领导、政府主导、社会协同"的运行机制，构筑全方位的困境儿童帮扶体系。

（二）夯实儿童工作者业务能力，建立专业儿童服务队伍

基层工作人员的专业能力已经不能满足儿童不断发展的需求，所以社会工作者有必要对村（居）一级的儿童主任、乡镇（街道）一级的儿童督导员等开展深入系统的培训与督导工作，提升其业务素质和能力水平。

除此以外，社会工作者也要夯实专业基础，增强专业技能，并继续承担好服务的提供者和资源输送者的角色，联合社会各界力量，发挥资源链接和倡导功能，通过支持网络的搭建，切实形成民政牵头、部门协作、社会力量参与的多元联动工作模式，实现困境儿童的综合保护。

七、案例使用说明

（一）教学目的与用途

本案例教学使用说明基于"儿童与青少年社会工作""高级社工实务""家庭社会工作""个案工作"等课程中的困境儿童学业支持、心理干预、素质养成、家庭支持、社会融入的教学需求撰写，用于讲解个案工作中的认知疗法、生态系统等方面的内容。案例的编写以此为出发点和落脚点组织相关内容，对案例的分析和总结也基于这一目的。若将本案例用于其他课程，则需做调整，本案例使用说明可作为参考。

（二）涉及知识点

本案例在于"儿童与青少年社会工作""高级社工实务""家庭社会工作""个案工作"等课程中使用，主要覆盖知识点包括：

（1）认知疗法；

（2）生态系统；

（3）优势视角；

（4）个案工作的一般通用模式。

（三）配套教材

个案工作。

（四）启发思考题

案例中社会工作者综合利用三大工作方法，基于儿童保护、认知行为理论、生态系统理论、需求层次理论等，践行助人自助的专业理念。在开展个案工作时，针对不同特殊家庭的儿童，通过心理疏导、成长陪伴等形式充分发挥其内在潜能，通过小组活动等形式提升服务对象在团队协作、沟通交流、人际交往、社区融入等方面的能力。社工发挥服务对象优势，让其成为助人者，充分体现社工"助人自助"的专业理念。案例涉及以下问题：

（1）社工"助人自助"理念是如何实现的？

（2）案例中认知疗法是如何应用的？

（3）困境儿童是如何运用优势视角，使其自我认识发生改变的？

（4）案例中社会工作是如何构建困境儿童社会支持体系的？

（五）分析思路

案例分析的思路是引导学生运用所学知识，根据案例相关情境材料，通过一定的逻辑思路，对案例进行细致解剖和系统分析。

案例中社工主要应用"扩维增能"的方式，来实现介入与社会支持系统整合的。"扩维增能"即扩大案主的外围系统，建设案主的内在能力。借助完善的社会网络支撑，整合与个人联系密切的周边资源，包括家庭、学校、社区和其他相关组织团体，通过主动地良性互动，使扶助对象感知其内在潜力，激发其改变自我，积极融入社会的愿望，通过多维度的增能，修复个人或弱势群体的外围系统，并在此基础上增进个人能力，从而使个体和社会适应良好的一种帮扶系统。

首先，在介入过程中，社会工作者可以联合社区和学校，找到他们的优势能力，然后比较家庭内沟通的差异，做到由"优"补"劣"，通过具体的家庭生活辅助和家庭系统能力修复，破除家庭僵化氛围。

其次，从增能角度来说，挖掘能力是关键，以此为中心帮助困境儿童全面提升。介入过程从问题出发，通过问题寻找他们的潜在能力，这是一个由外到内，由分散到整合，由功能并重到资源协调运用相融合的过程。由外到内，需要社工观察他们目前的生活状态，准确把握外显行为特点，以此为基础，设计切实可行的任务方案，并在每个阶段设立一个可以达到的阶段目标，从而增强他们自我提升的能力。

由分散到整合，需要社工总结出困境儿童的能力特点，通过系统训练提升能力。这个阶段可以通过有针对性的、系统化的团体工作提高案主各方面素质，并在小组活动中发现案主不为人注意的潜在能力。在此基础上做好整合工作，强化个人全面发展。在由外到内、由分散到整体的过程中，通过内外联系可以将困境儿童与外在系统联系起来，从而达到个体与社会的适应与协调发展。

（六）理论依据与分析

1. 优势视角

优势视角是一种关注人的内在力量和优势资源的视角，意味着应当把人及其环境中的优势和资源作为社会工作助人过程中所关注的焦点，而非关注其问题和病理。本案在介入初期，社会工作者以日常简单话题与服务对象建立信任关系，构建恰当的情境，帮助服务对象发现自己的能力，增强其处理问题的信心和缓解心理压力。

2. 增能理论

增能理论。增能（empowerment），亦译作"赋能""赋权""增权""增强权能"等，是指通过为服务对象提供知识、技能与资源，使其能够积极地参与决策，通过行动来改变自身的不利处境，提升个人的权力及能力，使其从无权的被动者转变为能控制自己的生活，影响他人、组织及社会的主动者。赋能不仅仅是一个以个体为对象的概念，随着社会工作等相关学术领域的深入研究，赋能对象应包含四个层面：个体赋能、组织赋能、行动赋能和生态赋能。个体赋能是指对服务对象的赋能，包含个体适应能力、人际关系、社会参与三个具体维度；组织赋能是指对各种正式或非正式组织的赋能，包括社区（狭义的社区指社区居民委员会）、学校、医院、公益组织、民间非注册自组织等，提升其解决社区问题的能力；行动赋能指的是在具体行动过程中，不断以督导、支持、供给政策、方案、工具的方式，提升在场的解决问题能力；生态赋能是指搭建个体和组织共同参与的平台，并为平台建设和效能发挥提供保障，最终促使形成良性、可持续的生态循环。

3. 社会支持理论

社会支持是由社区、社会网络和亲密伙伴所提供的感知的和实际的工具性或表达性支持。社会支持网络则指的是一组个人之间的接触，通过这些接触，个人得以维持社会身份并且获得情绪支持、物质援助和服务、信息与新的社会接触。依据社会支持理论的观点，一个人所拥有的社会支持网络越强大，就能够越好地应对各种来自环境的挑战。个人所拥有的资源又可以分为个人资源和社会资源。个人资源包括个人的自我功能和应对能力，社会资源是指个人社会网络中的广度和网络中的人所能提供的社会支持功能的程度。以社会支持理论取向的社会工作，强调通过干预个人的社会网络来改变其在个人生活中的作用。特别对那些社会网络资源不足或者利用社会网络的能力不足的个体，社会工作者致力于他们以必要的帮助，帮助他们扩大社会网络资源，提高其利用社会网络的能力。

（七）背景信息与关键点

本案例分析关键在于优势视角下困境儿童的介入过程中，社会工作者如何把介入与社会支持体系的构建同服务结合，将困境儿童的学业、心理、素质养成与家庭、学校、单位、社区等因素有机融合，以"人在情境中"理念构建可持续的困境儿童社会工作介入体系；将困境儿童的自我意识的觉醒、自我角色的重新塑造与外在服务有机结合，把握"人在情境中""优势视角"和"助人自助"理念的运用，从人与情境互构的角度理解青少年社会工作。

（八）课堂教学计划建议

本案例课堂教学计划根据学生的差异，尤其是对案例的阅读和课前对相应知识的掌握程度来进行有针对性的设置。本案例主要按照 2 学时进行设计。

A 计划：学生事先预习到位，对于本科生和全日制研究生，可以将小组讨论布置在课外进行。因为这类学生实际工作经验少，所以案例讨论过程中需要教师引导的内容要相对多一些。

B 计划：社工硕士（MSW）学生课前预习不一定完成得很好，或者学员之间预习差异较大，因此需要将小组讨论置于课堂讨论之中进行。

两种课堂教学详细安排计划如表 13–1 所示。

表 13-1　两种课堂教学详细安排计划

A 计划	B 计划
考虑到本科生的知识基础和对应用的理解，要适当增加讨论后的知识总结时间	课前阅读至少 0.5 小时
课堂安排：90 分钟	课堂安排：90 分钟
案例回顾：10 分钟	案例回顾：10 分钟
集体讨论：50 分钟	小组讨论：20 分钟
知识梳理总结：20 分钟	集体讨论：50 分钟
问答与机动：10 分钟	知识梳理：5 分钟
	问答与机动：5 分钟

　　在课堂讨论本案例前，应该要求学生至少读一遍案例全文，并尝试回答案例启发思考题。具备条件的学生还可以小组为单位，围绕所给的案例启发思考题进行讨论。

第十四章　人际交往障碍社工介入案例

案例名称：苔花女孩"寻爱记——基于社会支持理论对隔代监护未成年人的困境帮扶案例

案例执行与撰写：夏雪媚、陈怡、刘茵、孙干

案例督导：夏雪媚

使用说明：魏晨

案例获奖：SZ市未保优秀案例

一、背景介绍

（一）政策与现实背景

困境未成年人的救助帮扶工作，历来受到江苏省委、省政府的重视。2014年，江苏省政府出台《关于完善困境儿童分类保障制度的意见》。2018年，江苏省民政厅联合八部门出台《关于落实困境儿童分类保障制度有关问题的补充意见》。2020年，江苏省率先在全国创建"三步排查、四色管理、N重关爱"的困境未成年人保护机制。这些政策机制强调困境未成年人保护政策要落实到困境未成年人身上，要为困境未成年人提供监护支持、医疗康复、助学服务等全方位的保障。

贯彻上述政策的要求，SZ市WZ区不断尝试探索困境未成年人救助帮扶的专业化发展道路。2021年，本机构承接了由WZ区民政局、WZ区团委、WZ区慈善基金会主办的"扬帆计划"WZ区困境儿童四维立体关爱示范服务项目。本机构负责为WZ区下辖的4个街道（A街道、B街道、C街道、D镇）内的109名困境未成年人提供关爱服务。

受WZ区民政局、WZ团区委、WZ区慈善基金会委托，项目社会工作者根据WZ区困境儿童四色分类标准与服务的迫切等级，开展困境未成年人的入户探访及个案服务工作。在社会工作者、心理师开展困境未成年人入户评估的

过程中，发现服务对象小琪（化名）因其残疾以及监护人无照护能力而纳入街道困境未成年人的救助范围。入户时根据服务对象和外婆的叙述，服务对象父母离异，母亲改嫁到外省，几乎不照顾服务对象。因各种矛盾，多年来其父亲已断绝同服务对象的联系，需要社会工作者帮助其改善家庭关系及完善社会支持网络。同时，服务对象受到过补习老师不公平对待引发的身心伤害，需要心理辅导和支持。为此，社会工作者在取得服务对象及其监护人同意之后持续跟进，开展个案服务工作。

（二）服务对象的家庭关系状况

服务对象小琪（化名），女，12周岁，汉族，目前就读小学五年级。先天性听力一级，3岁做了人工耳蜗，5岁才开始说话，目前在与人交流方面已无大碍。受生理状况和成长经历的影响，服务对象性格内向，不愿意与人交往，有较为严重自卑心理（在服务过程中逐步剖析到服务对象曾经受到过不公平对待）。目前服务对象和外公、外婆、舅舅生活在一起。服务对象年幼时，父母就离婚了。离婚后，其父母均又重组家庭且再生育孩子。服务对象的母亲改嫁到ZH，除偶尔给服务对象打电话外，几乎没有再陪伴过服务对象，而且其与服务对象外公、外婆的交流也不多。服务对象的外公、外婆经营着一家早餐店，服务对象父母离婚使得其外婆与服务对象父亲关系恶化，以致外婆拒绝了服务对象父亲的探视要求。到目前为止，服务对象已经很久没有见到疼爱她的爸爸了。有关服务对象家庭关系的基本情况，详见图14-1。

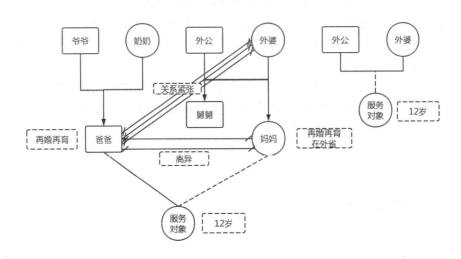

图14-1 服务对象小琪的家庭关系图

二、分析预估

（一）理论基础

认知理论的代表人物皮亚杰曾说：未成年人所处的环境，然后创造观念与行为去理解其环境。认知行为疗法的主要着眼点放在服务对象不合理的认知问题处理上，通过改变服务对象对己、对人或对事的看法与态度来改变其心理问题。

（二）问题分析

1. 沟通能力退化、孤独感强

因发育障碍，服务对象患有先天性耳聋。3岁时，家人为其安装了人工耳蜗，人际交流障碍稍有缓解。到了5岁，服务对象才开始说话，由于存在一定的发音问题，人际交往受限。

2. 受到不公平对待，导致心理压力大，更不愿与人交流

社工在跟服务对象及家属沟通的过程中了解到，服务对象有严重的人际交往障碍。主要是服务对象受到过补习老师的不公平对待，给服务对象造成了一定的身心伤害，导致其不愿意参与社交活动，几乎没有朋友。

3. 亲情缺失

没有友情陪伴的同时，父母亲情长期缺位，使其很少获得来自父母亲情的呵护，家庭关系充满矛盾。服务对象父母离婚后，母亲改嫁 ZH，对服务对象缺少陪伴，只是偶尔打打电话。父亲在离婚后，因为种种原因断绝了往来。尽管服务对象对父母很想念，也期望能得到父母的关爱，但无法通过家庭自主实现。服务对象从小缺失家庭教育，外婆作为实际监护人负责照顾她。但外婆文化水平低且能力有限，对服务对象成长重视方向存有偏差，没有意识到心理问题给服务对象造成了严重的社会生活障碍，忽视了服务对象健康成长的关键要素。在长期的身心双重压力的压迫下，相比其他未成年人，服务对象相对沉默寡言，孤独感强，沟通能力极差，心理压力较大。

综上原因，导致服务对象学习成绩差、心理问题多。所有这些问题环环相扣，最终导致服务对象对未来发展没有憧憬，还存有诸多认知偏差。

三、服务计划

（一）服务思路

针对服务对象问题的多元性与复杂性，社工对服务对象进行心理干预，通过开展对服务对象的心理支持，帮助服务对象建立自信，改变偏差认知，慢慢

接纳自己，增强自信，恢复的正常人际交往，实现人生轨迹的正向重塑。此外，社工加强与家庭成员沟通交流，阐明保护未成年人的责任与义务，并协助家庭成员改变错误认知，重塑正常的家庭支持网络，为服务对象创造良好的家庭成长环境。

（二）总目标

帮助服务对象摆脱困境，协助服务对象构建健康成长的家庭及社会支持网络，通过一定的资源链接确保其未来发展。

（三）服务分目标

（1）协助服务对象及其监护人鉴别不法侵害和自我保护指导；

（2）协助服务对象及其监护人改变偏差认知，帮助服务对象学会接纳自己，逐步改善服务对象人际交往的恐惧；

（3）协助服务对象规划学习训练计划与社会支持方案，链接社会资源开展学业及训练辅导，增强其自信心；

（4）协助服务对象及其监护人改善其家庭认知，积极促进家人之间沟通交流，使得服务对象得到父母的关怀与陪伴，更好建立家庭与社会的支持网络；

（5）对接民政、未保、慈善等资源将服务对象纳为重点帮扶对象，确保服务对象后续的关爱支持网络。

（四）服务计划与介入策略

服务计划与介入策略如图14-2所示。

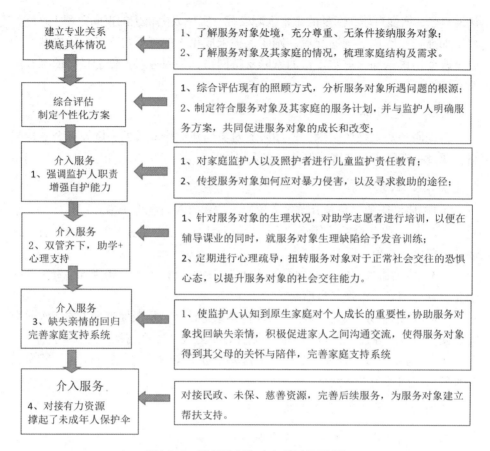

图14-2 服务计划与介入策略思路图

四、服务实施过程

（一）第一阶段："苔花女孩"的述说

目标：与服务对象及家庭建立专业帮扶关系，深度挖掘服务对象的需求，从优势视角对个人与家庭进行综合分析，制订个案及家庭帮扶计划。

介入服务：社会工作者与心理咨询师根据 WZ 区困境未成年人四色分类标准以及服务迫切等级的评估，对服务对象进行初期评估。社会工作者与心理咨询师在初次入户时，发现服务对象有人际交往障碍的问题，外婆表现出对服务对象的极大的忧虑，陈述服务对象越大越不听她的，非常逆反，成绩很差，自己也不想学习，希望社工能提供帮助。社工单独和服务对象聊天时，服务对象提道：因学业不好，外婆给她报了一个课外补习班，但是补习班的老师脾气急躁，常常打她，在同学面前谩骂和羞辱她、说她笨等，让她产生了严重的自卑和焦虑。从那以后她总觉得自己笨和丑陋，不敢和同学交往。社会工作者与心理咨询师初步判断这可能是服务对象产生人际交往障碍问题的成因。

在入户评估的基础上，社工总结出三个服务切入点：①服务对象由于受到补习老师的不公对待，导致有一定心理障碍，社会工作者需进一步了解情况，对服务对象提供心理支持和帮助；②服务对象目前语言交流无大碍，但声音分辨依然有问题，可进行针对性训练和助学帮助；③服务对象家庭经济没有太大困难，但其因父爱与母爱缺失等带来心理问题，导致性格内向、沉默寡言，需长期的心理辅导。

（二）第二阶段：双管齐下，助学＋心理支持，为女孩拨开迷雾

目标：面对服务对象曾经被谩骂侮辱甚至殴打的师生关系，社会工作者需要帮助其进行心理疏导和法律支持，多维度、多角度地满足服务对象的发展需求。

介入服务：针对服务对象的心理障碍及学业问题，机构运用链接资源的专业技巧，促成专业的助学大学生志愿者为服务对象免费提供学业辅导服务。

在提供服务之前，专家老师对服务对象的课业情况进行了评估，服务对象由于身体情况，课业水平非常糟糕，补习内容几乎都听不懂，26 个英语字母都无法辨识。专家老师认为可以从英语部分发音补起，锻炼服务对象的听力，训练其正确发音。社会工作者就服务对象的特殊生理情况对大学生志愿者进行了培训，并提供每周一次的助学服务。但很快大学生志愿者就和社会工作者反馈说，服务对象在听课中曾发生突然哭泣的情况，志愿者会被弄得不知所措。

就这个问题，社会工作者与心理咨询师再次入户，服务对象表示对自己的表现非常不满意，觉得自己笨、信心崩溃。心理咨询师对其进行了心理干预，言谈中表现出对补习老师过去对她的种种设置侮辱甚至殴打耿耿于怀。

（三）第三阶段：强调未成年人保护的责任与义务，自护和保护同等重要

目标：针对服务社交障碍问题，对准源头，开展相应的社会行动与心理疏导，面对暴力侵害行为时的自我保护方式，以及对如何寻求帮助的途径予以指导，促进服务对象的身心健康发展。

介入服务：为了探寻服务对象社交障碍的源头，社工通过服务对象的外婆邀请到其的母亲，进行交流探讨。社会工作者、心理咨询师和服务对象母亲谈论服务对象成长经历，详细询问了曾经经历的补习班伤害事件。母亲陈述了服务对象在补习班遭遇谩骂、体罚等等粗暴对待，服务对象受到了深深的伤害。

外公外婆怕惹事端，不敢报警，母亲因为长期不在 SZ 所以也怕惹事，但对此充满担忧。社会工作者与心理咨询师打消了母亲的顾虑，劝其报警，还服务对象安全健康的生活环境，但母亲不置可否。社会工作者与心理咨询师也和外婆做了交流，外婆本着息事宁人的态度，不想报警。出于"案主自决"的服务原则，社会工作者与心理咨询师就未成年人和青少年应得到的保护与责任和外婆做了详细的沟通，同时，也对服务对象做了心理疏导，让服务对象感受到自身被重视、被保护，并了解面对暴力侵害行为时的自我保护方式，以及如何寻求帮助，使服务对象及其家庭意识到来自政府、社会的保护。

（四）第四阶段：缺失亲情的回归，编制女孩家的支持网络

目标：纵观服务对象心理障碍原因，社工根据其家庭状况介入家庭协调，打开服务对象监护人之间的心结，缓解矛盾，重塑服务对象的家庭支持系统，为服务对象创造健康有爱的家庭成长环境。

介入服务如下：

（1）外婆、母亲协同梳理家庭关系需求，制订可行服务方案。

社会工作者细致梳理了服务对象的家庭状况。服务对象是先天性耳聋，3岁安装人工耳蜗，5岁才学会开口说话。服务对象妈妈觉得她的生理缺陷给她的婚姻带来了不幸！服务对象哭诉父母离异之后，曾两次被妈妈刻意丢弃，都是外婆去把她再找回来的。服务对象的爸爸对其很疼爱，可是因为离婚与家庭关系矛盾重重，曾经宠爱自己的父亲因各种原因断了联系。服务对象说自己很想念爸爸，很想再见到他

（2）外婆是依靠的港湾。

服务对象的外婆是位农村妇女，因为农村的重男轻女思想，外婆自己也有母亲把她送人的被抛弃史，多次表达了不希望服务对象走自己的老路，社会工作者肯定了外婆的做法，坚定外婆是服务对象的唯一依靠，使实际监护人即服务对象的外婆认知到原生家庭对个人成长重要性，服务对象在现有家庭里得到外婆的支持与呵护；

（3）父女重新团聚，父爱回归。

社会工作者指出，父母的认可和关爱是促进服务对象心理健康的重要因素，希望外婆能配合机构联系服务对象的父亲，使父亲能够关注、关爱到服务对象，提升服务对象的自我认可，自身价值感。但因两家人有未能解决的经济纠纷和各种抱怨纠缠，外婆内心里始终不希望和服务对象父亲有关联。

为此，社会工作者邀请来心理咨询师，对外婆进行心理疏导。经过一段时间的介入与正确观念疏导后，外婆终于认识到原生家庭对个人成长重要性，允

许服务对象给爸爸打电话，还允许爸爸周末来看望服务对象，这让服务对象重新获得了父亲的关爱和温暖，服务对象自诉自己太开心了。在此基础上，社会工作者就服务对象恐惧老师与学业存在困难等问题，向其父亲进行了反馈，希望其父亲能一起来关注服务对象状况，改善其状况。

（4）认知调整促成母亲的接纳及潜在的照顾行动，母爱逐渐回位。

更令人欣喜的是：在社会工作者一次次的努力下，建立了由助学志愿者、社会工作者、服务对象外婆和母亲共同组成的"服务对象学习群"，搭建了对其的关爱网络群。服务对象的学习进度、学习情况实时在群里反映，让母亲第一时间了解到服务对象的情况。疫情期间，社会工作者三天两头地与外婆电话联系，询问服务对象的居家情况，外婆也是怀着感激之情电话给服务对象妈妈听。逐渐地，服务对象妈妈的态度也终于发生了转变，主动提出邀请服务对象在寒暑假时去母亲生活的 ZH 度假。母亲逐渐承担起对服务对象的照顾责任，母女的矛盾较少，关系缓和，服务对象的生活好转。

（五）第五阶段：支起社会爱心"保护伞"，不再害怕，有我们

针对服务对象由于受到不公平对待而造成的比较严重的心理障碍，并本着对服务对象生活、学习环境需要进行阶段性考察的原则，社会工作者向 WZ 区民政局、WZ 区未保中心、WZ 区慈善基金会进行汇报，争取到了针对服务对象下一阶段的慈善帮扶的资金支持，并将服务对象纳入 WZ 区重点个案的范畴内，为服务对象撑起了一把爱心"保护伞"。

五、总结评估

（一）服务对象方面

经过项目周期的介入服务，服务对象有了以下明显的变化。

（1）心态改变。服务对象由于先天性残疾与原生家庭所造成的心理创伤，经过心理咨询师的悉心调节与疏导，有了一定的治愈。服务对象已经学着慢慢敞开自己的心扉，不再一味否定自己。

（2）学业逐步提高。针对服务对象因心理与生理原因造成的学业方面的问题，社会工作者积极链接资源，在心理咨询师与大学生志愿者的共同帮助辅导下，不再停滞不前，正在逐步改善。

（3）放下恐惧。服务对象对人际交往不再感觉恐惧，包括在学校同学面前的自卑、面对老师时的逃避心理等，偏差认知已经有了明显改善。在多方努力下，服务对象逐渐改正自己，已经能端正学习态度，跟随老师的节奏，一步步提升自己的学习能力。

（4）亲子关系升温。自幼缺失的父爱与母爱得到了回复，尤其是能够与父亲恢复日常交流，获得自己渴望的关爱，心灵得到了极大的慰藉。

（5）家庭观念改善。最初母亲的不管不顾，父亲的有心无力状况，通过个案服务得到了可喜的转变。服务对象的外婆作为实际监护人，也已经改变了自己原先的观念，让服务对象有了更多与父亲接触的机会。

（6）自护能力得到提升。社工教会服务对象如何自护和寻求保护自己的途径。可以说，在多方资源的共同努力下，服务对象正在重塑正向认知，家庭关系的改善更是促进了服务对象的健康成长。

（二）社会工作者方面

本案例首先引起社会工作者警觉的是：服务对象受到外界歧视和不公平对待，造成了服务对象的身心伤害，本着未成年人保护第一位的原则，首先对其监护人进行了教育与责任强调。

社会工作者依托机构的"心理＋社工"的专业优势，在服务开展前期，针对服务对象学业方面的需求，为其进行了与助学志愿者的匹配与链接，针对其生理特性开展帮扶训练，并就其心理障碍开展心理疏导，合理利用志愿者与专业社会工作者的爱心陪护和责任感，逐步重建服务对象对外界的信任，摆脱恐惧、增强自信。

在服务过程中，社工针对服务对象监护缺失的问题，发现其家庭所存在的问题，进行及时的交流与沟通，尽最大努力为服务对象营造良好的家庭成长氛围。

为了更好地稳定服务对象的成长发展环境，社工在与服务对象建立帮扶关系的同时，对接强有力的外部支持体系，为其制订长期的帮扶计划。在帮助服务对象改善与健康成长的过程中，社会工作者的未成年人领域帮扶专业技能也逐渐提升。

六、专业反思

（一）聚焦服务对象需求原则

在本案例中，社会工作者注重服务对象产生问题的深层次原因，以解决实际问题出发，将未成年人保护工作放在第一位，逐个问题进行分析解决。

（二）把握好服务契机，利用好资源，达到实现目标的最大化

服务初期，服务对象自卑、内向、敏感与不爱交流等都是正常现象，社会工作者注意到了服务对象的情绪变化和言行举止，剖析问题成因，合理解决，得到服务对象的认可，与服务对象建立了良好的专业关系。

（三）制订明确、具体、有针对性的服务计划

在个案服务过程中,社会工作者与服务对象实际监护人共同讨论制定目标、服务计划,并且从服务对象内心需求出发,满足服务对象的心理需求。

（四）强调原生家庭的作用,链接多方资源,构建家庭、社会支持系统

本案例中,解决服务对象出现的问题是多方综合作用产生的结果,因此除了关注服务对象的心理、行为外、社工还要关注家庭环境的相互作用。在本案例中,社会工作者通过对家庭的干预,有效促进服务对象实际监护人和离异父母间的关系维持,以及服务对象自身的改变,为服务对象营造了一个有支持性的家庭氛围。加强未成年人的保护,联合民政、儿保中心、慈善基金开展长期、有针对性的干预活动,为其构建全方位的支持系统,给予长期性的关爱和帮助。让未成年人获得关爱,快乐健康成长。

七、案例使用说明

（一）教学目的与用途

本案例教学使用说明基于"儿童与青少年社会工作""高级社工实务""家庭社会工作""个案工作"等课程中的人际交往障碍且隔代抚养困境儿童社会工作介入的教学需求撰写,用于讲解个案工作中面对服务对象由于先天性原因以及家庭破碎后,面对社会性歧视所产生人际交往障碍的内容。案例的编写以此为出发点和落脚点组织相关内容,对案例的分析和总结也基于这一目的。

（二）涉及知识点

本案例适用于"儿童与青少年社会工作""高级社工实务""家庭社会工作""个案工作"等课程中使用,主要覆盖知识点包括:

（1）人际交往障碍;

（2）选择性缄默症;

（3）社交焦虑;

（4）个案工作的一般通用模式。

（三）配套教材

（1）个案工作;

（2）心理咨询技术与方法。

（四）启发思考题

本案例中，面对因为身体原因、家庭原因、社会歧视原因所形成的人际交往障碍，服务对象承担了更多的生活和社会压力。因家庭原因导致的隔代抚养，困境儿童缺乏完整的爱与关怀，在没有社会支持的情况下，他们容易产生认知上的偏差与交往的障碍。案例涉及以下问题：

（1）困境儿童人际交往障碍形成的原因有哪些？

（2）社会工作者应如何区分人际交往障碍与选择性缄默症？

（3）如何避免困境儿童的社交焦虑？

（4）本案例中，社工是如何将心理咨询与社会工作有机结合的？

（五）分析思路

案例分析的思路是引导学生运用所学知识，根据案例相关情境材料，通过一定的逻辑思路，对案例进行细致解剖和系统分析。

首先，正确区分人际交往障碍与选择性缄默症、社交焦虑障碍。①社交焦虑障碍患者会对他人可以近距离观察自己的情景产生过度的焦虑，这些情景包括在公众场合发言或者演奏乐器、进食喝东西、写作，甚至只是跟他人交谈。因为这些活动通常会引发患者过度的、对丢脸或者社会拒绝的恐惧，他们会选择回避这些场合或在这些场合中忍受巨大焦虑。②选择性缄默症是指儿童独处或者与其他少数亲密的人相处时才会说话，其他时候都保持沉默。选择性缄默症的基本特征是患者在某些场合下可以正常谈话，但是他们在某些特定的需要说话的场合下不说话。③人际交往障碍则表现为人际交往的认知障碍、情感障碍、行为障碍三方面。

其次，在确立人际交往障碍后，社会工作者依托机构的"心理＋社工"的专业优势，在服务开展前期，鉴于服务对象学业方面的需求，为其进行了与助学志愿者的匹配与链接，针对其生理特性开展帮扶训练；并就其心理障碍开展心理疏导，合理利用志愿者与专业社会工作者的爱心陪护和责任感，逐步重建服务对象对外界信任，摆脱恐惧、增强自信。

最后，强调社会支持的作用。社会工作者通过对家庭的干预，有效促进服务对象实际监护人和离异父母间的关系维持，以及服务对象自身的改变，为服务对象营造了一个有支持性的家庭氛围。除了家庭作用外，社会工作者联合社会组织、未保中心、基金会、政府单位、基金会共同建构社会支持网络。

（六）理论依据与分析

1. 困境儿童

困境儿童包括因家庭贫困导致生活、就医、就学等困难的儿童，因自身残疾导致康复、照料、护理和社会融入等困难的儿童，以及因家庭监护缺失或监护不当遭受虐待、遗弃、意外伤害、不法侵害等导致人身安全受到威胁或侵害的儿童。具体包括孤儿（含弃婴）、事实无人抚养儿童、生活极度贫困儿童、流浪儿童、受暴力侵害儿童、残疾儿童、艾滋病感染儿童、患重病或罕见病的儿童等。其中，事实无人抚养儿童又包含四个类别，第一类为父母一方死亡、另一方失踪或弃养的儿童；第二类为父母双方均为服刑人员，或一方服刑、一方弃养的儿童；第三类为父母双方均患重度残疾的儿童；第四类为父母双方均患重病的儿童。

2. 人际交往障碍

人际交往能力包括人际认知能力、人际情绪控制能力和人际沟通能力。在人际认知层面，个体通过人际知觉对人际关系进行了解，是人际关系的理性条件；在情感情绪层面，交往双方通过认知在情感上对彼此的满意程度和亲疏关系的判断，是人际关系的基础；在行为层面，双方在实际交往中的外在表现和达到的效果。依据人际交往能力的三分方法，人际交往障碍表现为人际交往的认知障碍、情感障碍、行为障碍。

3. 社会心理学人际需要三维理论

每个人都有三种基本的人际需要：包容需要、支配需要、感情需要。包容需要指个体想要与人接触、交往、隶属于某个群体，与他人建立并维持一种满意的相互关系的需要；支配需要指个体控制与被控制的需要，是权力关系上与他人建立或维持满意人际关系的需要；情感需要指个体有关爱与被爱的需要，是人际交往中建立并维持与他人亲密的情感联系的需要。困境儿童之所以在人际交往中存在障碍，正是因为其需要未能得到满足。

4. 社会支持理论

社会支持是由社区、社会网络和亲密伙伴所提供的感知的和实际的工具性或表达性支持。社会支持网络则指的是一组个人之间的接触，通过这些接触，个人得以维持社会身份并且获得情绪支持、物质援助和服务、信息与新的社会接触。依据社会支持理论的观点，一个人所拥有的社会支持网络越强大，就能够越好地应对各种来自环境的挑战。个人所拥有的资源又可以分为个人资源和社会资源。个人资源包括个人的自我功能和应对能力，社会资源是指个人社会网络中的广度和网络中的人所能提供的社会支持功能的程度。以社会支持理论取向的社会工作,强调通过干预个人的社会网络来改变其在个人生活中的作用。特别对那些社会网络资源不足或者利用社会网络的能力不足的个体,社会工作者致力于他们以必要的帮助,帮助他们扩大社会网络资源,提高其利用社会网络的能力。

(七)背景信息与关键点

本案例分析关键在于"心理+社工"的专业优势,逐步重建服务对象对外界信任,摆脱恐惧,增强自信。同时重塑家庭的支撑功能、社会的支持功能。

(八)课堂教学计划建议

本案例课堂教学计划根据学生的差异,尤其是对案例的阅读和课前对相应知识的掌握程度来进行有针对性的设置。本案例主要按照 2 学时进行设计。

A 计划:学生事先预习到位,对于本科生和全日制研究生,可以将小组讨论布置在课外进行。因为这类学生实际工作经验少,所以案例讨论过程中需要教师引导的内容要相对多一些。

B 计划:社工硕士需要将小组讨论置于课堂讨论之中进行。

两种课堂教学详细安排计划如表 14-1 所示。

表 14-1　两种课堂教学详细安排计划

A 计划	B 计划
考虑到本科生的知识基础和对应用的理解,要适当增加讨论后的知识总结时间	课前阅读至少 0.5 小时
课堂安排:90 分钟	课堂安排:90 分钟
案例回顾:10 分钟	案例回顾:10 分钟
集体讨论:50 分钟	小组讨论:20 分钟
知识梳理总结:20 分钟	集体讨论:50 分钟
问答与机动:10 分钟	知识梳理:5 分钟
	问答与机动:5 分钟

在课堂讨论本案例前,应该要求学生至少读一遍案例全文,并尝试回答案例启发思考题。具备条件的学生还可以小组为单位,围绕所给的案例启发思考题进行讨论。

社工行政篇

第十五章 社工行政人才建设案例

案例名称："以赛赋能，以能促建"儿童主任系列赋能项目
案例执行与撰写：李冉、张慧
案例督导：魏晨
使用说明：魏晨
案例（项目）获奖：江苏社工项目一等奖

一、背景介绍

（一）政策文件规定设立儿童主任

2021年6月，新修订的《中华人民共和国未成年人保护法》实施，其中规定居民委员会、村民委员会应当设立专人专岗，做好未成年人保护工作。《国务院未成年人保护工作领导小组关于加强未成年人保护工作的意见》规定，村（居）民委员会落实专人专岗负责未成年人保护工作的法定要求，每个村（社区）至少设立一名儿童主任。

（二）KS环境要求儿童主任履职

作为全国首批适度普惠型儿童福利试点地区和基层儿童福利服务体系建设试点单位，KS率先于全省及周边地区出台专项政策，推动形成了家庭尽责、政府主导、社会参与的困境儿童保障工作格局。其中，社区儿童主任是基层儿童福利服务体系建设的关键一环，是为困境儿童及家庭输送儿童福利资源的重要基础力量。在各个村（社区）设置儿童主任的基础上，KS市于2021年在全市15个辖区内全面推进困境儿童社会工作服务项目，15个项目团队的儿童社工与355位儿童主任共同服务全市1500位困境儿童。

（三）现实需求出现资源错配情况

KS市困境儿童类型分为7大类84小类，呈现出亚型多、需求广的特征。

同时，KS市儿童主任的工作现状呈现出多职兼任、更替频繁的特征。基于多职兼任的特征，大量儿童主任对自身的身份意识认知不足，对儿童主任的工作内容与职责边界不清晰。基于更替频繁的特征，大量儿童主任专业知识储备匮乏，服务能力欠缺，无法有效满足困境儿童服务需求。

基于以上需求，原有的儿童主任继续教育模式以集中的困境儿童保障政策宣讲、儿童主任工作方法讲座为主，儿童主任基于多职兼任、更替频繁的特征，实际参与率低，无法实现服务能力的提升，更无法将赋能内容应用于实际工作中，进而无法回应困境儿童的实际需求，出现了赋能投入大、儿童主任成长慢的资源错配情况。

二、项目目标

通过"两个覆盖"，以"情境化、专业化、科学化"的赋能手段，树立儿童主任的"两个身份意识"，逐步推动"两个最后一公里"的实现，着力提升制度效能和服务效能。

（一）两个覆盖目标

建立健全且规范管理全市社区儿童主任工作队伍，确保KS市每个村（社区）的儿童主任发挥作用；系列赋能项目服务全体儿童主任，做到一个不落。

（二）三个赋能手段

将儿童主任实际工作情境运用到儿童主任实务技能大赛各环节，实现情境化赋能；根据儿童主任实际工作情境，设计赋能体系，实现专业化赋能；将儿童主任能力需求拆分成不同层次，实现科学化赋能。

（三）两个身份意识

党员儿童主任要牢固树立党员身份意识，非党员儿童主任要以党员为标杆，积极靠近党组织；根据民政部儿童福利司编写的《儿童主任工作指南》，牢固树立儿童主任身份意识，明晰儿童主任职责，在岗位上履职尽责。

（四）两个最后一公里

辅导儿童主任系统性掌握各级各类关于困境儿童的法律法规政策，推动实现党委和政府政策落实到"最后一公里"，着力提升制度效能；督导社区儿童主任在实务工作中遵守儿童工作伦理，掌握更多实务技能，推动社会工作服务落实到"最后一公里"，着力提升服务效能。

三、项目方案

（一）核心理念

儿童主任系列赋能项目的核心理念是"以赛赋能，以能促建"，通过将儿童主任实际工作情境设计成比赛内容，以阶段性比赛为目标开展多个类型的赋能，提升儿童主任服务困境儿童的实务技能。

通过阶段性比赛巩固赋能成果，促进 KS 市儿童主任队伍及儿童服务体系建设，再借助年度"最美儿童主任"的评选，激励优秀儿童主任，强化儿童主任的身份意识。

（二）指标设置

（1）根据儿童主任实际工作情境，设计 1 套不少于 200 题的儿童主任岗位应知应会题库，用于儿童主任实务技能大赛。

（2）KS 市儿童主任接受赋能比例达 100%，以此提升儿童主任的岗位意识和服务能力。

（3）开发 1 套不少于 10 门课程的儿童主任赋能体系，课程设计匹配儿童主任实际工作需求。

（4）建立 3 支分别不少于 5 人的未成年人保护后援团，协助儿童主任服务困境儿童的实际工作。

（5）录制不少于 15 节的儿童主任线上课程，随时回应儿童主任在工作情境中遇到的困难。

（6）通过调研得分、事迹评分、网络投票等方式，选拔出 10 名"最美儿童主任"，提升儿童主任的身份意识。

（7）提升儿童主任自我岗位认可度至 80%，实现儿童主任社会工作资格证持证率达到 10%。

（三）风险分析

风险 1：赋能内容陷入资源错配陷阱。

应对：一方面，在内容设计上，在项目启动期调研儿童主任实际工作情境，将实际工作情境转化为服务需求，以此为指导设计赋能体系；另一方面，在环节设计上，以儿童主任实务技能大赛的初赛、复赛、决赛为节点，以赛赋能，将参与比赛作为阶段性目标，因为儿童主任针对性学习。

风险 2：服务开展受到疫情影响。

应对：在服务周期上预留弹性空间，可以根据需要压缩或延期一个月，同时探索多元化服务方式，针对赋能、比赛、评选分别设置服务预案，以线上与线下相结合的方式开展工作。

风险 3：儿童主任参与度低。

应对：参与度低的本质在于两方面，儿童主任的角色意识不明晰或项目设置的服务内容不精准。在项目实施过程中，一方面，通过文件通知、领导致辞、角色宣誓、场景营造等方式强化儿童主任的角色意识；另一方面，动态调研儿童主任的真实需求，随时调整赋能内容及方式。

（四）实施路径

1. 以比赛为节点，开展多阶段比赛

针对 KS 市儿童主任过往培训实际参与率低，实际工作情境中工作动力低的情况，本项目团队开展了三个阶段的比赛。比赛内容围绕儿童主任实际工作需求设计，从实际当中来，到实际当中去。以三个阶段的比赛为节点，引导儿童主任参与各阶段的系列赋能，并强化其角色意识。

其一是线下轮训结束后的儿童主任实务技能大赛初赛，方式是现场笔试及区镇推荐，比赛结果为每个区镇选拔 3 位儿童主任进入复赛，测试内容以儿童主任实际工作情境中需要的相关法律法规、困境儿童保障政策以及儿童主任工作职责内容为主。

其二是择优督导后的儿童主任实务技能大赛复赛，方式是现场选择题、问答题、主题演说，比赛结果为在 15 个区镇代表队中选择 6 个区镇代表队进入决赛，测试内容以儿童主任实际工作情境中需要的实务技巧和服务伦理内容为主。

其三是最美儿童主任评选后的儿童主任实务技能大赛决赛，方式是现场选择题及情景模拟，比赛结果为评选出本年度一、二、三等奖代表队。测试内容除了包括前两个阶段的内容外，还需要儿童主任现场模拟实际工作中遇到的难点情境及回应方式。

2. 以赋能为手段，开展多层次赋能

在每个阶段的比赛前，针对 KS 市儿童主任开展四个层次的系列赋能计划，以此全方位提升 KS 市儿童主任在实际工作情境中需要的理论基础和实务能力。

其一为在儿童主任实务技能大赛初赛前开展的，覆盖全市 15 个区镇 355 名儿童主任的线下轮训，内容重点为涉及未成年人的常用法律、困境儿童保护政策、儿童主任工作职责。

其二为在儿童主任实务技能大赛复赛前开展的，针对各区镇优秀儿童主任的择优督导，内容重点为儿童主任实务技能及儿童社会工作基本实操。

其三为在儿童主任实务技能大赛决赛前开展的，儿童主任实务技能大赛决赛前的赛前辅导，重点为表达能力、情景模拟能力的提升。

其四为长期在线、随时取用的线上精品短课，内容重点为针对儿童主任实际工作情境的工作技巧。

3. 以评选为激励，开展多环节评选

针对 KS 市儿童主任开展三个环节的评选，通过评选环节在强化儿童主任角色意识的同时宣传儿童主任角色。

其一为通过初赛得分、资质积分、调研得分、事迹评分、服务对象评价、网络投票等方式，选出本年度 10 名 KS 市最美儿童主任。

其二为拍摄最美儿童主任宣传片，并在公共传媒上播放，宣传儿童主任角色，强化儿童主任本身的身份意识。

其三为最美儿童主任颁奖仪式，在儿童主任实务技能大赛决赛现场，为本年度 10 名最美儿童主任颁奖。

四、项目方案实施过程

（一）项目启动期

1. 服务对象实际工作情境需求调研

本项目团队在项目启动期，面向各区镇儿童督导员开展访谈调研，调研其对儿童主任队伍的期待以及所在区镇儿童主任队伍履职情况；面向各村（社区）儿童主任开展问卷调研及抽样访谈，询问其实际工作场景及工作内容。同时，在调研过程中向儿童督导员、儿童主任征求其对于儿童主任系列赋能项目赋能方式、轮训时间、课程设计的建议。

在调研过程中，本项目团队校正了对儿童主任实际工作情境的设想，并将调研结果应用于赋能体系设计及比赛环节设计中，以此提升儿童主任参与动力，规避资源错配陷阱。

2. 根据实际需要，组建儿童工作队伍

在调研阶段，项目团队发现，目前 KS 市民政系统下的儿童工作队伍包括各区镇的儿童督导员、困境儿童社会工作项目的儿童社工，各村（社区）的儿童主任，各类儿童工作队伍尚未实现实际工作中的有效合作。

因项目边界所限，本项目团队在主办方的支持下，汇总了各区镇儿童工作服务通讯录，并匹配了持证情况和继续教育情况，以此为基础支持儿童主任在实际工作情境中根据需要有效对接儿童社工队伍。

3. 根据儿童主任实际工作情境，设计赋能体系

根据前期需求调研结果，设计了本年度儿童主任系列赋能项目赋能环节的 5 个系列 15 个课程，其中未成年人法律类的《未成年人保护法》讲解、《民法典》

及相关涉及未成年人内容法律讲解,困境儿童政策类的KS市困境儿童人群分类、KS市困境儿童的相关政策、KS市困境儿童救助的行政给付程序,工作指南类的儿童主任履职守则、儿童主任工作职责,儿童发展类的儿童心理学、儿童行为观察分析。本项目团队分别设置在线下轮训、择优督导的赋能环节中,并对应儿童主任实务技能大赛初赛及复赛。

比赛内容主要包括:儿童主任实务技能类的入户访谈技巧、沟通技巧、倾听技巧、危机介入方法、问题识别方法、社区未成年人保护工作点管理方法。本项目团队根据前期调研,确认以上需求在儿童主任实际工作情境中随时产生,因而项目团队将其设置在线上课程中。

4. 根据儿童主任实际需要,开展资源链接

在完善项目整体方案的基础上,本项目团队结合调研需求,匹配项目各环节需求及儿童主任实际工作情境需求,联络了三类资源。

其一为区镇支持资源,在主办方的支持下,联络各个区镇的儿童督导员,协调线下轮训的场地、餐饮和出席领导等资源,并与各个区镇的儿童督导员共同确定该区镇的轮训时间和轮训课程。

其二为儿童主任系列赋能专家资源。根据赋能课程设计,分别匹配相应的专家资源,包括高校老师、专业社工、心理咨询师、律师等,并根据需要增加了优秀讲师选拔环节,在下一阶段开展。

其三为未成年人保护后援团专家资源。在前期与儿童主任的访谈中,本项目团队确认了心理支持、法律援助、社工服务三方面的实际需求较大,因此本项目团队面向KS市征集未成年人保护心理专家后援团、法务专家后援团、社工专家后援团人选。

5. 儿童主任实务技能大赛题库设计与更新

2021年5月至6月,结合儿童主任实际工作情境,本项目团队设计了2021年度KS市儿童主任岗位应知应会题库,其中包括单选题150道、多选题50道、判断题50道、问答题10道。在本项目中的儿童主任实务技能大赛初赛、复赛、决赛环节;将从题库中随机抽取部分题作为比赛题,同时在复赛、决赛前还将进行题库更新工作。

在题库设计过程中,本项目团队与主办方共同行动,拆解儿童主任实际工作中各个环节需要的知识技能版块,将每个版块根据需要设计成比赛题,并与主办方反复校对题的合理性。

（二）项目前期

1. 本地化的开展优秀讲师选拔

在调研中，本项目团队发现各区镇的儿童督导员及困境儿童社会工作项目团队均有丰富的本地化工作经验。为了将本地化工作经验从隐性知识萃取为显性知识，应用于 KS 市儿童主任的实际工作情境，本项目团队在 2021 年 6 月开展了讲师选拔工作。

面向各区镇的儿童督导员及困境儿童社会工作项目团队专业社工，本项目团队开展了课程设计赋能、授课技巧赋能、PPT 制作赋能，通过现场试讲，评选出优秀讲师，其中邀请入选优秀讲师的儿童督导担任线下轮训的讲师，讲授内容为 KS 市困境儿童保障政策，邀请入选优秀讲师的专业社工录制线上课程，讲授内容为实际工作情境下的应对方式。

2. 情境化的儿童主任线上课程录制

在选拔优秀讲师后，本项目团队与入选优秀讲师的 6 位专业社工共同打磨线上课程，以匹配儿童主任实际工作情境、快速响应儿童主任实际工作难题为标准，在 2021 年 6 月至 7 月录制了未成年人保护线上课程。

该部分内容聚焦儿童主任实际工作中的重难点问题，每节课时长在 15 分钟以内，以便儿童主任随时学习。课程内容包括入户探访三阶段、预防儿童侵害四步法、个案工作基本技巧、如何与儿童社工开展合作、如何与服务对象建立信任关系、儿童服务站运营三步法等。

同时，针对新修订的《中华人民共和国未成年人保护法》，本项目团队也邀请律师录制了 3 节解读视频，支持儿童主任随时查看。

3. 靶向式的线下轮训及儿童主任实务技能大赛初赛

"以赛赋能，以能促建"的关键部分即每个阶段的儿童主任实务技能大赛及赛前的针对性赋能环节。第一个阶段为靶向式的线下轮训及儿童主任实务技能大赛初赛。

2021 年 7 月至 8 月，本项目团队在 KS 市 15 个区镇轮流开展了为期 1 天半的线下赋能，内容分为必选内容和可选内容。其中必选内容是儿童主任常用法律法规、困境儿童政策讲解、儿童主任工作指南等内容，学时为 1 天；可选内容根据前期调研结果设置，在课程设计的 5 个系列 15 节课程中选择，学时为 0.5 天。除 1 天半的线下轮训外，本项目团队还在每场轮训中公布线上课程学习渠道，并将线上课程纳入轮训考勤时长。为了凸显儿童主任的自我身份意识，在每场轮训正式开始前，由各区镇儿童督导员带领本区镇全体儿童主任宣誓。

线下轮训结束后，本项目团队开展儿童主任实务技能大赛初赛，形式为书面考试，比赛内容来源于轮训内容，以比赛的形式巩固赋能成果，学时达标、考试合格者颁发结业证书。结合初赛成绩，每个区镇优选 3 位儿童主任进入择优督导及儿童主任实务技能大赛复赛环节，进入下一个阶段的"以赛赋能"中。

4. 靶向式的择优督导及儿童主任实务技能大赛复赛

根据儿童主任实务技能大赛初赛结果，每个区镇评选出 3 名优秀儿童主任，组成 15 支儿童主任代表队，共计 45 人。2021 年 9 月，本项目团队将针对 45 名优秀儿童主任开展为期 1 天半的深度督导班，课程形式采用工作坊形式，研学儿童社会工作方法及儿童主任实务技能。

本阶段的赋能内容同样源于调研阶段收集的儿童主任实际工作情境，在了解必要的政策法规和工作指南后，儿童主任将面临每个困境儿童及其家庭。面对这一个个具体的服务情境，具体的工作方法和实务技巧将支持儿童主任应对工作中的实际挑战。

在为期 1 天半的择优督导结束后，开展儿童主任实务技能大赛复赛，复赛题目包括选择题、案例分析题、主题演讲等，内容以本阶段择优督导的培训内容为主，再次以比赛的形式巩固赋能成果。15 支代表队根据得分高低，选取总分前 6 名的队伍进入儿童主任实务技能大赛决赛。

（三）项目中期

1. 情境化的 KS 市最美儿童主任评选

2020 年 10 月，本项目团队为了进一步提升儿童主任的角色意识和价值感，开展了 KS 市最美儿童主任评选工作，通过社会组织举荐、服务对象举荐、区镇推荐等多种方式，举荐了一批最美儿童主任候选人。

在最美儿童主任候选人的进一步选拔过程中，本项目团队将情境化方法运用到选拔工作中，挖掘最美儿童主任候选人的先进事迹，努力营造全体儿童主任积极争优、社会各界共同参与的良好氛围。在进一步评审环节中，设置了区镇意见、比赛成绩、事迹表现、资质评分、服务对象调研结果等参考指标，最终择优推选出 20 名最美儿童主任提名名单。

本项目团队将提名名单在网络公示后，组织开展了网络投票，综合产出 10 名最美儿童主任，经 KS 市民政局党委审核通过后，又在每一名最美儿童主任在所在社区进行公示，在进一步增强仪式感的同时提升最美儿童主任在所在社区的认知度，展示其工作价值。

2. 情境化的 KS 市儿童主任宣传片拍摄

2021 年 11 月，本项目团队委托专业摄制组，采写最美儿童主任素材，拍摄了两组专题视频，其一为 2021 年度最美儿童主任宣传片，集中展示 10 位最美儿童主任的风采;其二为《儿童主任的一天》,选取一位儿童主任,拍摄其工作场景,推广儿童主任角色,彰显儿童主任工作价值。

在《儿童主任的一天》视频中,将儿童主任常见工作情境囊括其中,使本片成为展示儿童主任工作场景,宣传儿童主任工作价值的重要工具,一方面可以面向公众开展宣传,另一方面也可以针对儿童主任更替频繁的实际情况,引导新任儿童主任快速了解工作职责。两组专题视频拍摄完成后,本项目团队与KS市融媒体中心合作,在KS市公共传媒上进行宣传展示。

3. 根据实际需求建设专家后援团

在项目启动期的资源联络工作基础上,在项目执行期间,本项目团队进一步发现,儿童主任在实际工作情境中,许多困境多重且复杂,儿童主任无法以一己之力快速响应需求,同时立足未成年人保护的角度,该项工作也涉及多领域、多专业的合作。

因此,本项目团队在主办方的支持下,集合市教育局、民政局、司法局、卫生健康委员会等部门的专业资源,共同组建了社工专家后援团、法务专家后援团、心理专家后援团,满足儿童主任在实际工作情境中出现的焦点、难点问题。

4. 靶向式的赛前辅导及儿童主任实务技能大赛决赛

在儿童主任实务技能大赛复赛环节,确认了6支区镇代表队共计18位儿童主任进入儿童主任实务技能大赛决赛。本次决赛是对为期半年的儿童主任系列赋能项目进行集中成果展示,在本场活动中也会对10名2021年度最美儿童主任进行颁奖,对三支未成年人保护专家后援团进行授牌。

同时,本次决赛作为"以赛促建"赋能方式的重要节点,决赛内容包括政策类必答选择题、实务类抢答选择题、现场情景模拟三个环节内容。其中的现场情景模拟则是将前期调研中收集到的儿童主任实际工作中真实发生的难点场景进行典型化处理,进行现场模拟,并邀请专家进行点评。

比赛内容包括"当困儿因年度自付费用达不到政策要求无法继续领取专向补贴时,儿童主任应该如何告知""当服务对象拒绝儿童主任入户时,儿童主任该如何处理""对于只接受经济救助的困儿家庭,儿童主任应该如何与服务对象说明其他救助服务的重要性""当事实无人抚养儿童的申领材料难以取证时,儿童主任该如何应对"等。本项目团队为每个实际场景拍摄模拟场景短片,由儿童主任队伍现场回应,回应过程中专家评委会针对回应思路、工作技巧、沟通话术、表情动作等环节进行逐一点评,强化儿童主任在实际工作情境中的处理方法。

在决赛前,本项目团队同样根据决赛内容设置,邀请专家开展了演讲赋能及情景模拟赋能。两个赋能内容除了直接匹配决赛内容外，也直接匹配儿童主任实际工作情境。

（四）项目后期

1. 分类别的系列视频剪辑及投放

为了提升长效影响力，在本项目执行周期内又陆续推出了《最美儿童主任》《儿童主任的一天》两个宣传片，以及 7 期共计 18 节儿童主任线上视频课程。同时，在儿童主任实务技能大赛决赛的全程录制视频中，6 支区镇代表队的情景模拟视频也单独剪辑出。

在项目后期，不同类型的视频分别在公共传媒及线上课程库两个渠道播放，让更多公众了解儿童主任、认识儿童主任，为更多儿童工作者提供技能与经验。

2. 儿童主任系列赋能项目的标准化开发

在项目后期，本项目团队梳理了儿童主任系列赋能项目的服务经验，形成"练—赛—评"一体的系列赋能模式，将"以赛赋能，以能促建"服务过程中的每个环节标准化，提炼服务内核，形成了一个可以针对各类人群的社会工作继续教育模式。

五、总结评估

（一）评估方式

1. 过程评估

过程评估主要评估服务是否按照程序进行，服务频次是否达标，服务的专业性是否有保证，儿童主任在活动过程中的参与度、满意度如何等，通过儿童主任的现场反馈、前后测对比等形式进行测评。

2. 成效评估

成效评估主要是对儿童主任系列赋能项目的目标达成情况、儿童主任的增能情况、儿童主任角色认知度等方面进行评估。

（二）评估成果

1. 儿童主任自我评价提升

在项目周期内，实现 355 名儿童主任全覆盖的赋能。在前期调研中，儿童主任对自身岗位角色认知度低，普遍呈现出对于本社区困境儿童服务的工作无力感。在儿童主任系列赋能项目结束后，项目团队设计测评量表，测量儿童主任自我岗位认可度，经统计，自我岗位认可度达到 83%，在项目后期调研中，80% 以上的受访儿童主任能够说明该角色的工作内容、常用知识和必备能力。

2. 儿童主任专业系列赋能

除了儿童主任对身份意识的认知和自我评价得到明显提升外，经过三个阶段的比赛及赋能，儿童主任的知识结构和服务能力也得到明显提高，初赛及格率达97%，达到80分以上的儿童主任达71%；在复赛和决赛中，选择题正确率均达到95%以上，儿童主任的社会工作资格证持证率达13%，绝大多数儿童主任计划于2022年参与社会工作职业水平考试。

除了自身专业能力得到提升外，儿童主任也通过本项目了解了社工专家后援团、心理专家后援团、法律专家后援团的作用，在实际工作情境中可以邀请不同后援团支持服务开展。

3. 困境儿童的服务需求得到回应

KS市355位儿童主任对应着1500位困境儿童以及其背后的监护人，通过儿童主任系列赋能项目，经过三个阶段的比赛及赋能，儿童主任初步掌握了服务困境儿童必备的政策文件及其申请程序、服务方法及其使用技巧、专业知识及其后援力量，在项目后期针对各区镇困境儿童社会工作项目团队的调研中，各项目团队表示在实际工作情境中得到了儿童主任的有效支持，困境儿童的真实需求得到有效满足。

4. 相关方认可度较高

儿童主任系列赋能项目通过"以赛赋能，以能促建"的专业实施与持续跟进，有效实施了"情境化、专业化、科学化"的社会工作继续教育模式，规避了过往的资源错配问题。

服务成果受到了各级领导的高度肯定，得到国家级、省级多个媒体的跟进报道，同时儿童主任实务技能大赛作为儿童主任赋能的有效方法，也在全省范围内得以复制推广。

六、专业反思

（一）赋能型社会工作继续教育，需要情境化、专业化、科学化的共同加持

在过往的社会工作继续教育中，往往出现资源投入大、实际成效小、投出产出比低的资源错配问题。其原因在于服务对象难以投入时间和精力参加继续教育。本项目中，采用"以赛赋能，以能促建"的形式，将服务对象实际工作场景提炼为典型考试场景，以阶段性比赛为节点开展赛前赋能，实现了情境化赋能。

与此同时，赋能体系设计需要实现专业化及科学化，设计内容与形式相匹

配的赋能体系。在本项目中，项目团队根据儿童主任实际情境，设计了五个系列的课程，并采用不同形式满足需求。

（二）赋能型社会工作继续教育需要满足两类服务对象需求

本项目的直接服务对象为儿童主任，间接服务对象为困境儿童及其监护人，区别于其他类型的社会工作项目。赋能型社会工作继续教育以满足间接服务对象的需求为项目的最终导向。

因此，在整体项目设计与执行中需要综合考量儿童主任的实际诉求与困境儿童的真实需求。本项目的前期调研和实施均从儿童主任服务困境儿童及其监护人的实际工作情境出发，即找到了两类服务对象的需求交集，以此为切入点，确保为儿童主任提供的赋能体系能够切实有效地回应间接服务对象的需求。

（三）赋能型社会工作需要因地制宜发挥作用

儿童主任的相关政策制定是基于中国儿童福利体系的健全需要，为儿童主任实际工作的开展提供了指导与支持。在具体的政策实施中，地域环境有其特殊性，如 KS 除了儿童主任队伍外，还有覆盖全市的困境儿童社会工作服务项目。执行者需要在不跳脱顶层框架的基础上因地制宜，结合本土实际情况有效开展工作。

（四）以本项目为依托思考困境儿童服务的赋能体系

本项目在实际开展过程中，针对儿童主任设计了多个层次的培训内容，在后期调研中，本项目团队也调研了解了 KS 市各区镇儿童督导员及困境儿童社会工作项目团队专业社工的赋能诉求。结合调研结果，本项目团队重新设计了四个层次的赋能体系，即方法层次、技术层次、技巧层次和工具层次。在每个层次中又设计了四个维度的能力，即依法履职能力、特殊情境处理能力、系统整合能力和源头治理能力。在下一年度的儿童主任系列赋能项目中，本项目团队将采取新的赋能体系开展工作。

（五）儿童工作队伍一体化建设的必要性

本项目的重点在于儿童主任队伍的赋能。在项目实施过程中，项目团队发现，单纯依靠儿童主任的力量无法回应困境儿童多样化的需求，本项目实现了"以赛赋能"，但在"以能促建"环节尚有优化空间。通过本项目可以带动更多服务体系和合作框架的建设，实现各类型儿童工作队伍的合作，进而实现通过能力提升带动整体未成年人服务体系的建设，一体化回应困境儿童的实际需求。

七、案例使用说明

（一）教学目的与用途

本案例教学使用说明基于"社会工作行政""人力资源管理""社会工作管理"等课程与专题中的行政型社会工作人才培养的教学需求撰写，用于讲解行政型社会工作人才从培、训、竞、评多个环节进行培训提升的关键性方法与流程，破解基层社会工作人才成长的难题。案例的编写以此为出发点和落脚点组织相关内容，对案例的分析和总结也基于这一目的。若将本案例用于其他课程，则需做调整，本案例使用说明可作为参考。

（二）涉及知识点

本案例适用于"社会工作行政""人力资源管理""社会工作管理"等课程中使用，主要覆盖知识点包括：

（1）人力资源管理的原则；

（2）人力资源管理的培训与开发；

（3）社会工作专业人力资源开发。

（三）配套教材

（1）人力资源管理；

（2）社会工作行政。

（四）启发思考题

本案例主要通过技能大赛的方式实现对社区儿童主任的能力培养。和一般传统培训不同的是，竞赛往往场景式的、现场式的，能够最大程度弥合人力资源管理与培训同现实的差异，竞赛能够改善被培训者的态度、知识和技能。一般性的培训侧重于培养儿童主任胜任目前工作的能力，竞赛则能发现和培养员工胜任未来工作的能力。案例涉及以下问题：

（1）技能大赛与培训的各自功能是什么？

（2）社会工作专业技能大赛如何同人力资源管理融合？

（3）如何通过社会工作技能大赛选拔人才？

（五）分析思路

案例分析的思路是引导学生运用所学知识，根据案例相关情境材料，通过一定的逻辑思路，对案例进行细致解剖和系统分析。案例分析思路是确保达到教学目的的重要教学过程。

选择培训方式时要根据培训的目标来确定，根据不同的对象、培训条件、培训内容以及培训者的构成决定不同的方式方法组合。选择竞赛的方式进行儿童主任的人力资源培训，在培训方法的选择上要考虑以下四个因素，即儿童主任学习目标、培训内容、角色和实施要求。

儿童主任在有限的学习时间内学习，因此学习目标可以分为获得和理解知识、获得技能、改变态度或价值观三个主要方面。

竞赛组织者要使学员掌握知识，在竞赛中考虑运用图解提问、案例分析等方法，使儿童主任获得某种新的技能。竞赛方法是示范、角色扮演等。还需要改变儿童主任的态度和价值观，一般选择新旧对比的方法，如角色扮演、案例分析、竞赛游戏和无领导力小组讨论等。

（六）理论依据与分析

1. 人力资源管理理论

人力资源管理是一个薄弱环节。人力资源管理指影响员工行为、态度和绩效的政策、实践和制度。人力资源管理的主要内容包括：工作分析、人力资源规划、招聘和选拔、培训和开发、薪酬和福利支付、绩效评估、劳动关系（有关法律、劳动安全卫生）。

2. 人的需求层次论

该理论将人的需求从低到高分为生理、安全、归属、受尊重、自我实现五个层次，层次等级越低者越容易获得满足，层次越高者获得满足的比例越小。这促进了企业管理理论的进一步完善。管理者在实际管理过程中，必须考虑如何更好地满足员工的心理需要，帮助员工实现各自的愿望，使员工不仅感到自己是一个被管理者，也觉得能够在安全感、感情归属、受尊敬、自我实现等方面有很大的发展空间。

3. 双因素理论

该理论认为，影响人的工作态度的因素有两种，一种是保健因素，另一种是激励因素。其理论根据是：第一，不是所有的需要得到满足就能激励起人的积极性，只有那些被称为激励因素的需要得到满足才能调动人的积极性；第二，不具备保健因素时将引起人的强烈的不满，但具备时并不一定会调动人的强烈的积极性；第三，激励因素是以工作为核心的，主要是在员工工作时发生。

4. 双因模式论

该理论认为，管理者成功的重要因素有两方面：一是以工作为中心，二是以人际关系为中心。前一种因素指管理者划定他与工作群体的关系，建立定义清楚的组织模式，以及意见交流方式和工作程序；后一种因素指存在于领导者与下层中的友谊，互相依赖和互相体贴的关系。二者各有长短，不是排斥的，而是可以统一起来的。

（七）背景信息与关键点

本案例分析关键在于社会工作在人力资源管理领域尚未有成熟的理论，需要不断从社会工作人才培养的规律出发，探索创新性的做法。

需要通过竞赛设定恰当而有挑战性的目标，产生强烈的激励作用。让员工参与培养目标的制定、控制、评估、考核的全部工作。按照人力资源目标管理法的要求，需要明确目标、参与决策、规定期限、反馈绩效。竞赛确实具备短期内实现这些要求的特征，真正对人产生激励、竞赛作用的不是物质，而是自我实现和成就感。竞赛让每个员工都了解他所处的位置，得到与成就相符的奖赏；通过竞赛提出建议性的批评，其找出改进的方法。

（八）课堂教学计划建议

本案例课堂教学计划根据学生的差异，尤其是对案例的阅读和课前对相应知识的掌握程度来进行有针对性的设置。本案例主要按照2学时进行设计。

A计划：学生事先预习，对于本科生和全日制研究生，可以将小组讨论布置在课外进行。本科学生实际工作经验少，所以案例讨论过程中需要教师进行知识引导。

B计划：社工硕士（MSW）学生课前预习差异较大，因此需要将小组讨论置于课堂讨论之中进行。

两种课堂教学详细安排计划如表15-1所示。

表15-1　两种课堂教学详细安排计划

A计划	B计划
课前阅读相关资料和文献1小时	课前阅读至少1小时
小组讨论1小时	考虑到MSW学生课前阅读和讨论的可行性，建议将小组讨论置于课堂中进行
考虑到本科生的知识基础和对应用的理解，要适当增加讨论后的知识总结时间	
课堂安排：100分钟	课堂安排：100分钟
案例回顾：10分钟	案例回顾：10分钟
集体讨论：50分钟	小组讨论：10分钟
知识梳理总结：30分钟	集体讨论：60分钟
问答与机动：10分钟	知识梳理：10分钟
	问答与机动：10分钟

在课堂讨论本案例前，应该要求学生至少读一遍案例全文，并尝试回答案例启发思考题。具备条件的学生还可以小组为单位，围绕所给的案例启发思考题进行讨论。

第十六章　社会救助综合体案例

．

案例名称："善行"温情救助——T镇社会救助综合体运营项目
案例执行与撰写：万飞
案例督导：魏晨
使用说明：魏晨
案例获奖：S市"2020年度全市高质量民政事业发展创新成果

一、背景介绍

（一）政策背景

党中央、国务院历来高度重视困难群众基本生活保障工作，近年来先后出台了《社会救助暂行办法》，以及相关的临时救助、农村留守儿童关爱保护、困境儿童保障、特困人员救助供养等政策措施。为深入推进江苏省民政厅关于救助领域温情救助改革的相关指示精神，结合SZ市XC区困难群体帮扶三年行动计划的具体要求，高质量实现精准帮扶，T镇以"1+3+8+N"工作手法，通过党建引领、载体运营、主题帮扶服务以及公益项目实施等方式推动困难帮扶精准落地。为进一步推动T镇困难群体帮扶工作，T镇拟推动"镇－村/社区"两级困难群体综合帮扶体系建设工作，通过政府购买、项目化运作、专业化服务、社会化参与的模式，形成参与式社会关爱援助体系，致力于打造T镇困难群体综合帮扶的窗口和便民利民的温情帮扶家园。

（二）需求分析

项目组通过调研了解到，T镇2020年困难群体人数共计229人，截至2021年8月，T镇困难群体共计161人，其中低保20人、低保边缘51人、特困供养26人、无业重残58人、一户多残6人。其中，T镇困难群体分布较为广泛，凤阳村、凤凰泾村、骑河村、渭西村等四个村占比均超过10%。由于翡翠家园以及钻石家园多为拆迁安置区，存在"人户分离"等情况，因此困难群体遍布T镇12个村社区。调研发现，主要帮扶形式为政府政策性帮扶，主要特点为基础帮扶覆盖广、"救急救难"。少部分帮扶来自社会组织、企业、志愿者等，主要特点为服务补充性强、可持续性较差、认同度低。因此，亟须扩大帮扶多元主体，拓宽帮扶渠道，搭建帮扶资源平台，以提升帮扶广度以及深度。

二、项目目标

（一）总目标

通过政府购买、项目化运作、专业化服务、社会化参与的模式，形成参与式社会关爱援助体系，打造T镇困难人群帮扶领域的品牌项目、精准帮扶社会组织、专业社工人才以及精准帮扶的外部资源平台，共筑T镇便民利民的温情帮扶家园。

（二）具体目标

（1）实现困难群体的有效以及精准帮扶功能；

（2）实现区域资源的整合以及社会力量的协同功能；

（3）打造区域精准帮扶的品牌项目、专业人才；

（4）树立区域困难群体帮扶工作品牌标杆。

三、项目方案

（一）受益群体介绍

本项目以SZ市XC区T镇为服务范围，以辖区困难群体、社会组织、社区居民为重点服务对象，以善爱益家八大中心为服务载体，开展个案管理、入户探访、公益微课堂、圆梦微心愿、便民服务、送医入户、资源链接、社企对接、队伍培育、平台管理等多项帮扶服务，提升辖区困难群体帮扶温度。

（二）运营策略

善爱益家总体上以"一核多元"为运营策略。以党建引领为核心，由社区、社会组织、社会工作者三方带动党委、政府、群团、企业、社会组织、基层社区六方联动，共同推动精准帮扶创新工作；整合更多人力、物力、财力，聚焦困难家庭帮扶工作。具体来说，将通过三个阶段来实现，内容如下。

1. 落实外引内孵，聚焦服务主体

通过引入专业社工机构入驻善爱益家,建立温情管家队伍与温情管家网格，开展善爱益家救助帮扶服务。同时孵化本土便民服务团队（社会组织）主体，

推动善爱益家服务工作的开展。

2."三个一"推进，聚焦服务模式

通过开展一系列大型活动，如慈善嘉年华大型活动，培育一批社会组织，打造一批精准帮扶公益项目，在此之间推动多元主体参与困难群体帮扶工作，助推善爱益家精准帮扶工作的深化。

3. 跨界资源整合，聚焦服务机制

以困难家庭的需求为根本，以多元主体参与精准帮扶为基本手段，融合政府、企业、社会组织、社区等进行聚焦、精准帮扶，重点打造出精准帮扶联盟等精准帮扶创新产品。

（三）潜在风险预估及对策

1. 风险一：帮扶综合体作为创新救助平台，鲜有服务经验参照

实施三步走计划：第一步，开展相关服务载体调研工作，进行优秀经验的梳理总结；第二步，邀请政府、社会组织、高校、服务对象做好项目规划以及论证；第三步，邀请江苏师范大学等高校智力资源开展项目督导以及服务支持。

2. 风险二：疫情影响，项目服务进度受阻

由于疫情防控常态化，项目制定疫情防控风险机制，转换服务理念和形式，将部分开放活动形式调整为线上或一对一专项沟通，保障服务质量，同时积极与主办方沟通，及时调整服务方式。

3. 风险三：服务对象缺乏信任，工作挑战大

积极推进两级温情管家队伍假设，通过入户调研、线上线下服务或活动，加强宣传；开展常规便民服务，增加场地人气，提升服务对象对帮扶综合体的认同度。

（四）项目沟通机制

通过联席会议、专项汇报、宣传刊物、集中督导形式，建立及完善项目沟通机制。

工作汇报，通过线上和线下两种方式进行。线上，与镇社会事业局民政条线负责人就工作推进情况保持密切沟通；线下，在部门开展的月例会中，就本月总结及下月计划进行汇报，同时项目组开展周例会，明确各阶段发展方向，促进项目有效实施，提高工作效率。设计月度刊物进行宣传，方便辖区居民了解服务、提升参与意识。项目周期内，项目组共接待来自全国不同地区领导同仁们的参观调研共计 15 次，集中督导 8 次，从整体规划、八大中心功能作用发挥、服务质量、两级联动等方面加强服务能力提升和学习。

（五）服务内容

1. 服务逻辑

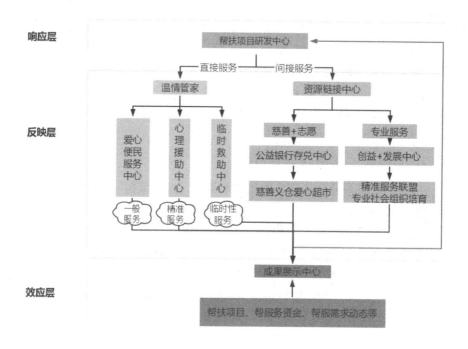

图16-1 服务逻辑图

T镇社会救助综合体依托八大中心开展三层综合性救助服务。其中，第一层为响应层，帮扶项目研发中心开展服务调研响应服务对象需求，通过"一户一档一策"以及项目研发为T镇困难群体提供两类服务。第二层为反应层，提供两类服务：一类服务为直接服务，为温情管家依托爱心便民服务中心（一般基础服务）、心理援助中心（个案、心理服务等精准服务）以及临时救助中心（临时性帮扶）实现。另一类为间接服务，通过资源链接中心实现两项服务：一是公益银行存兑中心以"慈善+志愿者"的模式链接服务资源，二是"创益+发展"中心通过"公益组团联盟+组织培育"的方式整合社会组织资源。第三层为效应层，成果展示中心通过大数据平台集中展示困难群体的动态变化、帮扶需求、帮扶资金等成果，并实时对接帮扶项目研发中心需求，形成服务闭环。

2. 服务内容

（1）公益银行存兑中心，创新载体机制。

公益银行存兑中心由"爱心超市+慈善义仓"组成。通过招募引入企业、商户进行爱心超市、慈善义仓的日常运营，联合政府、第三方技术运营机构以及企业商户发挥各自优势，合力打造慈善救助平台，同时依托慈善义仓开展义集义卖等品牌化、系列化活动，为困难群体链接、转化、整合社会资源。

慈善义仓的运营中，爱心人士捐赠的物资都依托爱心超市的平台进行集中展示、售卖，售卖的收入也将汇集到慈善总会，用于开展更多的公益慈善服务，同时通过志愿积分等激励措施，同向发力，吸纳更多的社会力量参与帮扶服务，进一步提升服务意识与服务能力。

（2）爱心便民服务中心，打造便民"窗口"。

爱心便民服务中心通过围绕困难家庭开展常规化便民服务，有效解决了困难家庭房前屋后的急事难事，实实在在为困难群体、老百姓办实事，办好事，依托便民惠民服务中心打通链接救助服务与困难群体的"最后一公里"，以居民点单的方式，定期开展如缝补、理发、医疗等服务，实现每日有服务，每周有反馈，每月有特色，每季有总结，打造一个开放、友好的帮扶服务空间。

（3）帮扶项目研发中心，精准响应需求。

帮扶项目研发中心开展全镇困难群体需求调查，基于全镇"一户一档"等信息资料，通过需求评估，建立 GIS 帮扶图谱，通过研发沙盘进行专项帮扶项目研发，以项目化方式落地进行精准有效帮扶。

（4）"创益 + 发展"中心，靶向培育孵化。

"创益 + 发展"中心是一个集救助专项组织孵化、救助服务人才培育、综合行政支持为一体的发展平台。针对本土帮扶救助服务现状，以及围绕本土救助类社会组织发展阶段，靶向引导、挖掘本土及外部救助组织，打造镇级精准帮扶联盟。

（5）心理援助中心，打造温情服务。

心理援助中心作为善爱益家的心理解忧坊，为有需要的居民尤其是困难家庭提供精准个案、咨询咨询服务。通过招募，中心链接到了一批心理咨询师志愿者，向居民提供免费的心理咨询、心理干预服务。

（6）帮扶资源链接中心，搭建资源平台。

帮扶资源链接中心围绕帮扶资源，搭建链接中心，主要挖掘、引导慈善义仓的企业商会资源并保持良好的合作运营，同时为研发落地的救助服务项目提供微创项目资金，促成落地以及其他救资源的挖掘、整合、转化与对接。

（7）帮扶成果展示中心，输出服务品牌。

帮扶成果展示中心积极发挥空间参与及媒体的影响力，依托 XC 区困难群体帮扶大数据平台，集中展示 T 镇各类困难人群数据、帮扶资金募集情况、精准帮扶项目实施成果等，以实时、可视化呈现的形式展示 T 镇帮扶成果。联合传统媒体及新媒体平台，宣传倡导、传播展示救助服务品牌，构筑善爱益家救助服务品牌影响力。

同时，为进一步推动善爱益家民政服务中心人才队伍建设，组建了由镇、村社区两级队伍，构成温情管家团队，共 15 人。镇级为善爱益家温情管家，负责镇级帮扶服务的对接实施，村社区级为网格帮扶温情管家，主要负责需求调研反馈、服务落地。依据全镇 12 个村社区划分为 12 个网格，各个网格聘请 1 位温情管家，两级队伍实行网格化管理，实现同频共振、信息共享、服务联动，打造善爱益家温情帮扶特色服务品牌。

（8）临时救助中心，解决急、难问题。

临时救助中心将围绕临时救助对象需求，提供三项基本服务：一是提供一对一咨询服务，帮助居民了解临时救助办理的方法和流程；二是为有救助需求的居民提供力所能及的救助服务，做到临时救助服务源头解决。三是帮助申请人对接行政审批窗口，做到有效对接、快速响应。为打造高效的临时救助机制，辖区已制定临时救助备用金制度，24 小时内快速响应救助帮扶需求。

四、项目方案实施过程

（一）项目启动期

1. 组建团队、加强联动

组建由项目负责人、项目执行人员、项目财务、项目督导等 11 人构成的专业社会工作者团队，完善项目分工，推动各项工作有序进行；加强镇、村 / 社区两级温情管家联动，畅通需求调研反馈、沟通渠道。

2. 统一规划、载体建设

统一规划帮扶成果展示中心、公益银行存兑中心、帮扶项目研发中心、"创益＋发展"中心等八大中心的功能和作用，搭建完善的善爱益家民政服务中心载体及空间，立体展示 T 镇民生服务的示范窗口形象。

3. 走访调研，研发项目

发挥专业沟通、多方联动的优势，通过两级温情管家联动，对 T 镇在册困难人群开展走访入户调研工作，根据收集到的信息，通过需求评估，建立 GIS 帮扶图谱，借助研发模型进行帮扶项目研发，以项目化方式落地服务促进帮扶精准化、有效化。项目周期内共研发 10 个精准帮扶项目，引进 10 家社会组织落地 T，提供专业化服务。

4. 制度建设、规范运营

通过公共秘书制定值班、咨询、档案借阅等运营管理制度。制定慈善义仓运营制度，包含志愿者积分制度、兑换制度、义仓运营机制，并针对超市运营开展日常管理工作。在服务类社会救助领域，针对项目调研、设计、立项、执行、监管、评估六大环节提供管理咨询以及技术支持服务，编写了《T镇服务类社会救助标准手册》并在全区发布，促进服务类社会救助流程和服务内容的规范，提高了帮扶项目的服务成效。

（二）项目执行期

1. "慈善 + 社工"，撬动资源

善爱益家民政服务中心以"慈善 + 社工"的服务形式，促进资源联动，联动爱心超市运营方将爱心惠民特卖会送到不同村/社区，项目周期内共开展8场主题特卖活动，为上千人送去便利与优惠；与企业商户积极开展联席会议6场，链接企业资源18家；挖掘企事业单位志愿者和居民志愿者参与T镇、XC区等不同类型的义集义卖活动共4场，义卖资金达12000余元。

图16-2　服务现场图

2. 供需对接、精准帮扶

通过两级管家联动，对 T 镇在册困难人群开展走访入户调研工作，精准研发 10 个帮扶项目。以"需求方点单—善爱益家制单—社会组织承单"的模式，促进项目落地实施，开展精准帮扶项目活动 64 场，完成 40 个微心愿，服务困难群体 530 人次。项目以四万元的小微资金，撬动多方力量为辖区困难群体提供多样化服务，由点到面，满足辖区困难群体心理、就业、陪伴、家政护理等需求，获得服务群体的一致好评，为 T 镇全面覆盖服务类社会救助工作夯实基础，并具有很强的延续性和实用性。

图 16-3　精准帮扶图

3. 外引内孵、促专促长

2020 年 6 月，善爱益家民政服务中心引入了民政部国家社会工作专业人才江苏师范大学基地，为温情管家团队提供专业技术支持，提升服务专业性。

为增强 T 镇本土帮扶力量，善爱益家民政服务中心引入 4 家本土组织入驻场地，8 家专业社会组织落地 T 开展服务。社会工作者积极挖掘社区能人以及周边资源，组建 T 镇便民志愿服务联盟和 T 镇"巧手阿姨"爱心编织队。

（三）项目结项期

一方面，善爱益家民政服务中心在微信平台、引力播、凤凰网、SZ日报、中国社会网等相关平台媒体进行宣传推广。其中，国家级媒体报道7次、省级媒体报道3次，市、区级媒体报道17次，获得了较高的社会影响力。在运营过程中，善爱益家民政服务中心积极申报省市区相关项目和案例，成功申报市级慈善项目1个，成功获得"市级高质量民政发展创新项目奖"。

另一方面，做好项目服务的档案归档、工作总结与汇报、工作反思和下一步计划，为后续项目的延续做好无缝对接安排。

五、总结评估

（一）创新深化服务机制，提升帮扶工作的专业性、系统性

1. 坚持党建引领，规划先行

善爱益家民政服务中心坚持党的领导，坚持为困难群体服务，把服务类社会救助创新作为一项重点工作，把创新服务类社会救助载体资源整合作为服务内核，推进社会救助由从单一的物质救助向"物质救助＋服务救助"模式转变；明确服务类社会救助坚持政府为主，动员社会力量积极参与的基本原则，形成政社互补、多元参与、精准聚焦的社会救助格局，建立新的救助梯次，形成新的救助坡度。

2. 深化项目化服务机制，提升服务专业性

通过整合T镇困难人群数据，研发帮扶项目10个。通过实施首届T镇困难群体帮扶微公益创投项目，善爱益家民政服务中心购买了10个服务类社会救助项目，引进SZ大市范围内如美丽心灵心理咨询服务中心、汀斯社工等专业能力强、服务口碑好的社会组织，进一步扩充了T镇救助服务队伍的规模，使得服务类社会救助服务全镇覆盖，提升了救助服务的专业性、全面性。

同时，基于善爱益家民政服务中心精准帮扶项目调研结果，积极申报市级项目，2020年12月成功入选"首届SZ市'慈善同心，志愿同行'活动"。2021年1月成功入选"2021年度新时代SZ儿童'幸福港湾'实践项目"。2021年2月，善爱益家民政服务中心成功入选"2020年度全市高质量民政事业发展创新成果"。中心为全区服务类社会救助工作提供了"T模板"以及"T经验"。

（二）整合资源、统筹功能，打造帮扶枢纽载体

1. 依托善爱益家民政服务中心，进行资源与功能整合

整合困难群体帮扶、慈善义仓、社会化服务、社会组织、志愿者服务和临

时救助等功能，开展相关服务。善爱益家正式启用以来，在物资对接方面，联动企业 18 家，链接物资 180 余种，约 2000 份，价值约 148000 元；在组织联动方面，善爱益家联动 SZ 大市范围内 23 家社会组织为 T 镇困难群体提供服务 35 类，服务人次为 25329 人次。此外，善爱益家在疫情防控常态化期间，链接政府、企业、慈善会、社区等多方力量，聚焦困难群体的迫切需求，解决了防疫物资、生活物资、医疗复健等各种问题，通过把救助资源进行转化与整合，让居民有平台参与，有资源可享，解决服务困难群体的"最后一公里"问题。

2. 依托区级智慧帮扶信息平台，实现信息共享、同频共振

借助"互联网 +"、大数据分析等技术力量，拓展资源共建共享、全程帮扶管理、实时统计分析、精准供需对接 4 项功能，打通镇、村 / 社区两级顺畅衔接的信息渠道，并对 T 镇辖区内在册困难人群、帮扶项目实施情况、帮扶资金链接情况进行设施更新和管理，确保数据的及时性和有效性。

3. 依托专业项目支持平台，提升服务成效

善爱益家民政服务中心打造服务类救助项目研发平台，依托专业机构力量，创新研发困难群体精准帮扶图谱以及 T 镇服务类社会救助标准手册，针对项目调研、设计、立项、执行、监管、评估六大环节提供管理咨询以及技术支持服务，提高了帮扶项目的服务成效。

（三）坚持培育孵化机制，打造温情救助队伍与阵地

1. "温情管家"两级队伍建设

为打造困难群体帮扶专业化队伍，善爱益家民政服务中心在主办方的指导和支持下组建了由镇村（社区）两级、第三方社工机构构成的"温情管家"团队，共计 15 人。镇级为区域"温情管家"，负责镇（街道、区）级帮扶服务的对接实施；村（社区）级为网格帮扶"温情管家"，主要负责需求调研反馈、服务落地。同时，善爱益家民政服务中心引入民政部国家社会工作专业人才江苏师范大学基地培训资源，为温情管家培育赋能，打造了一支有温度且有专业能力的社会工作者服务队伍。

2. 善爱益家民政服务中心与善爱益站两级阵地建设

以善爱益家民政服务中心为中心轴，T 镇 12 个村 / 社区为点，组建了善爱益家民政服务中心与善爱益站两级阵地，由点到面，更好更快地开展帮扶救助工作。

3. 外引内孵，扩充专业化队伍

以服务为切入点，调动 4 家本土团队入驻，包括：钻石家园"六心"志愿服务队、渭星街社区"暖心联盟"防疫站队、渭北彩虹行动支队、XC 区第三人民医院向日葵志愿服务队。通过项目外引 8 家社会组织落地 T，包括 SZ 市 XC

区北桥"春晖"电力服务队、SZ市XC区慧之爱社会工作服务中心、SZ市WZ区乐航特殊儿童早期干预中心、SZ市汀斯社工师事务所、SZ市XC星澄青少年事务中心、SZ市安澜社工事务所、SZ市美丽心灵心理咨询服务中心和SZ市WZ区爱慕家养老服务社。通过日常活动和志愿招募活动组建2支本土队伍，为T镇便民志愿服务联盟和T镇"巧手阿姨"爱心编织队。进一步扩充了T镇救助服务队伍的规模，提升了救助服务的专业性。

六、专业反思

（一）服务类社会救助平台创新社会救助生态

善爱益家社会救助综合体通过困难群体需求的分类、分层、分阶的厘清，搭建服务类社会救助需求平台以及靶向供给服务平台。通过培育整合，建立服务聚合机制；引进和培育社会组织，建立镇服务供给库，精准化满足辖区各类群体服务需求；发挥"八大中心"作用，融合政府、企业、基金会、社会组织、高校等参与主体，建立服务资源库，实现优质资源聚集；以服务社会救助项目为抓手，通过品牌挖掘、品牌设计、品牌重塑等手段，建立善爱益家品牌高地，发挥品牌在激活、引领等方面的影响力、传播力与创新力；以需求为导向、服务为抓手、资源为路径、品牌为创新，打造为民帮扶枢纽，不断创新优化民生服务内容、主体、机制，实现善爱益家质变提升，打造了区域社会救助的服务生态。

（二）社会工作在政策倡导方面作用日益凸显

在既往的社会工作服务项目中，专业社会工作多为个案社会工作、小组社会工作以及社区社会工作。善爱益家救助综合体项目是一个政策一体化设计的创新体现，从前期的规划设想、需求调研以及先进区域的经验学习，到中期的政府、企业、社会组织、高校多方的论证设计，再到项目的落地实施，各个环节尽显社会工作的政策倡导作用。善爱益家社会救助综合体做的系统性架构的搭建和生态系统的设计与构建，有效补充了政策兜底救助，项目服务推进了综合救助和深度救助，打造了一个良好的政策倡导范式。

（三）项目相关方评价较高，项目服务延续性和深度亟须加强

本项目以慈善角度成功入选"2020年度全市高质量民政事业发展创新成果"，在项目开展期间也得到省、市、区各级部门对项目服务模式和成效的肯定。服务对象及其家庭也对本项目给予了很高评价，对社会工作者的满意度较高，并在评估中表达了在项目实施中新感受到的支持和关怀。同时，项目服务也让社会工作者意识到，与服务对象信任关系的建立非一朝一夕之事，维持良好的

服务关系需要项目服务的持续性和延续性，以及增强项目服务的深度。本项目将继续通过社会化服务购买，梳理服务群体需求清单，围绕"一老一小一残"开展特色服务。"按需"点单、派单，实现服务项目的精准化、体系化。重点开展镇级困境儿童关爱之家建设运营工作，打造儿童关爱之家服务品牌。

（四）多元主体协同分工急需厘清，专业能力有待提升

各类参与社会救助的共建单位、社区工作者、专业社会组织、社区社会组织以及辖区居民参与社会救助的能力有待进一步提升，通过建立多元主体联席会议机制，搭建沟通平台，对各类主体在职能设定、功能发挥等方面深入了解，挖掘各类主体资源与优势，提升参与社会救助的广度与效度。

七、案例使用说明

（一）教学目的与用途

本案例教学使用说明基于"高级社工实务""社会工作管理""社会工作行政"等课程中的社会救助、社会工作平台管理、平台型社会工作机构的教学需求撰写，用于讲解平台型社会工作机构在运作平台、管理平台、筹措资源等方面的内容。案例的编写以此为出发点和落脚点组织相关内容，对案例的分析和总结也基于这一目的。若将本案例用于其他课程，则需做调整，本案例使用说明可作为参考。

（二）涉及知识点

本案例适用于"高级社工实务""社会工作管理""社会工作行政"等课程中使用，主要覆盖知识点包括：

（1）社会工作平台的功能；

（2）社会工作平台的共享机制；

（3）社会救助基础知识。

（三）配套教材

（1）社会工作行政；

（2）社会工作平台管理。

（四）启发思考题

本案例主要通过社会救助综合体的建设，实现困难群体的有效及精准帮扶，形成区域资源的整合以及社会力量的协同救助的整体性格局，并在精准帮扶项目、人才等方面做了创新尝试。社会工作平台将各类资源引入平台，同社会组织和其他资源使用者共享相关资源，在资源利用的基础上，补齐基础设施短板，

促进组织之间的相互协作，实现更加有效的社会救助。事例涉及以下问题：

（1）社会化的社会救助应该采用的方法论是什么？

（2）社会工作平台运作如何实现资源统筹与共享？

（3）社会工作平台管理应注重哪些原则？

（4）平台型社会工作机构的管理与服务型机构的管理有哪些区别？

（五）分析思路

案例分析的思路是引导学生运用所学知识，依据案例相关情境材料，通过一定的逻辑思路，对案例进行细致解剖和系统分析。

本案例依据社会工作平台管理要求，基于平台管理中的共享机制，使得资源能够有效地利用。故在制度层面、资金层面和人才层面，社会工作平台应统一进行规划，消除影响资源共享的不利因素，推进形成平台共享机制。共享机制使得政府的信息资源、政策资源，组织的实践资源、市场资源，区域内高校、科研院所的社工教育资源、人才资源和研发资源等得以共享，平台降低管理成本，增进效益的模式得以实现。

（六）理论依据与分析

1. 平台经济学理论

平台经济学理论是由法国图卢兹大学的一些学者提出的一种产业组织理论。和传统微观经济学中厂商和消费者无摩擦地形成供求关系和市场均衡不同，平台经济学理论认为，厂商和消费者必须接入一个平台，才能解决时空搜索和邂逅的问题。平台两端为平台支付的费用是极不均衡的，通常厂商负担全部平台成本，而消费者免费使用甚至可享受补贴。例如，消费者进菜市场、机场，收听广播，使用微信等，就完全不需要付费，平台经营者向厂商收费。平台经济学也被称为 net work economy。平台之所以出现，是因为平台虽然是垄断的，但其维持费用不一定高于无平台时社会福利最大化的费用。

平台经济学理论认为，平台的本身具有市场特征，平台经济学打破了传统经济学中只分析买方或者卖方的局限，它是将市场作为研究对象，分析其在资源配置过程中如何盈利的经济学。平台实际上是将传统"无形"市场"显性化"的经济组织形式，"网络直接外部性十分明显，即随着用户基础的不断增加，每个人从该平台上获得的价值与效用也会不断增加。"

实际上，经济学人眼中的平台是配给资源的平台，在于该平台的存在效用能够大于市场的自然配给效用。平台经济是一种经济社会现象，而（经济）平台则属于一种"物品"。可以说，各类平台经济之所以能够异军突起、风起云涌，根本原因就在于平台本身具有共同递增的边际效用与负竞争性。

对于平台的所有者而言，通常平台使用的人数越多，使用频率越高，平台本身的价值就越大。对于平台使用者来说，如果平台使用频率越高，购物的效率提升和多样化需求得到满足等的效用也会随之提高。对于平台的消费者来说，平台使用强度增大（通常平台也会随之扩张），他们从平台的使用中获得的边际效用也会提高，所以平台经济学中平台所有者、使用者、消费者第一次在同一种市场行为当中实现了"共同的边际效用"增强，从而将市场两端的竞争性行为转化成为负竞争性的市场行为特征。这样的外部市场变化必然衍生出不一样的平台型组织。按照是否有形的标准，可以将平台分为实体平台和互联网平台两大类。

2. 平台组织学

一些传统以所有权为根本的企业组织在面对平台经济时都出现了不同状态的溃败。在平台经济大的作用体系下，类似于阿里、腾讯一类的互联网平台型的企业不断涌现，这类平台型企业"将自己变成提供资源支持的平台，并通过开放的共享机制，赋予员工相当的财务权、人事权和决策权，使其能够通过灵活的项目形式（也有企业将其称为经营体、小微生态圈、模拟公司等）组织各类资源，形成产品与服务方案，满足用户的各类个性化需求。这一过程中，员工变成了为自己打工的创客，而创客和企业都能够从项目的成功中分享到可观收益。"

技术创新使得经济领域广泛使用了数字化与智能化的技术，使得人的协作方式更加通透高效，因此激发人类潜能的管理方式也在不断升级，组织人类协作的组织架构也发生了彻底变革，平台型组织不断涌现。

（七）背景信息与关键点

本案例分析关键在于社会工作在设计、运营、管理平台时，需要跳出原有社会工作理论框架，用平台思维重新思考社会工作平台的共同边际效应如何实现，实现平台中社会组织的协同发展，更好共建、共享、共治社会救助平台。

（八）课堂教学计划建议

本案例课堂教学计划根据学生的差异，尤其是对案例的阅读和课前对相应知识的掌握程度来进行有针对性的设置。本案例主要按照2学时进行设计。

A计划：学生事先预习到位，对于本科生和全日制研究生，可以将小组讨论布置在课外进行。因为这类学生实际工作经验少，所以案例讨论过程中需要教师引导的内容要相对多一些。

B 计划：社工硕士（MSW）学生课前预习差异较大，因此需要将小组讨论置于课堂讨论之中进行。

两种课堂教学详细安排计划如表 16-1 所示。

表 16-1　两种课堂教学详细安排计划

A 计划	B 计划
课前阅读相关资料和文献 1 小时	课前阅读至少 1 小时
小组讨论 1 小时	考虑到 MSW 学生课前阅读和讨论的可行性，建议将小组讨论置于课堂中进行
考虑到本科生的知识基础和对应用的理解，要适当增加讨论后的知识总结时间	
课堂安排：100 分钟	课堂安排：100 分钟
案例回顾：10 分钟	案例回顾：10 分钟
集体讨论：50 分钟	小组讨论：10 分钟
知识梳理总结：30 分钟	集体讨论：60 分钟
问答与机动：10 分钟	知识梳理：10 分钟
	问答与机动：10 分钟

在课堂讨论本案例前，应该要求学生至少读一遍案例全文，并尝试回答案例启发思考题。具备条件的学生还可以小组为单位，围绕所给的案例启发思考题进行讨论。

第十七章　社会组织培育孵化案例

案例名称：建设"孵化器的孵化器"，实现三级培育体系技术载体——以 KS 市公益创新中心为例

案例撰写与执行：李冉

案例督导：魏晨

使用说明：魏晨

案例获奖：江苏省社工案例二等奖

一、背景介绍

KS 市公益创新中心是 KS 市社会组织培育发展的技术载体，着重引入专业支持类社会组织和专业领域内龙头枢纽型社会组织入驻办公，为全市公益服务类社会组织和区镇（城市管理办事处）公益坊、社区五彩益家提供智力支持和专业支持。

目前入驻在 KS 市公益创新中心的社会组织共有 19 家，全市公益坊已建成并投入使用的有 13 家，五彩益家建成并投入使用的有 87 家。

在 KS 市社会组织与社会工作领域发展过程中，KS 市公益创新中心突破传统的孵化器模式，创设"孵化器的孵化器"新定位，实现区域内公益事业的有序、整体、均衡发展。

二、分析预估

（一）理论基础

1.经济学理论

（1）规模经济理论。在一特定时期内，扩大经营规模可以降低平均成本，从而提高利润水平。其基本原则在于通过外部市场内部化来降低交易费用。在公益孵化器中，通过扩大孵化器的服务和辐射范围，同一领域的社会组织可以彼此合作，不同要素可以充分交换。

（2）产业集群理论。一个特定区域集聚着一组相互关联的公司、供应商、关联产业和专门化的制度和协会，通过这种区域集聚形成有效的市场竞争，构建出专业化生产要素优化集聚洼地。公益孵化器在解决社会领域重大难题时，通过引进相互关联的社会组织、利益相关方，可以形成区域集聚效应、规模效应、外部效应和区域竞争力。

（3）同边网络效应。指网络一方用户数的增加，导致这个网络对于同一方用户的价值升高。公益孵化器支持的社会组织越多，其他资源方的积极性就越高，进而能够提供的服务就更多元。同理，通过去中心化的运作，孵化器辐射的社会组织可以直接为其他社会组织提供服务，参与的社会组织越多，对彼此效益越大。

（4）双边市场效应。双边平台作为中介，连接着两类用户群并向用户提供交易场所或服务，其所连接并存在的市场称为"双边市场"。公益孵化器应该扮演管道的角色，不断搭建管道、修护管道，创造条件让资源方与需求方直接连接。

2. 社会工作理论

（1）生态系统理论。每个个体都存在于相互影响的环境系统中，系统中的每个因素都会相互影响、相互制约。在公益孵化器的生态圈里，社会组织相互互动，带动整个生态圈发生改变，孵化器同时会受到影响。通过绘制孵化器和受孵组织的生态图，能够梳理清楚并充分调动各要素相互合作，实现共同进步。

（2）资源依赖理论。社会组织对具有资源优势的其他社会组织的依赖程度，主要取决于组织对资源的需求程度、使用权限和资源的可替代程度。针对社会组织资源获取渠道不足的情况，公益孵化器可以起到资源集散作用，帮助社会组织充分利用资源，实现自身发展。

（3）优势视角理论。关注内在力量和优势资源，把人们及其环境中的优势和资源作为社会组织服务过程中所关注的焦点，而非关注其问题。公益孵化器开展服务过程中应该善于发现并使用社会组织的优势，提供个性化的服务以支持其发挥优势。

（4）增能理论。社会环境存在的障碍使人无法发挥能力，但障碍是可以改变的。服务对象是有能力、有价值的，能力不是稀缺资源，经过有效互动，能力可以不断增强。公益孵化器除了对社会组织中的从业者进行增能外，还需要对社会组织本身进行增能。

（二）问题及需求分析方法

（1）访谈法。KS市公益创新中心运营方与入驻社会组织及KS市部分公益孵化器进行半结构式访谈，了解每个社会组织和公益孵化器的发展现状，对发展现状、发展需求进行初步评估。

（2）观察法。KS市公益创新中心运营方通过实地考察，实际参与社会组织与公益孵化器活动，综合观察社会组织的能力水平，形成参与式观察调查结果。

（3）文献研究。KS市公益创新中心运营方参考KS市民政局等业务主管单位发布的政策文件及KS市历届公益创投活动、社区服务社会化项目等相关的政策文件，对相关内容进行二次分析和总结。

（4）比较分析法。在了解社会组织与公益孵化器现状与需求的过程中，KS市公益创新中心运营方与自身服务过的数百家社会组织进行横向、纵向比较，发现其共性与个性特点。

（三）问题与需求

KS社会组织与社会工作领域总体环境利好，以KS市民政局为主的政府各职能部门对社会组织与社会工作事业发展支持力度大、范围广，社会组织数量和质量得以快速提升，社会组织管理体制逐步完善。与此同时，随着KS市社会组织与社会工作领域的发展，KS市公益创新中心仍然需要回应以下问题。

1.KS市社会组织与社会工作领域系统性不足

KS市连续十余年成为全国百强县（市）之首，在推动社会创新、响应民生需求、营造公益环境等方面取得了不菲成绩，对公益行业的顶层设计相对全面，各类型的社会组织也开展了大量的基层探索工作。将顶层设计与基层实践相结合，是KS市全域公益行业发展的破局点，而KS市公益创新中心"孵化器的孵化器"这一定位，正是顶层设计结合基层实践的有效模式体现，可以实现人才、资源、信息在上下游渠道的联通。

2.KS市社会组织三级培育体系发展潜力不足

KS市社会组织三级培育体系已经建成并逐步开始运营，但目前各级公益孵化器的运营模式相对单一，针对本区域具体情况的个性化设计不足，影响了各级孵化器的运营成效。KS市公益创新中心"孵化器的孵化器"这一定位可以引导各级孵化器将本区域的政策规划、管理制度、基层探索相结合，实现新型的孵化器与社会创新模式。

3.KS市社会创新协同社会治理的整体性不足

公益孵化器能够在社会环境中追求多方利益和价值的交融，而目前KS市各级孵化器大多处于"各自为战"的状态，难以进行整体规划和行动。KS市公益创新中心打造"孵化器的孵化器"，可以将KS市各级公益孵化器进行平台的延展，形成公益孵化器体系，通过公益孵化器之间的联动，实现社会创新协同社会治理体系一体化。

三、服务计划

（一）服务目标

结合党的十九大以来的政策，以及 KS 市社会组织与社会工作领域发展现状的要求，KS 市公益创新中心的运营目标是：推动 KS 市社会组织与社会工作领域自上而下的系统建设，推进社会创新发展，尤其是 KS 市社会组织三级培育体系的持续优化，具体包括以下四点。

1. 多维度的资源共建

从人才资源、项目资源、组织资源、平台资源、信息资源五个层面进行资源共建。人才资源层面重点培养本土讲师与孵化器运营人才，以此撬动整体人才发展；项目资源层面将基金会、企业、各级政府资助平台等资源方通过 KS 市公益创新中心引导至各级孵化器；组织资源层面通过建设各领域的组织信息库，协助各级孵化器找到方向；平台资源层面以三级培育体系为抓手，逐级进行资源发布；信息资源层面则从长三角区域出发，搭建公益项目合作链。

2. 多层级的平台聚集

进一步发挥 KS 市公益创新中心的技术载体功能，落实 KS 市社会组织三级培育体系的规划。在市级层面，发挥展示与输出的功能，输出社会创新技术，展示公益事业成果；在区镇级层面，发挥培养与支持的职能，整合公益资源，服务三级基地，实现专业人才职业成长；在社区级层面，发挥指导与规划的职能，支持社区治理研发，创新三社联动模式。

3. 多类型的人才培养

在 KS 市公益创新中心原有的公益人才培养模式基础上，从人才培养类型的角度重点培养五类人才，分别是本土公益讲师人才、社会组织孵化器运营人才、社会组织管理人才、社区治理人才、社会工作一线实务人才。其中，尤其以前两类为重点，通过本土公益讲师人才和社会组织孵化器运营人才的培养，进一步将各类型人才培养的渠道下沉到 KS 市各个区域。

4. 跨区域的品牌建设

在长三角区域一体化的国家战略下，通过区域内大型活动，使 KS 市公益创新中心形成在长三角区域内的独特品牌。拓展服务边界，一方面，加速引进长三角区域优质的社会组织、公益项目、公益人才；另一方面，将 KS 市本土社会组织与社会工作领域经验与模式进行复制推广，加速长三角区域社会组织与社会工作领域的一体化建设。

（二）具体服务计划

基于以上四点服务目标，KS市公益创新中心设计了以下五点服务计划。

（1）输出公益孵化器运营技术，设计各级孵化器建设标准与运营指引，服务于全市各级公益孵化器。KS市公益创新中心协助各区镇（城市管理办事处）进行孵化器定位规划，协助开展孵化器项目设计，编制公益孵化器运营操作手册与技术学习手册，为各级孵化器提供技术基础。

（2）培养社会组织与社会工作专业人才，为各级公益孵化器提供人才基础，服务于全市的社会组织及社会工作者。KS市公益创新中心开展公益孵化器运营人才培训班，提升孵化器运营官服务技术；开展社会组织管理人才培训班，提升孵化器运营团队能力；开展社区治理培训班，协助孵化器与社区联动；开展本土公益讲师培训班，为孵化器积累讲师资源。

（3）开展公益孵化器交流沙龙，定期为各级孵化器开展咨询督导工作，完善各级孵化器资源体系。KS市公益创新中心集聚全市各类公益组织及合作伙伴的资源，搭建资源库，吸引其他区域、其他领域的资源及信息注入，搭建合作链，采集全市社会治理领域信息，转化服务需求，搭建创意集，形成稳定的资源对接机制，并转交给各级孵化器，形成KS市公益孵化器之间的合作网络。

（4）加强各级公益孵化器与社区服务社会化项目的嵌入关系，以各级孵化器为载体开展社会组织与社区的对接工作。KS市公益创新中心引导各级孵化器开展本辖区范围内的社社对接会、社区工作者培养计划、社会治理案例提炼等，形成各地的基层社会治理中枢。

（5）各级孵化器联合举办大型活动，实现KS市整体公益事业的成果展示。KS市公益创新中心发起，各级孵化器联合承办KS市公益嘉年华活动，集中展示全市各类公益项目资助平台、公益组织支持平台，集中展示全市公益行业优秀人物、项目、组织、案例、产品，集中展示全市公益行业政、社、企、校、媒等跨界合作伙伴，全面反映KS公益事业发展生态环境。

四、服务计划实施过程

在服务计划实施过程中，KS市公益创新中心综合运用品牌战略、生态战略、招社引智战略、标准化战略等思路，赋能视角、优势视角等社工理念和比较优势、产业集群等经济学理论，开展了各项工作以回应服务计划。在众多工作中，本案例重点说明孵化器的孵化器这一定位的实施过程。

（一）前期工作

（1）协助各区镇（城市管理办事处）开展公益孵化器设计。KS市社会组织三级培育体系建设初期，除 KS 市公益创新中心外，公益坊、五彩益家数量均较少，多数处于待建或者筹建状态，各区域相关业务主管部门对公益孵化器的定位也尚不明晰。在此阶段，KS 市公益创新中心开展了各级公益孵化器的功能设计、定位设计、软装设计工作，协助 KS 市社会组织三级培育体系从无到有。

（2）输出 KS 市公益孵化器建设标准及运营指导手册。KS 市各级公益孵化器运营初期，运营团队大多没有孵化器运营经验，无法将原有的一线服务能力进行适当迁移。在此阶段，KS 市公益创新中心编制了 KS 市公益孵化器运营指导手册，内容包括孵化器通识、孵化器筹建技术、孵化器运营技术和常用模板参考，以供各级孵化器运营团队参考使用。同时，KS 市公益创新中心协助 KS 市民政局制定了公益孵化器建设标准，以供各区镇（城市管理办事处）民政部门参考使用。

（3）培育公益孵化器运营团队，培训公益孵化器运营通识。除了运营指导手册的编制外，KS 市公益创新中心还设计并开展了一整套公益孵化器运营官培训课程，主要内容为公益孵化器如何通过人才、项目、组织、平台四要素开展服务，保证孵化器运营团队能顺利实施孵化器运营项目。

（二）中期工作

（1）开展 KS 市社会组织三级培育基地交流沙龙，构建 KS 市公益孵化器合作网络。在此阶段，各级孵化器已经逐步建成并开始运营，但公益孵化器之间交流较少，KS 市公益创新中心创设"共享服务"的交流沙龙模式，对于入驻组织，采取以服务换入驻资格的举措，对于非入驻组织，采取以服务换一对一诊断督导的举措，将置换的服务共享给 KS 市各区镇（城市管理办事处）公益坊，以此回应各公益坊师资不足、资源不足、服务不足的现状。

在置换的服务原则上，为主针对社会组织的培训或其他服务，目前已经开展团体社工中的活动设计与带领培训、萨提亚沟通模式工作坊、社工服务标准化建设工作坊、情景剧公益倡导实操、项目路演系列分享、个案工作培训等。交流沙龙每月开展一次，轮流在各公益坊开展，通过此方式，初步建立各公益坊之间的合作关系。

（2）开展 KS 市公益孵化器一对一诊断活动。在此阶段，各级公益孵化器在运营过程中已经产生诸多个性化问题，原有的标准化运营指导手册内容不能满足各级公益孵化器的实际需求，KS 市公益创新中心为此开展了线上或线下的一对一诊断活动，针对各个区域的实际情况，邀请公益孵化器领域的行业专家进行回应。

（3）提炼公益孵化器角色模式，以此为基础开展进阶培训班。在此阶段，各级公益孵化器运营团队需要针对实际情况，参加定制化、操作化、模块化的学习。为此，KS 市公益创新中心开展了以角色模型为主题的进阶培训班。

如 2019 年的第四届公益孵化器培训班连续四天进行，课程内容分别是导演模型——如何系统设计培育基地服务功能，银行家模型——如何搭建资源集散平台，创始人模型——如何开始运营公益孵化器的第一步，分析师模型——社会组织孵化器通识，培训师模型——如何分析并梳理孵化器运营经验，产品经理模型——如何将培育基地服务进行产品化打造。本系列培训班已经成为 KS 市公益行业的品牌，除 SZ 市外，2019 年培训班长三角区域内其他城市报名人数达四十余人。

在进阶的公益孵化器运营人才培训班的引导下，一批有资源、有能力、有想象力的公益孵化器运营官得以培养，以此为杠杆，将撬动区域内更多公益资源。

（4）为 KS 市各级公益孵化器提供本土讲师基础。KS 市公益人才的存量已达一定规模，其中包括一批有经验、懂技术、善分享的人才。2019 年，KS 市公益创新中心开展了 KS 市本土公益讲师团培育计划，先后经过课程申请、线上审核、现场面试等环节，共选拔出 11 位候选人。

随后 KS 市公益创新中心又邀请 AACTP 国际注册培训师，开展《TTT 培训师技能修炼》课程，通过"以练促学 + 以考促练"的方式，提升本批候选人的授课能力，内化培训技术。这一批本土讲师的产生，将同时回应 KS 市社会组织与社会工作领域能力建设的两大困境问题，即本土经验萃取不足和外部技术难以转化，极大缓解 KS 市各级公益孵化器受孵组织的紧迫需求。

（三）后期工作

（1）合作开展 KS 市各级公益孵化器绩效评估工作。随着 KS 市各级公益孵化器的投入使用，评估孵化器运营绩效成为判断公益孵化器价值的重要依据。为此，KS 市公益创新中心与业务主管单位、专业评估机构共同研讨 KS 市公益孵化器的评估标准，从孵化程度、孵化效率、孵化成本三个角度，通过基线评估、第三方评估、比价评估三种方式进行综合性的绩效评估工作。

（2）加强 KS 市各级公益孵化器与社区治理的联动。KS 市自 2016 年开始，持续开展社区服务社会化项目。从 2018 年开始，第二批社区服务社会化项目成倍扩大了覆盖社区。在此基础上，各级孵化器如何与社区治理联动成为新时期的新问题。KS 市公益创新中心协助区镇（城市管理办事处）级公益坊设计靶向型孵化器、基层社会治理枢纽基地的新定位，针对社区级五彩益家，也赋予了直面社区问题、孵化内生组织、共同开展服务的新任务。此外，KS 市公益创新中心联合各级公益孵化器开展社区与社会组织对接会、社区工作者培养计划、社会治理案例提炼等，支持各级孵化器成为各区域的基层社会治理中枢。

（3）整合 KS 市各级公益孵化器资源，联合开展市级大型活动。KS 市各公益坊已经逐步成为 KS 市公益行业的组织载体，KS 市各五彩益家也逐步成为 KS 市公益行业的服务载体。在此基础上，KS 市公益创新中心联合各级孵化器共同开展大型活动，进行品牌建设与发布。如每年开展 KS 市公益嘉年华活动、KS 市社工节活动，均实现了年度成果的综合发布、服务品牌的集中表彰、公益孵化器的联合展示。

五、总结评估

（一）评估方式

1. 过程评估

主要评估服务是否按照程序进行，服务频次是否达标，服务的专业性是否有保证，服务对象在活动过程中的参与度、满意度如何等，可以通过 KS 市公益创新中心的月度工作计划、月度工作总结、服务记录、执行力对比报告等进行测评。

2. 成效评估

主要是对 KS 市公益创新中心的目标达成情况、社会组织发展情况、公益环境影响力变化情况、实际服务成效产出情况等进行评估。KS 市公益创新中心运营方采用访谈法和量表，对社会组织和公益孵化器进行前测和后测的基线反馈对比。

（二）评估成果

1.KS 市公益人才类型逐步完善

经过 KS 市公益创新中心的运营，2018 年至 2019 年，KS 市培养了首批本土公益讲师 11 名，培养了公益孵化器运营人才 60 余名，社会组织管理人才 60 余名，此外，社区治理人才、一线实务人才的数量和质量均得到明显提升。同时，公益人才类型的完善，进一步保障了公益项目的实施成效，保障了公益组织的运行效益。

2.KS 市三级培育体系初见成效

截至 2019 年，KS 市建成并投入使用区镇（城市管理办事处）公益坊 13 家，建成并投入使用社区五彩益家 87 家。KS 市公益创新中心的运营实现了对公益坊和五彩益家的有效链动，通过资源、信息与技术的流动，打造出了公益基地平台网络。目前，大多数公益坊已经能够实现培育辖区内公益组织的使命，也已经有一批五彩益家，实现了社区公共空间运营、靶向孵化社区社会组织的功能。

3. 区域内的各维度资源彼此联动

目前，KS 市公益创新中心通过技术输出，开展标准化与情景化结合的能力建设，积累了人才资源。通过与基金会、企业合作，结合 KS 市公益创投活动与社区服务社会化活动，KS 市公益创新中心积累了项目资源；通过社会组织三级培育体系的引导，KS 市公益创新中心积累了组织资源与平台资源；通过广泛的对外交流，积累了信息资源。目前各维度的资源以 KS 市公益创新中心为集散点，以各级孵化器为投放点，实现了整体联动。

4. 运营载体的品牌效应日趋明显

目前，KS 市公益创新中心已经成为长三角区域内行业交流、信息流动的重要桥梁。在各类大型活动的推动下，KS 市公益创新中心在 2018 年至 2019 年期间获得市级及以上媒体报道 30 余次，提升了 KS 市在长三角区域社会组织与社会工作领域的整体地位。

六、专业反思

KS 市公益创新中心通过专业标准化建设、培育体系化建设、资源集成化建设，已经打造成专业的示范区标杆、公益资源的集散地、公益产业的生态园，实现了"孵化器的孵化器"的定位。但与此同时，也有一系列问题制约着 KS 市公益生态的全面覆盖和有效落地，亟待 KS 市公益创新中心进一步回应，主要包括以下三点。

1. 针对 KS 市各级孵化器的服务，精细化运营尚不足

目前，KS 市公益创新中心提供的服务虽然已经实现了专业化、标准化，但尚无法针对每家孵化器的实际情况做一对一的及时处置。针对此问题，KS 市公益创新中心计划通过利用互联网工具，设计量表，一方面对社会组织提供的服务进行积分计算，另一方面逐步积累微观工具，回应具体问题。

2. 各级孵化器针对社区与社会公众的影响力塑造尚不足

目前，KS 市公益创新中心及各公益坊的影响力尚局限于社会组织与社会工作领域内，对社区、公众的影响力不足，限制了进一步的资源整合，也无法从更多元的渠道上打造新的产业集群。针对此问题，KS 市公益创新中心计划一方面开展社区治理研发支持中心、三社联动模式创新中心的建设，深入社区开展支持性服务；另一方面与公共交通部门、融媒体中心、公众倡导类赛事活动组织合作，开展多层次的公众倡导。

3. 针对更大区域的整体公益环境，KS 市各级孵化器特色不足

目前，KS 市公益创新中心的多项服务已经初现品牌特质，得到长三角区域

内社会组织与社会工作领域从业者的普遍好评，也取得了相应成效。但这些核心服务的不可替代性尚不明显，各公益坊和五彩益家品牌服务尚不明显。针对此问题，KS市公益创新中心计划面向长三角区域，对KS市各级公益孵化器特色服务进行品牌规划与介入，实现特色服务的前移后延，覆盖行业需求的全周期，并将服务内容在线上进行沉淀。

流水不腐，户枢不蠹。唯有时刻创新思变，才能保证KS市公益创新中心"孵化器的孵化器"这一定位能够实现最大价值，既能逐层逐级为社会组织提供支持，又能实现从市级到区镇级再到社区级的共享共生。在新的服务周期里，KS市公益创新中心将成为各级公益孵化器的蓄水池、行业从业者的武器库、公益项目的定心丸、社会组织的保险箱、孵化成果的倍增器、各类合作方的好伙伴、区域内公益环境的生态圈。

七、案例使用说明

（一）教学目的与用途

本案例教学使用说明基于"高级社工实务""社会工作管理""社会工作行政"等课程中的社会工作平台管理、社会工作孵化器平台管理的教学需求撰写，用于讲解社会工作机构在运作孵化器时如何设计、运营、管理、传播等方面的内容。案例的编写以此为出发点和落脚点组织相关内容。

（二）涉及知识点

本案例适用于"高级社工实务""社会工作管理""社会工作行政"等课程中使用，主要覆盖知识点包括：

（1）社会工作孵化器基础知识；

（2）社会工作孵化器设计；

（3）社会工作孵化器管理。

（三）配套教材

社会工作平台管理。

（四）启发思考题

本案例是从孵化器的孵化器角度来理解，进行人才资源、项目资源、组织资源、平台资源、信息资源五个层面的资源共建。发挥技术载体功能，落实社会组织三级培育体系的规划，在市级层面发挥展示与输出的职能，输出社会创新技术；在区镇级层面发挥培养与支持的职能，整合公益资源；在社区级层面发挥指导与规划的职能，支持社区治理研发，创新三社联动模式，从而单纯的孵化社会组织的孵化器转变成为带动其他孵化器发展的孵化器，实现区域社会工作生态的整体好转。案例涉及以下问题：

（1）孵化器作为一个投资工具，是如何成为社会工作本土化的有效工具与载体的？

（2）社会工作孵化器平台将孵化对象从社会组织转化成为孵化器时，在方法论与技术上有哪些改变？

（3）中国式社会工作推进工作中，孵化器是如何同社会工作发展结合的？

（五）分析思路

本案例依据社孵化器运作之要求，将社会工作孵化器的对象从社会工作机构转化为孵化器，从而更多地协同人力资源、项目资源、服务资源、组织资源、平台资源，使得社会工作本土视角伸向了社会工作发展的环境、政策、平台等要素，协同共建、共享、共治的社会治理体系共享，实现社会工作与本土社工发展的有机融合。

（六）理论依据与分析

案例中已有理论陈述为案例分析之理论依据。

（七）背景信息与关键点

国内公益孵化器的历史发展可以分为三个阶段。

第一阶段是 2001 到 2011 年。这个阶段的孵化器还是比较传统的北美式的孵化器，在北美孵化器影响之下，公益孵化器做了某些形式的改良，针对中国大陆当时社会组织发展的具体情况，开展了譬如注册辅助、能力提升、咨询、资源对接等孵化服务活动。

第二阶段是 2011 年到 2016 年。孵化器越来越具有破解经济社会发展重大难题的功能。通过聚集要素、聚焦问题、聚变反应的范式来破解重大难题。要素聚集过程中，聚焦特定问题的特点越来越明显，不断衍生出针对某一个特定问题的孵化器，孵化器可能越来越专项化，越来越集中化，越来越焕发出强大的生命力。在解决问题过程中，资源的投放更有效率，人才供给更有针对性，问题的解决更有针对性。这一阶段越来越强调技术研发，对一个问题的深度研发、集中资源研发、链条式研发逐步显现出来，也非常明显地呈现出聚集、聚焦、聚变的特征。

第三阶段是 2016 年到 2021 年。公益孵化器进入到价值链、产业链形成阶段。社工类型的孵化器，在这个过程当中起了比较大的作用，研、孵、创、产、销一体化逐步形成。研发中心越来越成为公益孵化器的标配，同时生态链进一步拓展了资金、资源、服务、网络，使得公益孵化器的产业链越来越长，可以通过研、孵、创、产、销5个环节去协同各种资源，以满足组织发展中的需要。产业链形态下的孵化器与孵化园的平台属性会越来越强。在这个过程当中，孵化园不应仅仅是舒适的办公场所，更应是有温度的生产生活社区与有高品质生活质量的街区，不仅要有效率，还要有品质。孵化园中不仅仅有经济价值，更有社会价值、文化价值、生态价值，是复合性的价值链。不能把孵化园建设成工厂，而应该把孵化园建设成为成为有温暖、有社交、有品质的地方，这才是园区、社区、街区一体化本质所在。

研、孵、创、产、销还只是生产链条意义上的价值链，还要从社区、街区角度重新塑造生活意义、文化意义、社会意义，在新的价值链基础上重新建立与平台组织的信任和认同。孵化器与孵化园不仅要解决社会组织的生存问题，更应该创设出高品质的生活、高品质的社交空间、高品质的人际社群。整体来看的话，孵化器本身研、孵、创、产、销这五个方面的核心竞争力，以及孵化园本身在园区、街区、社区、生活区域、服务一体化方面的特点，都构成了未来孵化器运营的核心竞争力。两个一体化模型是未来判断公益孵化器和孵化园成功的模型。

（八）课堂教学计划建议

本案例课堂教学计划根据学生的差异，尤其是对案例的阅读和课前对相应知识的掌握程度来进行有针对性的设置。本案例主要按照2学时进行设计。

A 本科生计划：学生事先预习到位，可以将小组讨论布置在课外进行。因为这类学生实际工作经验少，所以案例讨论过程中需要教师引导的内容要相对多一些。

B 计划：社工硕士（MSW）学生之间预习差异较大，因此需要将小组讨论置于课堂讨论之中进行。

两种课堂教学详细安排计划如表17-1所示。

表 17-1　两种课堂教学详细安排计划

A 本科生计划	B 研究生计划
课前阅读相关资料和文献 1 小时	考虑到 MSW 学生课前阅读和讨论的可行性，建议将小组讨论置于课堂中进行
小组讨论 1 小时	
考虑到本科生的知识基础和对应用的理解，要适当增加讨论后的知识总结时间	课堂安排：100 分钟
课堂安排：100 分钟	案例回顾：10 分钟
案例回顾：10 分钟	小组讨论：10 分钟
集体讨论：50 分钟	集体讨论：60 分钟
知识梳理总结：30 分钟	知识梳理：10 分钟
问答与机动：10 分钟	问答与机动：10 分钟

在课堂讨论本案例前，应该要求学生至少读一遍案例全文，并尝试回答案例启发思考题。具备条件的学生还可以小组为单位，围绕所给的案例启发思考题进行讨论。

第十八章　关爱之家平台运营案例

案例名称："吴爱吾童"WZ高新区儿童关爱之家运营项目
案例执行与撰写：崔丽华、吴赟赟
案例督导：黄翠翠
使用说明：魏晨
案例获奖：2020年度江苏省优秀青少年事务社会工作项目

一、背景介绍

（一）政策背景

各级政府相关部门历来重视困境儿童保障工作，2016年国务院印发《关于加强困境儿童保障工作的意见》，2020年江苏省民政厅发布《关于全省开展困境儿童精准排查和保障工作的通知》（苏民儿童〔2020〕8号）、SZ市民政局《关于贯彻落实〈关于全省开展困境儿童精准排查和保障工作的通知〉的实施方案》（苏政民福〔2020〕7号）。近年来，江苏省大力推动儿童"关爱之家"建设，为困境儿童提供多样化服务。在政策引导和支持下，SZ市WZ高新区也在探索困境儿童保障工作，更好满足特殊群体需求。

（二）需求分析

2020年初，WZ高新区登记在册困境儿童共42名，其中父母监护缺失的有8名，低保家庭的有1名，重病的有5名，其余28名为重残儿童（包括1名多重）。

调研对象覆盖类型多样，需求也相对丰富，呈现出差异性特点。社会工作者在调研中发现，困境儿童及家庭面临的困境主要包括：困境儿童身体功能与健康状况不良、父母残疾或遭遇疾病与变故、家庭机构缺失等。调研表明，占绝大多数的重病重残儿童，主要需求为经济支持、课业辅导、照顾者减压、康复资源链接。

辖区内困境儿童支持网络较为薄弱,儿童督导员、儿童主任等存在意识不强、能力不足等问题,迫切需要通过引导支持和专业培训提升其能力。

二、项目目标

（一）总目标

建设运营"关爱之家"服务平台并发挥其功能,改善困境儿童及家庭情况,加强社会支持网络,完善区域内困境儿童保障体系。

（二）具体目标

（1）赋能困境儿童及其家庭,提升应对困境能力;

（2）链接资源,组建同质性自助互助网络;

（3）建设五位一体儿童服务平台,构建精准救助资源联合体。

三、项目框架

在运营"关爱之家"的服务平台时,针对困境儿童及其家庭需求开展专业服务,改善困境儿童状况,改善家庭教育环境,组建多元化支持陪伴志愿者队伍,整合五个面向服务资源,搭建"五位一体"儿童保护平台,建设困境儿童及家庭的支持网络,从而营造困境儿童健康发展的成长环境。

在项目服务设计的过程中主要参照"儿童—家庭—社区—社群—社会"五位一体框架进行服务设计,五个层面层层递进,从关注个体到关注群体,从服务介入到宣传推广,从被动应对到主动打造儿童友好环境,五个层面的设计不仅体现在服务内容上,在项目开展的阶段内,也各有侧重（图18-1）。

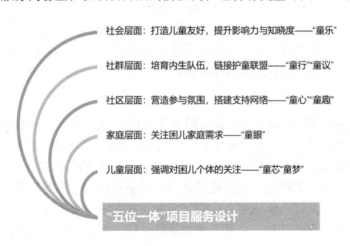

社会层面：打造儿童友好,提升影响力与知晓度——"童乐"

社群层面：培育内生队伍,链接护童联盟——"童行""童议"

社区层面：营造参与氛围,搭建支持网络——"童心""童趣"

家庭层面：关注困儿家庭需求——"童眼"

儿童层面：强调对困儿个体的关注——"童芯""童梦"

"五位一体"项目服务设计

图18-1 "吴爱吾童"儿童关爱之家设计框架

在项目启动期，重点开展"童眼""童芯""童趣""童议"四项服务，做好困境儿童评估建档、关爱之家载体建设、管理委员会组建等前期筹备工作，为后续深入服务奠定扎实基础。

在项目执行期，重点开展"童芯""童梦""童心""童行"四项服务，做好困境儿童个案服务、主题活动、联盟建设等，满足困境儿童不同需求，让其获得支持和成长。

在项目总结期，重点开展"童乐"服务外，做好项目评估总结，并将运营经验形成服务模式，为下一周期项目执行做好准备，并将服务经验进行全区推广，支持更多社工机构开展困境儿童服务。

四、项目方案

（一）受益群体描述

本项目以 SZ 市 WZ 高新区（长桥街道）为服务范围，以困境儿童保障对象为重点，覆盖事实困境儿童、成长困境儿童，分类开展自我安全意识提升、社交能力提升、课业辅导等同质性支持服务，倡导以服务对象为本，链接社会资源，搭建社会支持网络系统。

（二）服务指标

（1）提升困境儿童家庭应对困境能力，80% 以上个案服务家庭需求得到有效回应；

（2）搭建自助互助网络，至少培育 2 支互助团体；

（3）搭建五位一体困境儿童服务平台，链接至少 5 家精准救助资源方加入关爱之家管理委员会。

（三）风险分析及应对

风险 1：项目服务活动开展受到疫情影响。

应对：疫情期间探索多元化服务方式，服务以线上为主，结合线下访视，合理安排项目时间节点，在遇到不可抗因素时及时与主办方沟通调整。

风险 2：参与资源联合体相关方数量少。

应对：依托已有服务基础，点对点沟通，增强信任感；开展大型宣传活动造势；形成机构公众号、项目落地方公众号、社区微信群宣传矩阵，社区儿童主任及社会工作者积极宣传。

风险 3：服务对象参与度不高。

应对：基于困境儿童生理因素影响，在原有项目运作机制的基础上，充分调研服务对象需求，通过适宜的活动形式，社会工作者充分准备，保证服务对象参与度。

（四）项目沟通机制

（1）一级沟通在项目。每周召开1次项目组例会，沟通项目周计划和周总结，并落实具体项目策划和实施。

（2）二级沟通在机构。项目立项后，建立项目督导组，每月开展督导工作，每月25日向机构督导组提交项目执行对比分析表，了解和跟进项目开展情况并提供督导支持。

（3）三级沟通在网络。定期开展项目联席会，就项目阶段实施、项目成效、项目传播、项目困境与落地社区进行面对面沟通。

对于三级沟通，进行区别使用，痕迹记录，可视管理。及时通过微信公众号和纸媒网媒对外披露。

（五）服务计划

服务一："童眼"——困境儿童家庭需求评估。

对辖区内困境儿童保障对象开展精准调研，评估困境儿童及其家庭服务需求，初步了解相关服务资源，制订精准救助计划。

服务二："童芯"——一户一档个案服务。

根据个别化评估报告，筛选确定个案服务对象，结合个性化需求，通过组织"童伴"志愿者提供陪伴服务的方式，为其提供心理疏导和学习支持，社工根据具体情况，提供危机介入、政策资源链接等服务。

服务三："童梦"——心语信箱。

开设儿童心理辅导热线和信箱，收集了解困境儿童心声，提供心理疏导、陪伴支持等服务。

服务四："童心"——生命力课堂。

为困境儿童提供安全教育、亲子教育、自然教育、生命教育等服务课程，提升困境儿童社会化能力。

服务五："童行"——儿童保护社群能力支持。

孵化培育"护童家"联盟、"童行"照顾者互助小组等儿童保护团队，提供组织发展能力咨询。

服务六："童趣"——关爱之家运营管理。

设计场地软装，拓展服务资源，开展区域性服务合作，开展文体、学习帮扶、安全等服务，制订年度服务计划，沟通策划服务安排，组织合作方参与联席会议，迭代提升服务质量。

服务七："童议"——工作联席会议。

建立关爱之家管理委员会，由儿童督导员、社区儿童主任、社工、社会组织、志愿者、服务对象骨干等组成，定期召开联席会议，对关爱之家管理制度、安全责任突发事件应急机制、服务改善建议、空间场地管理、政策法律培训等议题进行议事。

服务八："童乐"——关爱之家开放日。

开展关爱之家开放日主题活动，通过宣传倡导等形式，动员多方参与，倡导困境儿童关注，共同营造良好的关爱氛围。

五、项目方案实施过程

（一）项目启动期

在项目启动期，重点开展"童眼""童芯""童趣""童议"四项服务，做好困境儿童评估建档、关爱之家载体建设、管理委员会组建等前期筹备工作，为后续深入服务奠定扎实基础。

1. 需求评估，分色建档

在项目启动的第一个月，项目组社会工作者对辖区内在册困境儿童家庭完成了首轮走访，对儿童自身情况及家庭整体情况进行评估，为每一户困境儿童建立档案，共计42份，为后续服务开展提供依据。

2. 完善设施，打造载体

按照省级关爱之家考核要求，完成关爱之间选址和功能区设置，打造"童梦室""童阅室""童艺室""童韵室""童乐室"等专门空间，打造辖区儿童主题活动、文化娱乐、心理疏导等服务开展的重要阵地。

3. 制度建设，规范管理

项目组为规范儿童关爱之家管理，制定了《关爱之家安全管理实施细则》《关爱之家消防设施管理规定》及《关爱之家运行规程》，落实并保障儿童在儿童关爱之家服务中的权益。

4. 组建队伍，探索模式

项目组探索组建由街道社会工作者、儿童督导员、社区儿童主任、志愿者等组成的关爱之家管理委员会，并明确分工与职责，确定联席会议制度，并开展能力提升培训，为持续服务做好队伍保障。

（二）项目执行期

在项目执行期，重点开展"童芯""童梦""童心""童行"四项服务，做好困境儿童个案服务、主题活动、联盟建设等，满足困境儿童不同需求，让其获得支持和成长。

1. 个案服务，深度介入

在前期对辖区困境儿童评估的基础上，项目团队识别出五位困境儿童，为其提供个案服务，根据不同服务对象的心理、生理、支持网络等情况，制订个案服务服务计划，并通过全年120多次的个案服务，促成个案情况改善(附件一)。

2. 主题活动，赋能成长

项目团队开展"生命力课堂"，提供安全教育、亲子教育、自然教育、生命教育等主题课程，提供朋辈支持机会，提升困境儿童社会化能力；实施"书香传递计划"，为所有儿童或家长开通市民卡借阅服务，组织困境儿童互享送卡和送书入户，拓展困境儿童阅读渠道，使其能够获得阅读乐趣，并且在过程中建立"奶奶互助团体"和"困儿支持团体"，赋能服务对象。

3. 资源链接，专项帮扶

社会工作者在项目执行过程中广泛链接资源，为16名困境儿童完成"心语信箱微心愿"；为2位困境儿童申请微光计划资助，每人获得5000元定向资助，提供营养补充、康复器材购买、课业书籍采购等专项帮扶；通过"长猫教室"计划，为3位儿童筹集新东方共计26节寒假课程，解决课业辅导难题。

4. 联盟建设，共同助力

在社会工作者的倡导推动下，探索成立了由社会组织、学校、教育机构等组成的"护童家"联盟，搭建"五位一体"儿童服务平台，联合SZ市美丽心灵公益服务中心、天奥体育、长桥小学等，发挥各自优势，共同为困境儿童提供服务。

（三）项目结项期

项目团队在项目结项期，除重点开展"童乐"主题服务外，做好项目评估总结，并依据运营经验创建服务模式，为下一周期项目执行做好准备，并将服务经验进行全区推广，支持更多社工机构开展困境儿童服务。

1. 主题活动，开放倡导

项目团队为总结项目服务成果，营造困境儿童关爱氛围，同时让更多社会公众了解、关注困境儿童，在项目结项期开展了"关爱之家开放日"主题活动，吸引爱心企业、儿童主任、社会公众等参加。

2. 项目总结，经验梳理

项目团队将一年的服务经验进行梳理总结，形成个案评估工具、个案服务工具、项目资源库、儿童关爱之家服务标准等系列成果，用于内部服务提升，社工机构经验交流等，共同提升困境儿童服务。

3. 经验推广，督导支持

项目团队将 WZ 高新区的服务经验在全区进行复制推广，并通过专项督导项目为社会组织提供技术支持，进一步发挥社会工作的倡导作用，共同推动困境儿童服务专业化。

六、总结评估

（一）项目目标与指标达成情况

通过一年的项目运营和服务开展，总体实现了"赋能困境儿童家庭，提升应对困境能力；链接资源，组建自助互助网络以及建设五位一体儿童服务平台，构建精准救助资源联合体"三个目标，并且项目三项指标也全部达成，认为家庭需求得到有效回应的比例达到 90.4%；搭建了同质性自助互助网络，培育照护者互助团体和困儿支持团体，给予彼此有力支持；搭建五位一体儿童服务平台，组建关爱之家管理委员会，并通过"护童家"联盟链接 6 家机构，提供资源共同开展服务。

（二）项目相关方评价

本项目通过系统设计和专业实施，得到了相关方的高度评价。在 2020 年度江苏省"关爱之家"建设运营考核中荣获全市第一。本项目也得到省、市、区各级领导肯定，SZ 市副市长、SZ 市民政局、WZ 区民政局等各级领导调研走访，高度肯定项目服务模式和成效，并建议复制推广。

服务对象及其家庭也对本项目给予了很高评价，对社会工作者的满意度达到 95.2%，并在评估中表达了在项目实施中感受到的支持和关怀，表达了自己的感谢。

（三）项目社会影响

本项目在所在街道、社区发挥显著的倡导推动作用，特别是把街道儿童主任、社区儿童督导员等纳入到"五位一体"服务平台中，并对他们开展能力培训，为困境儿童服务提供有力支持。

本项目积累的困境儿童服务经验，被 WZ 区民政局认可，并写入《关于进一步做好困境儿童精准排查和保障工作的通知》（吴民〔2021〕43 号）中，在全区进行推广。

本项目也得到了各级媒体的多角度报道，累计 10 多篇，同时项目组接待了来自不同省市政府部门和服务机构参访交流，提升了项目的社会影响力。

七、专业反思

（一）社会工作者角色与项目管理

在本项目中，社会工作者为实现项目目标，开展项目服务，扮演了服务提供者、政策影响者、资源链接者、公益倡导者等多重角色。这对社会工作者的要求很高，社会工作者的工作压力也比较大，这对项目管理也带来较大挑战。所以，今后将尽可能根据不同社会工作者的优势和能力，做好团队分工，让其发挥最大价值。

（二）平台运营与困境儿童服务

作为一个以"关爱之家"为载体的平台运营类项目，涉及的服务内容广泛，而对困境儿童群体的服务往往需要持续介入和长久陪伴，仅依靠传统意义上的社会工作者团队很难既做好平台运营又做好深入的困境儿童服务。如何处理好平台运营和困境儿童服务的广度与深度问题，不仅需要社会工作者专业的服务和全心的付出，也需要服务机构提供有力的支持，比如运营规划、资源链接、督导支持等，进行系统管理和高效运作。

（三）项目可持续性与长期规划

项目的可持续性是所有社会工作服务项目面临的挑战，本项目也不例外。目前项目依托政府购买，并且已进入第二个服务周期，短期可以保障项目运营与服务开展，但是需要我们做长期规划，特别是项目资源渠道搭建与拓展，利用项目的良好成效和影响力，争取政府、企业、基金会等更多支持，保证项目的可持续性。

八、案例使用说明

（一）教学目的与用途

本案例教学使用说明基于"个案工作""小组工作""青少年社工服务""社会工作管理"等课程中的未成年人保护、困境儿童社工介入的教学需求撰写，用于青少年社工运用平台系统介入困境儿童服务，从平台运营、管理等方面组织团队、资源、做好培训、督导、评估等工作。案例的编写以"宏观青少年社会工作"为出发点和落脚点组织相关内容。

（二）涉及知识点

本案例在于"个案工作""小组工作""青少年社工服务""社会工作管理"等课程中使用，主要覆盖知识点包括：

（1）宏观青少年社会工作；

（2）个案工作系列理论；

（3）社会工作平台管理；

（4）社会救助相关知识。

（三）配套教材

（1）青少年社会工作；

（2）个案工作。

（四）启发思考题

本案例是建设运营"关爱之家"服务平台并发挥其功能，改善困境儿童及家庭情况，加强社会支持网络，完善区域内困境儿童保障体系的案例。案例涉及以下问题：

（1）为何赋能需要同时赋能困境儿童及其家庭，提升应对困境能力？

（2）作为平台，如何链接资源，组建同质性自助互助网络？

（3）构建五位一体精准救助资源联合体是如何运作的？

（4）社会工作平台系统性介入与一般性社工服务的差别是什么？

（五）分析思路

在运营"关爱之家"的服务平台时，针对困境儿童及其家庭需求开展专业服务，需要组建多元化支持陪伴志愿者队伍，需要整合服务资源，需要搭建儿童保护平台，建设困境儿童及家庭的支持网络，从而营造困境儿童健康发展的成长环境。

一是服务对象是处于不同环境中的对象，案例中是通过"儿童—家庭—社区—社群—社会"五位一体框架进行的设计，五个层面层层递进，从关注个体到关注群体，从服务介入到宣传推广，从被动应对到主动打造儿童友好社区。

二是平台系统运作能够集中资源、人力、项目、组织集中去解决困境儿童问题，呈现集约化解决社会问题的特征。

三是社会工作者在平台中扮演着"服务提供者、政策影响者、资源链接者、公益倡导者"等多重角色，需要社会工作具备较高素质。

（六）理论依据与分析

1. 宏观的青少年社会工作

这主要是指在一切与青少年相关的国家行政体系或者社会民间机构中，处于较高的行政等级上的、掌握大量经济、社会、文化资源的工作人员，所从事的制定、修改关于促进青少年整体福利和青少年个人潜力发展的政策法规，以及把这些政策法规变成系统整体的针对青少年的服务设计，同时对整个青少年福利系统运行实施管理和监督的一系列的工作过程。

2. 青少年社会工作的系统

青少年社会工作者系统包括青少年社会工作者以及相应的青少年社会工作服务机构；青少年服务对象系统。包括青少年个人、家庭、群体、组织、社区等任何在青少年服务中预期的受益人；青少年服务目标系统。由社会工作者在提供服务的过程中所要改变或影响的人组成；青少年服务行动系统。指社会工作者为实现改变目标而建立的合作者系统。

3. 赋能理论

（1）主要观点。

个人需求不足和问题的出现是环境对个人的压迫造成的，社会工作者为受助人提供帮助时应该着重于增强服务对象的权能，以对抗外在环境和优势群体的压迫。

权能不是稀缺资源，经过有效互动，可以不断被衍生出来。权能一般发生在三个层次上。

①个人层次（个人感觉有能力去影响或解决问题）。

②人际层次（个人和他人合作促成问题解决的经验）。

③环境层次（能够改变那些不利于个人权能发展的制度安排）。

（2）基本假设。

①个人的无力感（没有权能）是由于环境的压迫而产生的。

②社会环境中存在着直接或间接的障碍，使个人无法实现权能，但是这种障碍是可以改变的。

③每个人都不缺少权能。社会工作者要鼓励服务对象与社会环境互动以促进其内在潜能的发挥。

④受助人是有能力，有价值的。

⑤社会工作者与服务对象的关系是种合作性的伙伴关系。

（3）增强权能取向的社会工作过程。

①服务对象与工作人员要建构起协同的伙伴关系。

②重视服务对象的能力而非缺陷。

③注重人与环境这两个工作焦点。

④确认服务对象是积极的主体，告知其应有的权利、责任及申诉渠道

⑤以专业伦理为依据，有意识地选择长期处于"缺权"状态中的人成为服

务对象。

4. 社会支持理论

社会支持是由社区、社会网络和亲密伙伴所提供的感知的和实际的工具性或表达性支持。

（1）社会网络。个人可以直接接触的人，包括亲戚、同事、朋友。

（2）亲密伙伴。个人生活中的种紧密关系，关系中的人认同和期待彼此负有责任。

（3）工具性支持。包括引导协助有形支持与解决问题的行动等。

（4）表达性支持。包括心理支持、情绪支持、自尊支持、情感支持、认可等。

（七）背景信息与关键点

无论是平台运作还是系统性运作，都离不开资源的整合，社会资源有多种不同的分类，根据资源的存在方式以及与服务对象的关联，可以把社会资源分为非正式社会资源和正式社会资源两种。

（1）非正式社会资源。非正式社会资源是指由服务对象在非正式的社会交往中形成的社会资源，如关心服务对象成长的家庭成员、亲属、朋友以及同伴等，他们就是服务对象改变过程中的非正式的社会资源。在非正式社会资源中，服务对象的重要周围他人尤其需要关注，是促使服务对象改变的重要社会支持。

（2）正式社会资源。正式社会资源是指由正式的社会机构和社会组织提供的社会资源，如社会服务机构、公益组织以及学校和医院等，这些机构和组织提供的就是正式的社会资源。

通常情况下，社会工作者在帮助服务对象的过程中既需要连接正式的社会资源，也需要连接非正式的社会资源。

社会工作者需要学会连接不同的社会资源。在社会资源连接过程中，社会工作者需要根据资源存在的方式以及提供过程中的要求采用不同的方法，常见的有六种：一是资源的提供，即将那些现有的并且被社会工作者掌握的资源直接提供给服务对象；二是资源的发现，即帮助服务对象寻找和确定那些潜在的社会资源；三是资源的培育，即帮助服务对象培养和创造所需要的社会工作资源；四是需求的表达，即服务对象面对周围他人的误解和质疑时，社会工作者把服务对象的想法和要求解释给周围他人听，让周围他人对服务对象有更正确的了解；五是利益的协调，即服务对象面对周围他人的冲突时，社会工作者帮助服务对象与周围他人进行协商，为服务对象争取合理的利益；六是权益的保护，即服务对象面临周围他人的严重威胁时，社会工作者通过合法的程序帮助服务对象争取合法的权益。

（八）建议的课堂教学计划

本案例课堂教学计划根据学生的差异，尤其是对案例的阅读和课前对相应知识的掌握程度来进行有针对性的设置。本案例主要按照 3 学时进行设计。

A 本科生计划：学生事先预习到位，可以将小组讨论布置在课外进行。因为这类学生实际工作经验少，所以案例讨论过程中需要教师前期进行知识引导，同时引入不同案例进行比较。

B 计划：社工硕士（MSW）学生之间预习差异较大，因此需要将小组讨论置于课堂讨论之中进行。

两种课堂教学详细安排计划如下：

A 本科生计划	B 研究生计划
课前阅读相关资料和文献 1 小时	
小组讨论 1 小时	考虑到 MSW 学生课前阅读和讨论的可行性，建议将小组讨论置于课堂中进行。
考虑到本科生的知识基础和对应用的理解要适当增加讨论后的知识总结时间。	
课前知识引导：20 分钟	课堂安排：100 分钟
课堂安排：100 分钟	案例回顾：10 分钟
案例回顾：10 分钟	小组讨论：10 分钟
集体讨论：50 分钟	集体讨论：60 分钟
知识梳理总结：30 分钟	知识梳理：10 分钟
问答与机动：10 分钟	问答与机动：10 分钟

在课堂讨论本案例前，应该要求学生至少读一遍案例全文，并尝试回答案例启发思考题。具备条件的学生还可以小组为单位，围绕所给的案例启示题进行讨论。

附件一　重点个案简介

个案一：

张 LY，男，9 周岁，父母因车祸过世，现与爷爷奶奶一起生活，身体状况良好，学习情况良好，与人接触时表现也很好；因车祸时案主在现场，不排除有创伤后应激障碍，同时对父母比较想念；奶奶因能力有限，只能提供生活照顾，无法对案主学习提供帮助，且自身尚未走出事件阴影，情绪比较伤感焦虑。

对此，社工开展定期个案会谈，发现并鼓励其优点，增强其自信；关爱之家的"微光计划"和"长猫教室"帮扶项目，提供符合其需求的课外书籍，帮助对接专业教育机构，提供学业辅助，巩固学习内容；同步缓解奶奶的焦虑情绪；生命力课堂增强朋辈支持，增加多元体验；同时奶奶得到相似家庭的支持，缓解压力。

通过将近一年每月2~3次的专业介入，案主的情况比较稳定，心理上慢慢接受了父母离开的现实，学习成绩比较稳定，未出现滑坡，与同学朋友相处较好。同时案主奶奶的情绪也得到抚慰，焦虑缓解，能很好地照料案主的生活，情况有很大改善。

个案二：

斯MS，9岁，小学三年级，父母过世，与奶奶哥哥一起生活，学习成绩较好，平时沉迷玩手机游戏，奶奶功课辅导能力有限，对此非常焦虑。

关爱之家"长猫教室"和"书香传递"专项帮扶计划，为其提供符合其需求的新东方培训课程，同时为其办理WZ区图书馆借阅证，鼓励她每周去图书馆。初时，斯MS非常叛逆，不想参加新东方的课程，课后作业也马虎了事，甚至忽略不做。社工在与她和奶奶深入沟通的同时也从新东方培训老师处了解具体情况，及时对她的课程进行调整，从数学精进班转入好学班，同时也在新东方培训地安抚她的情绪，送其进教室上课，时刻关注其上课动态及课后反馈。

对于每周的生命力课堂活动，从一开始不愿意进入教室，到现在每周准时参与，离不开关爱之家吉祥物"长猫"的陪伴，也离不开朋辈小朋友的支持。

个案三：

张RX，男，13岁，出生时因难产窒息救助不及时导致脑部缺氧、肢体残疾，具体表现为语言功能迟缓、下肢无法直立行走、上肢功能无法正常使用。案主母亲因癌症过世，案主父亲在家照顾。案主情绪较好，父亲表示孩子平时比较懂事，能够坚持复健。

对此，社工在入户时发现案主需要一些复健器材、爬行垫、识字卡片等。社工为其申请到微光计划，为他购买了吊环和识字卡片，让他可以在家做肢体及语言训练。平时如有爱心企业捐赠或事业局的爱心物资，均会为其申请，并送达入户。

个案四：

游XT，女，13岁，智力三级残疾，生活能够基本自理，但需要他人进行协助。案主家庭对案主的教养模式是更加倾向于把案主当做正常人，进行学习教育，忽视了案主的特殊性，案主的社会化水平较低。

社工在介入过程中，通过与案主家庭会谈，使案主家庭对案主的情况有充分认知；与案主家庭共同制订案主的能力提升方案；并对案主开展能力提升计划；目前案主恢复良好。

个案五：

孙 YC，6 岁，女，低保家庭，孩子身体健康，性格活泼开朗。父亲希望社工能够提供孩子课业辅导、兴趣培养相关服务。服务对象为核心家庭，父亲患有尿毒症，身体情况较差，无法正常工作，为了照顾孩子和丈夫，孩子母亲工作也是作二休一，导致家庭经济条件拮据，目前已经享受低保和困境儿童基本保障。

社工在入户过程中，邀请其参加关爱之家每周的生命力课堂活动，通过每周的活动参与，为孩子提供兴趣培养相关服务，同时针对孩子喜欢画画的兴趣，为其链接护童家联盟天星艺术培训中心的美术课程，免费为其提供动漫课程培训。

社会政策与应急社会工作篇

第十九章　街道治理的社会政策设计案例

案例名称：LY 街道治理案例
案例规划：魏晨
案例设计、执行与撰写：蔡晓鹏、凌珍、严江城、李浩岩、金松松等
案例督导：魏晨
使用说明：魏晨
案例获奖：分支案例获得全国 MSW 案例大赛百强案例、江苏省社会工作案例一等奖

一、背景介绍

SD 省 LC 市 D 区 LY 街道辖 19 个社区，涵盖纯居住型、拆迁混合型、商品房混合型、家属大院型、街区商业型五种社区类型。为精准对接民生诉求、提高为民服务效率，在国家关于基层改革的新要求之下，LY 街道在社区治理方面实施了"双清单双认领"等诸多创新举措，推动基层治理机制的日趋完善。但与此同时，其在基层治理方面暴露出来的顶层设计制度性缺乏等问题，也制约着基层治理成果的有效覆盖和实质延伸，亟待破解。

另外，中国北方地区的基层治理，特别是街道治理方面尚未有效形成模式与品牌，LC 市 D 区 LY 街道在前期治理过程中，有过非常突出的治理经验与治理模式，需要对其经验进行总结、归纳、提升，打造江北基层社会治理的品牌，塑造中国第一个街道系统治理品牌。

二、分析预估

（一）规划不足，导致局部化经验难以形成规模化成效

在购买杠杆和"双清单双认领"工作法推动下，LY 街道部分社区现已摸索出实操性强、个性化特征明显的协商共治办法。但是，由于街道层面目前尚未

在顶层设计上搭建起基层治理的制度框架及配套平台，导致部分社区在基层治理创新方面浅尝辄止、推进困难,零星积累的创新治理经验也难以进行复制推广，更难以转化成治理创新品牌。

（二）联动不足，导致职能条线分割和行政管理重叠化

街道层面各职能部门条线分割,相互间缺乏有效的联动机制,无法自上而下、常态化开展信息沟通、规划统筹、联审会商、协调服务和跟踪问效等工作。这种分离状态导致各职能部门在工作延伸到基层时呈现多网重叠、体制聚力不足、治理路径不畅和资源浪费现象,亟待破解。

（三）协商不足，导致社区公共事务治理浅表化、碎片化

多元的社区类型带给 LY 街道基层治理带来较大挑战，其中比较突出的是无物业管理及其带来的衍生问题，以家属大院、拆迁安置类社区最为典型。这类社区基本上处于无人管理（有物业公司，但是不提供服务）或者无物业公司的状态，其基础卫生清洁、小区治安保障等工作多由社区兜底式、代劳式解决，缺乏居民协商参与。这种情况下，居民矛盾高发，社区疲于应对，要么问题的解决流于形式，治标不治本；要么出现一个问题解决一个问题，无法系统化推进社区治理工作。

（四）培力不足，导致街社治理创新缺乏有效治理主体

社区书记、居民骨干及社区内生型社会组织，是社区治理创新的有效推动者和践行者。然而，LY 街道社区书记普遍缺乏系统化的社区治理相关的知识与能力，无法有效带领社区全面开展基层治理创新工作；居民骨干亦是缺乏协商参与的意识与能力，无法积极地参与民主实践；鲜有的社区内生型社会组织更是处于萌芽期，无法有效承接社区让渡出的职能空间。以上治理主体都需要进一步的培力支持，强化其治理创新理念，提高其治理创新意识与治理创新能力。

三、服务规划

（一）服务规划

为破解以上问题，规划将围绕以下三个出发点进行展开：

一是提供 LY 街道向上向下、向内向外的全域联动办法，统摄街道、社区、网格三级治理体系，走协商、走基层横向拓展之路，推动 LY 街道成为中国街道治理的品牌；

二是提供基层治理创新的操作办法，以完善 LY 街道社会治理结构、治理方法和治理路径，提高其应对未来社会治理问题的能力；

三是提供社区治理难题的解决方案，一揽子解决当前 LY 街道、社区迫切面临的难点、痛点、燃点问题，提升社区宜居感，提高社区居民生活幸福感。

（二）思想依据

（1）总体思想依据是习近平新时代中国特色社会主义思想、社会治理思想与人民中心思想。习近平中国特色社会主义思想中包含丰富的社会治理思想，其中辩证治理思想与以人民为中心的社会发展思想，是此次规划的总体思想依据。

（2）习近平社会治理的辩证思想。习近平社会治理思想充满了辩证施治思想特征，指出要牢牢把握秩序与活力的辩证关系。规划两个出发点是打造街道治理的秩序与活力问题。在秩序与活力之间，在收与放之间，在行政化与社会化之间找到平衡点，在社会治理辩证法的空间化与实体化方面有所突破。

（3）习近平人民中心思想：第一是为人民（服务提供即为共享）——为民心，第二发动人民（社区自组织即为共治、协商平台）——启民智，第三是机制保障，确定制度保障民政机制——兜民生。

在此基础上，以秩序和活力为出发点，以人民中心思想为指导，以党建为引领，提出行政式治理、服务式治理、社会化治理规划方向。

（三）目标、格局、内容

1. 总体目标
创建中国第一个街道治理的试验区品牌。

2. 分支目标
（1）宏观层面：创设性构建街道、社区、网格三级治理体系，形成行政式治理一网通办，服务式治理一网通管，社会化治理一网通服。街道主抓行政式治理，社区主抓服务式治理（含自治），网格主抓社会化治理。

（2）中观层面：开发、落地适用于 SD（LY 街道）地区的治理技术、治理方法及治理技巧，整合运用行政力量、社会力量和市场力量，推动实现街道层面的向上扩维、向下增能，以及社区层面的向内培育、向外联动。

（3）微观层面：通过提供一揽子解决方案，解决社区公共事务治理问题，特别是无物业及其衍生问题，提高居民参与感、幸福感以及对社区的信任感，推动实现协商共治。

四、服务计划

（一）打造三条治理路径

服务型治理是通过"突破一点、形成一线、横扫一大片"，围绕社区焦点问题的解决，打造基层治理创新的新生态；行政型治理是纵向到底、横向到边优化传统行政体系，完善顶层配套，保障基层治理创新成果的可持续性。社会化治理落脚于网格层面，致力于盘活社区治理力量，提升社区居民协商民主意识与能力。

具体如表 19-1 所示。

表 19-1 LY 街道基层治理的三条路径

内容 ＼ 路径	服务型治理	行政型治理	社会化治理
治理目标	打造社区治理生态	完善顶层设计	推动邻里融合、提升居民协商意识与能力
治理主体	社区、居民、社会组织等	街道	网格
治理对象	社区治理问题	街道以上、以下行政层级管理分离问题	侧重于矛盾调解、民意反馈
主要方法	内生外引、协商共治	向上扩维、向下增能	微距闭环工作法
治理杠杆	社会杠杆、市场杠杆	行政杠杆、资金杠杆、政策杠杆	社会杠杆
工作机制	协商议事机制、社区能人、志愿者内生型组织孵化培育	行政管理机制、联动协商机制、人才培力机制、基层治理品牌溢出机制	社区服务供给机制、社区内生型组织孵化培育机制
重点任务	解决焦点问题、梳理项目体系、完善人才体系（能人、志愿者）孵化组织体系、构建平台体系（社区级）	促进多网融合、推动职能部门常态联动、发挥孵化中心的支持功能	调解邻里纠纷、挖掘服务资源、完善协商体系
辅助举措	/	完善社区人才体系、构建平台体系（街道级）撬动街道杠杆	/

（二）完善二种治理力量

三条战略路径的有效落地依赖于三股治理力量的持续作用与精准施策。其中，行政型治理主要依赖行政力量的推动，在理顺基层治理的行政依托的基础上，实现有机的政策供给与配套保障；服务型治理主要依赖社会力量与市场力量的推动，活化区域资源池，动态更新需求池，实现两者之间可持续的互动与对接。

具体如表 19-2 所示：

表19-2 LY街道基层治理的三股力量

内容＼力量	行政力量	社会力量	市场力量
发出方	街道及以上行政层级	对基层治理有参与和促进作用的个人、社会组织、企事业单位等社会化成员或单位	对基层治理有参与和促进作用的经济活动者
受益方	社区、社会组织、居民等	社区、社会组织、居民等	社区、社会组织、居民等
力量载体	法规政策、专业社工技能大赛等	供需对接平台、交易会平台、资源链接平台等	科技公益平台（支付宝、滴滴）等
作用方式	法规政策的鼓励与约束	结对共建、项目认领、置换交易等	公益联盟、公益宝贝等
预期成效	可为基层治理创新提供制度依据、法规保障、资金配套与行动准则	精准回应百姓需求，盘活社区周边资源，实现社区服务供需对接的良性机制	创新公益落地方式，扩大资源输入端口，培养社区内生力量

（三）塑造五种治理杠杆

治理杠杆是治理力量的外在形式与作用渠道，是实现治理目标的重要抓手。对于 LY 街道而言，其治理杠杆主要包括行政杠杆、资金杠杆、政策杠杆、社会杠杆和市场杠杆，通过五种杠杆的对标与发力，破解治理难题、回应规划目标。具体如表 19-3 所示。

表19-3 LY街道基层治理的五种杠杆

内容＼杠杆	行政杠杆	资金杠杆	政策杠杆	社会杠杆	市场杠杆
对象	街道上下行政层级	社区、社工、社会组织	社区、社工、社会组织	辖区商铺、企事业单位	有 CSR（企业社会责任）构建需求的企业
支点	行管体系	政府购买	法规政策	商圈动员	科技公益
方式	职能部门联动机制、网格学院等	公益创投、政府采购等	人才激励政策、协商议事制度等	资源链接平台等	成立公益联盟等
作用	实现体制聚力、协同促进	推动政府职能让渡、社会组织发展与人才成长	保障基层治理创新的推进秩序与效率	盘活资源、还权居民，实现社区服务供给良性对接	创新公益落地方式，扩大资源输入端口，培养内生力量

（四）夯实二十项治理维度

治理维度是治理杠杆的具体表现方式与内容方向。本规划案将结合 LY 街道的具体实际，从项目体系、人才体系、组织体系、平台体系四个面向示范性地给出操作要点，供落地借鉴。

具体如表19-4所示。

表19-4 LY街道基层治理的二十项治理维度（对应七大服务体系）

杠杆＼维度	项目体系	人才体系	组织体系	平台体系
行政杠杆	物业项目补贴（物业问题）	三岗十八级职业体系职业社工	街道一级孵化器 / 三级孵化	街道治理研究院
资金杠杆	志愿服务项目	社区书记，诊所教育，社区书记技能大赛平台	引进专业机构，双重购买，双重孵化	研发，绩效管控、评估系统
政策杠杆	协商民主项目（打造社区协商民主平台）	网格社工培育，三级网格对应人才队伍与组织	孵化培育机制社会事业规划与方案	政策宣传平台
社会杠杆	民生项目（构建社区三级五层服务体系）	"金牌管家"，社区能人，了不起的居民大赛平台	每个社区培育一个枢纽组织	路演、推介平台，对接、交易平台
市场杠杆	品牌项目	"公益达人秀"，企业社会责任明星	公益联盟，社区基金会，商圈联盟	跨界合作平台

（五）构建整体性行动框架

综上，本规划案将立足于街道和社区两个层级，通过三条治理路径、三股治理力量、五个治理杠杆、二十项治理维度进行问题破解与目标回应。

其中，行政型治理路径主要依靠行政力量下的行政杠杆、资金杠杆和政策杠杆，通过技能大赛、政府购买、绩效考核等治理维度进行行动落地，破解规划不足、联动不足、培力不足的难题，最终实现体制聚力、主体赋能、畅通路径、找准抓手、协同促进的治理目标；服务型治理路径主要依靠社会力量、市场力量支撑下的社会杠杆、市场杠杆，通过商圈动员、组织培育等治理维度，破解协商不足、培力不足的难题，最终实现资源整合、居民还权、专业引入、在地孵化的治理目标；社会化治理主要依托社会力量来开展，通过"七微治"服务体系，将基层治理的抓手前移，既优化了社情民意通道，也和谐了社区邻里，更加提升了社区居民的协商民主意识与能力。

具体如图19-1所示。

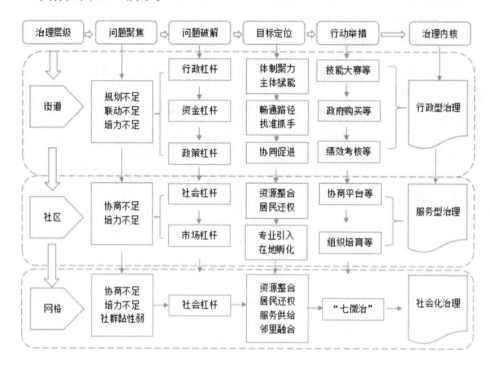

图 19-1　LY 街道基层治理行动框架

1. 项目体系

——梳理整合，厘清服务体系。在社区原有的志愿服务、公益慈善服务、专业社工服务三类服务体系基础上，通过外部力量的引入，建构起社区的内生型服务形态，包括周边商圈的公益服务、自助服务、互助服务等三类服务体系。

——以点带面，构建项目体系。在"突破一点、形成一线、横扫一大片"的存量优化方法论指导下，围绕社区焦点问题，生成相应的社区志愿服务项目、公益慈善项目、专业社工项目、商圈公益项目、社区自助项目及社区互助项目。在此基础上，通过"良品铺子"对接会、"项目交易会"等，达成"解决一个问题、培育一批组织、建立一套机制、塑造一个品牌、构建一个生态"的项目成效。

2. 人才体系

面向社区能人、社区志愿者两类群体，针对性设计实施社区能人培力工程和社区志愿者动能激活工程，通过系列培训、督导、实战演练等活动的开展，提升其参与社区治理的能力，以期其未来转化成高效能的社区治理主体。

——社区能人培力工程。对社区能人进行资源盘点，组建社区能人库、推选"金牌管家"。通过专项培力活动的开展，提升其在项目设计、项目申报、项目路演、财务管理、团队管理、品牌营销等方面的能力水平，为未来进行组织化发展、品牌化传播打下基础。

——社区志愿者动能激活工程。根据社区志愿者当下的能力需求 / 所遇到的问题，针对性开展应急救援、矛盾调解、沟通管理方面的培训活动，以改善其技术不足、技能短缺、缺乏学习平台等情况。

3. 组织体系

依托社会杠杆，逐步构建、完善社区社会组织体系，包含内生型社区社会组织、社区互助性组织和自助组织、社区枢纽型社工机构、社区书记牵头的引领性的组织四类，以期提高社区服务的需求对接与自我供给能力。

——内生型社区社会组织，即由社区居民自发组织的社会组织具有鲜明的草根性，他们对民众诉求的满足往往用大众喜闻乐见的方式进行，其在地化的内在属性有利于其与社区治理更好地融合与联动。因而，对这类组织的孵化培育有着重要的实践价值，可借助社区的供需对接平台、街道购买服务平台，通过创意大赛、微创投项目等形式进行。

——社区互助性组织和自助组织。依据熟人网络、兴趣社群、地缘等因素组建起的社区互助组织和自助组织能较好地满足社区居民需求，组织活跃程度高，组织成员之间黏性强，可营造良好的社区内部的民生服务氛围。因而，对这类组织的孵化培育关系着社区内部组织化力量的打造，关系着基层社区治理的抓手与渠道的构建，其重要性不言而喻。

——社区枢纽型社工机构。这类外部引入的专业社工机构需发挥枢纽功能，既直接提供一线专业服务，也要孵化培育社区内生型组织、互助组织和自助组织，协助社区储备治理力量。

——社区书记牵头的引领性的组织，即社区书记领头创办社会组织，这类组织有着极强的痛点回应性与标杆示范性，可充分整合辖区资源开展落地服务。因而，孵化培育这类组织对于社区组织发展的带动性、治理服务供给的有效性都有着较高的意义与价值。

4. 平台体系

社会杠杆视域下，本规划案将致力于建设宣传平台，为各类资源流通、服务供给与成果输出提供渠道与载体。

——民生服务品牌展示平台：集中展示形成 LY 街道困难群体帮扶、社区创新治理等创新服务品牌。

——社区治理成果展示平台：通过发布、宣传 LY 街道社区治理案例、工作法、产品等治理成果，打造 LY 街道社区治理成果展示平台。

——创新技术交流合作平台：通过开展品质项目路演、社区治理成果推介会、基层治理创新论坛等成果推介交流活动，打造汇创新技术交流合作平台。

——供需对接平台：通过供需对接会等形式，引导社会组织认领民生需求，打造社区民生需求收集及项目化落地机制，形成社区供需对接平台。

——交易会平台：通过搭建交易会平台，激活辖区资源，响应民生诉求，促进社区职能的有效让渡与社会力量的有效承接。

——成果转化，塑造项目品牌：品牌项目的塑造有助于组织获得持续的捐赠、获取更多的资源、创造更大的社会效应。因此，本规划案将在市场杠杆的撬动下，着力打造社区项目的品牌化工程，系统提升项目的美誉度以及项目的产品转化度，最终实现项目的规模化落地与品牌成效溢出。

四、服务计划实施过程

（一）规划出台了《LY 街道基层治理创新规划》

通过出台《LY 街道基层治理创新规划》引领街道治理改革整体方向。

一是提供 LY 街道向上向下、向内向外的全域联动办法，统摄街道、社区、网格三级治理体系，走协商、走基层横向拓展之路，推动 LY 街道成为街道治理的品牌。

二是提供基层治理创新的操作办法，以完善 LY 街道社会治理结构、治理方法和治理路径，提高其应对未来社会治理问题的能力。

三是提供社区治理难题的解决方案，一揽子解决当前 LY 街道、社区迫切面临的难点、痛点、燃点问题，提升社区宜居感，提高社区居民生活幸福感。

（二）打造了基层治理创新的新体系

一是构建了街道、社区、网格三级基层治理体系。通过完善顶层设计，建立基层社区全科＋网格管理治理体系，向上扩维、向下增能，构建了街道、社区、网格三级治理体系。

二是构建了以党建引领下综合治理联动体系。党建引领利用行政杠杆、资金杠杆、政策杠杆，完善行政管理机制、联动协商机制、人才培力机制（社区书记）、基层治理机制，促进多网融合、推动职能部门常态联动体系。

三是完善了基层治理人才培养体系。理念新、方法新、治理成效突出的社区书记不断涌现，一大批社区书记通过技能大赛、公益创投、日程赋能以及治理创新脱颖而出；大量群众参与到网格治理之中，本土网格治理人才队伍在遴选、培养、培训、督导、监督、评价等方面不断得以加强，构建了本土化的网格治理人才体系。

四是完善纵向到底、横向到边传统行政治理体系。完善顶层设计与制度配套，保障基层治理创新成果的可持续性发展。

五是完善网格的社会化协商治理体系。开展网格议事、网格协商活动，致力于盘活社区网格中自身治理力量，提升社区居民协商民主意识与能力。

（三）建立了社区治理综合实验示范区

设立了治理机制综合实验示范区，围绕街镇的制度和非制度性因素，构建德治、法治与自治相结合的治理体系，形成以政府为主导、社区为主体，高校与其他社会力量深度参与的长效发展机制。编制《LY 街道社区治理试点方案》，涵盖了创新社会治理规划及具体治理方案内容，明确了一条治理中轴、两条路径整体治理方法，落脚于服务型治理和行政型治理两条战略路径，以期破解治理难题、回应目标设定。通过前期走访评估与遴选，将 LY 街道 A 社区、B 社区、C 社区作为试点社区，以党建引领为中轴，为试点社区设计并创建整体化项目体系。目前三个试点社区的建设工作稳步推进，成效较为显著。

1.A 社区治理综合实验示范区

A 社区的规划建设落脚于服务型治理路径，以服务带动治理，通过公益服务服务对象组织化、服务组织体系化、社区组织联合化、协商议事平台化、平台聚焦常态化等，配以社区公共服务的供给，改变社区公共服务短缺的状况，进而在服务中发动群众、培育组织、构建机制、培育群众意识，构建协商平台，解决社区具体问题，形成社区治理有效路径。

在项目方督导社区参与的前提下，A 社区目前已经常态化开展公益服务大集、长者友好适老体验、志愿爱心银行等活动。通过活动的开展，挖掘社区志愿者、能人及周边资源，新培育发展了 17 支社区志愿者队伍，并带领志愿服务队成立公益大集组委会，搭建居民自我服务平台，同时督导协助 A 社区组建乱停车关注小组，召开居民协商会议，搭建居民自治平台，推动社区焦点治理问题的解决。

实验区建设过程中，LC 晚报以《居民的事居民议！LC 这个小区老大难问题解决了》为题，报道了辖区内鲁阳公寓因历史遗留问题，用电亏损严重，物业公司无力继续承担亏损，导致小区停电的情况。在街道治理研究院成立后，通过重大问题和关键领域集中攻关，针对协商民主、协同治理等横向网络治理中贡献智慧、提供方案，使得社区工作人员通过党建引领，充分动员居民、依靠居民解决鲁阳公寓的电荒问题,社区工作者在工作认识、工作工具、工作方法、工作技术、工作能力等方面综合能力也得到了提升;《鲁阳电荒社工介入案例》入围首届中国社会工作专业硕士优秀案例大赛100强,产生了广泛社会影响!

2.C 与 B 社区治理综合实验示范区

B 社区建立 LC 市第一个全科 + 网格治理体系。研究院规划建设落脚于行政型治理路径,以全科社工为特色,项目方针对 B 社区现状及问题,编制并提供了《B 社区全科社工改革方案》,基于"首尾两端、活化中端"的解决思路,提供了前台全科和后台全科(网格全科)的两套内容操作方案和相关制度。项目方同时对方案的落实进行常态化跟进督导,开展相关协调支持服务。

C 社区的规划建设落脚于行政型治理路径,以网格治理为特色,项目方针对 C 社区网格工作系统性缺乏、内容条线不清晰等问题,对 C 社区的网格化工作进行了内容梳理和沙盘推演,编制并提供了《C 社区 – 社区治理工作包》。

两个社区分别通过网格公益服务日——每月第一个周末,在网格内广泛开展先锋志愿活动。网格服务主题活动还将理发、义诊、家电维修等便民服务融入其中,为居民提供更多贴心服务。网格建言日——每月网格公益日结束的当天或者次日,以居民需求为导向,搭建"建言建语"议事平台,联合共建单位开展"联动委员进网格"听建议,多方协商,公开透明,并且听取居民需要服务的具体需求与建议,为"网格代办日""网格协商日"储备议题,找寻焦点,服务百姓,并努力探索解决网格治理难题的新路子,实现民主法治和谐。网格代办日——全科社工每周固定时间进网格办公,将办公桌搬到小区广场、物业、警务站、甚至居民家中;由网格员、党员、物业人员组成代办员队伍,为行动不便的老人申请高龄补贴,为新生儿办理少儿医保,为残疾人提供康复服务,为退役军人悬挂光荣之家等,真正实现社区与居民零距离。让代办员多跑腿,让群众少跑腿,力争公共服务事项不出网格。网格治理日(协商日)——每月在建言日后,隔一周固定时间推进协商议题,推进网格 + 网格微预防、微治理、微调解、微志愿、微教育等方面的议题协商工作,通过协商在网格,实现矛盾调解在网格,志愿发展在网格,社区教育在网格。

(四)创新了治理能力提升的方法论

1. 举办社区书记技能大赛

创新街道治理人才培养模式。加强社区工作者再教育,举办社区书记技能大赛,提升其治理能力与服务水平。在研究院的统一规划下,LY 街道开展了"党建引领·服务为民"首届社区书记技能大赛,通过"以赛促训、以赛促学"的方式,提升社区书记的专业素养和服务水平。决赛当日 D 区组织部部长、宣传部部长、统战部部长等领导亲临现场，LC 电视台进行了现场直播，新华网、大众网、《LC 日报》等媒体以《全省首次社区书记技能大赛成功举办》为标题，报道了基层治理的创新举措。

2. 开展了持续性的能力提升培训

分别针对社区工作者、网格员、街道干部开展持续性的培训，以提升街道行政执行能力、为民服务能力、议事协商能力、应急管理能力、平安建设能力为主轴，协同街道开展党建创新工作；以"党建引领社建、社建带动群建"为工作思路，提升行政执行能力；动员群众组建志愿者组织、动员辖区单位参与社区互助、通过统一平台打造互助与自助服务体系，解决社区大众化服务问题，提升为民服务能力；开展议题协商，网格协商等创新协商活动，提升议事协商能力；推行全科社工＋网格的综合治理改革，提高应急管理能力与平安建设能力。

3. 开展了街道微公益创投活动

以项目化为抓手，进一步鼓励、支持社区社会组织参与基层社会治理，推动新时代文明实践学雷锋志愿服务工作深入开展，吸引社区广大居民参与到理论政策宣传、家风文明倡导、社区环境美化、社区志愿服务、社区文化建设、社区微治理等活动中来，满足城乡社区居民多样化的需求，如 LY 街道治理研究院策划开展了 2021 年"了不起的居民"社区微公益创投活动，项目以自治微治理、为老服务、济困服务、青少年服务、志愿服务为焦点，覆盖了 11 个社区，服务近 4000 多名困难群体，提升了群众自身互助、自助服务的能力。

（五）构建了街道治理的行动框架

街道治理研究院立足街道、社区、网格三个层级，通过三条治理路径、三股治理力量、五个治理杠杆、二十项治理维度进行问题破解与目标回应，形成了整体性治理框架。

其中，行政型治理路径主要依靠行政力量下的行政杠杆、资金杠杆和政策杠杆，通过技能大赛、政府购买、绩效考核等治理维度进行行动落地，破解规划不足、联动不足、培力不足的难题，最终实现体制聚力、主体赋能、畅通路径、找准抓手、协同促进的治理目标；服务型治理路径主要依靠社会力量、市场力量支撑下的社会杠杆、市场杠杆，通过商圈动员、组织培育等治理维度，破解协商不足、培力不足的难题，最终实现资源整合、居民还权、专业引入、在地孵化的治理目标；社会化治理主要依托社会力量来开展，通过"七微治"服务体系，将基层治理的抓手前移，既优化了社情民意通道，又和谐了社区邻里，更加提升了社区居民的协商民主意识与能力。

五、评估与总结

LY 街道办事处成立街道治理研究院以来，围绕基层治理特别是街道治理等方面的重大理论问题，开展基础性理论研究，发展功能性理论，构建结构完整的街道治理创新型理论体系。成立之初，人民网、新华网、《人民政协报》等多家国家级媒体，《大众日报》等省级媒体广泛报道，在国内引起广泛的关注，形成了较大的社会影响力。

（一）建设了街道治理研究高端智库

街道治理研究院开展调查研究，聚焦街道发展热点问题，加强街道融合发展、街道文化、街道基层结构与社会治理、街道基本公共服务、社会福祉与社区民生等理论与政策研究，为街道治理提供理论支撑与决策咨询。

（二）打造了街道三级三方联动的治理新体系

街道治理的纵向垂直三级体系是街道、社区和网格，三者既是隶属关系，又是协调关系。街道治理研究院的首要研究内容是创设三级治理体系，建立三方协同机制。街道治理的横向条块是行政、社会、市场三个主体，借助于行政力量、社会力量、市场力量做好三级贯通，做到宜政府则政府、宜社会则社会、宜市场则市场是治理原则。

（三）孵化了培育街道、社区、网格三级治理主体

1. 孵化培育内生性社会组织

依托社会杠杆，构建、完善社会组织体系，包含内生型社区社会组织、社区互助性组织和自助组织、社区枢纽型社工机构等，以期提高社区服务的需求对接与自我供给能力。

2. 创新街道治理人才培养模式

加强社区工作者再教育，举办社区书记技能大赛，提升其治理能力与服务水平；培养公益创业、街镇治理专门人才，推动青年人才扎根基层，推动基层人才培养的改革与创新。

3. 打造街道治理的平台

建立综合培育中心与建立综合实验示范区，建设街镇治理机制综合实验示范区，围绕街镇的制度和非制度性因素，构建德治、法治与自治相结合的治理体系，形成以政府为主导、社区为主体，高校与其他社会力量深度参与的长效发展机制。

（四）提升了街道基层治理能力

街道治理研究院以提升街道行政执行能力、为民服务能力、议事协商能力、应急管理能力、平安建设能力为主轴，协同街道开展党建创新工作。以"党建引领社建、社建带动群建"为工作思路，提升行政执行能力；动员群众组建志愿者组织、动员辖区单位参与社区互助、通过统一平台打造互助与自助服务体系，解决社区大众化服务问题，提升为民服务能力；开展议题协商，网格协商等创新协商活动，提升议事协商能力；推行全科社工＋网格的综合治理改革，提高应急管理能力与平安建设能力。

街道治理研究院围绕街道治理、社区治理、网格治理三级体系的相关重大问题开展研究，为街道治理提供理论支撑与决策咨询，创新街道社区治理路径与模式，不断深化街道治理体系改革，提升治理服务水平与成效。

（五）创造了推进了基层治理改革的 ABC 方法论

街道治理研究院通过创造"顶层设计规划、基层试点推进、整体复制推广"的 ABC 方法论，在短短一年时间里，取得了大量的治理创新成果。

1.A 是完善基层治理模型建构与整体规划

在全面调研的基础上，整合多方资源，建构街道三级社会治理模型，设计社会治理框架规划。同时依据不同社区、网格的自身特点，建构街道下属各社区、网格的特色工作模型，为社区工作者、网格员培训赋能和督导，链接专项工作人员予以协助，保障在模型框架下的有效行动。

制订科学、详细、可行的合作计划。在双方取得共识的基础上，街道治理研究院择机举办研究院的建立工作，安排人员，落实场地、资金、政策。2020年正式在 LY 街道落地。街道治理研究院在全面实地调研的基础上，通过专家督导、专项工作人员跟进的方式，基本完成了街道层面的规划和治理体系设计。在街道层面，分别以年、季度、月为单位，制订研究院的长、中、短期发展计划。长期计划包含项目统筹、资源协调、人才分配、政策分析、资金预算、资金监管等内容；中、短期计划包含项人事安排、资源利用、项目推进监督、资金清算与报表等内容。

2.B 是推进综合治理试验示范区建设

在社区层面，街道治理研究院选择 LY 街道下属 3 个社区作为社区治理创新试点，在充分调研的基础上为这些社区设计治理模型，采用专项督导定期跟进＋长期支持人员驻点的方式，推进社区治理模型，并在实践中不断反思、调整模型框架。

试验区建设过程中，街道治理研究院不断反思试点社区的成果及问题，推进专项成果的标准化制定，包括长者友好型社区、志愿友好型社区、协商民主技术、公益服务体系的标准化制定。

3.C 是复制与提升

街道治理研究院及时总结经验，将标准化经验推广到其他社区，同时由政府相关部门、其他相关行政主体、高校专家团队、第三方评估机构等组建综合性评估团队，对研究院开展的所有活动展开阶段性、定期性评估，并提出相应的建议，不断推进标准化复制。

整体来看，作为国内第一家街道治理研究院，在具体运行过程中，做了大量的改革与创新工作，取得了一定创新成绩，相关创新成果被国内媒体广泛关注，具有较大的社会影响力。

六、案例使用说明

（一）教学目的与用途

本案例教学使用说明基于"社区工作""基层治理""社会工作沙龙"等课程与专题报告中的社区治理与服务的教学需求撰写，用于社会工作参与基层治理过程中如何有效嵌入，如何运用服务从服务走向治理，如何实现基层协商民主方面的教学。案例的编写以"基层治理创新"为出发点和落脚点组织相关内容。

（二）涉及知识点

本案例适用于"社区工作""基层治理""社会工作沙龙"等课程中使用，主要覆盖知识点包括：

（1）基层治理创新；

（2）社会工作介入基层治理；

（3）服务与治理的联系与区别。

（三）配套教材

（1）社区工作；

（2）公共行政学。

（四）启发思考题

本案例是建设运营"街道治理研究院"服务平台并发挥其功能，提升治理效能，实现治理体系与治理能力现代化的案例。案例涉及以下问题：

（1）社工服务与社区治理的联系与区别是什么？

（2）社区工作中的方法如何应用到基层治理中去？

（3）中国的基层治理为什么是从街道开始的？

（4）社会政策的设计与实施的有效应用应是怎样的？

（五）分析思路

党的领导下，我国的城市基层社会治理体系分为街道、社区、网格三级。其中，街道作为独具中国特色的政府派出机构，处于独特的位置：既是政府的派出机构，又直接联系基层社会。街道治理研究院的设立，即是发挥街道在统领、引领基层社会治理中的整体规划，设计，政策执行，落实监督督导中的全方位、全链条的功能。

街道治理的纵向垂直三级体系是街道、社区和网格，三者既是隶属关系，又是协调关系。街道治理研究院的首要研究问题是如何创设三级治理体系，如何建设三方协同机制。街道治理的横向条块是行政、社会、市场三个主体，借助于行政力量、社会力量、市场力量如何做好三级贯通，如何做到宜政府则政府、宜社会则社会、宜市场则市场是街道治理研究院的核心研究议题。

（六）理论依据与分析

1. 治理概念

政治学上"治理"指的是政府与公民的合作管理，有合作、协商之意。基层治理不能等同于社会治理，基层治理的体系涉及行政体系、社会化体系以及市场的体系。因此基层治理中如何使用协商议事工具实现人人有责、人人尽责、人人享有的治理共同体，是关键所在。

2. 基层治理的行政化

基层治理行政化不仅仅体现在体系上，更在思维上，学界将这种行政化倾向界定为行政吸纳社会、政府创制社会、托管社会等现象。

3. 基层治理的自治、德治、法治

自治是法治与德治的基础，法治是自治与德治的边界和保障，德治是较高追求，德治以自治与法治为基石，并对自治与法治形成有力补充。"三治"各有侧重，有优先次序，但更需要同时发力、交织前进，以能发挥"三治"结合的"乘数效应"。"三治"结合并非自治、法治与德治的简单相加和组合，而要把它视作一个有机整体。

（七）背景信息与关键点

1. 打造街道治理的新体系

街道治理的纵向垂直三级体系是街道、社区和网格，三者既是隶属关系，

又是协调关系。街道治理研究院的首要研究问题是如何创设三级治理体系，如何建设三方协同机制。

2. 破解街道治理老难题

我国社会治理的最高宗旨是不断满足人民日益增长的美好生活需要。街道治理作为我国基层社会治理的引领核心，用什么样的方式破解社会治理焦点问题、重点问题、难点问题，如何合理运用资源条件更好地解决老百姓的重大难题，真正形成多方合力，给老百姓带来切实的幸福感和获得感，是街道治理研究院的重点研究议题。

3. 动员居民大参与

街道治理要求街道要由上及下整体的规划、设计，但这并不意味着排斥各区域内的个体化的创新工作，社区层面、网格层面、居民层面的创新治理是街道治理由下及上的源源活水。如何合理设计制度化方案，构建疏通的机制渠道鼓励街道下属的各级基层做创新，怎样更多地发动基层的官员、居民参与到治理体系当中来，是街道治理研究院所需要开展的研究。

4. 实现街道治理"三精化"

社会治理是的对象是"社会"，社会的极复杂性决定了其资源、问题、需求是纷繁多元的，没有一种模式、套路能适合于所有问题、所有情境。这要求街道治理不能一概而论，要精细化、精巧化，有精准性。线上沟通工具、大数据分析技术等现代化科技手段可以让街道精细识别问题需求，精巧检索高效方法，精准开展治理服务。如何运用现代化科技手段使得街道治理更加精细化、精巧化，精准化，是街道治理研究院的重要研究议题。

5. 探寻街道治理的真价值

街道治理研究院的一项重要研究内容是探寻基层治理价值体系。国内缺乏对基层社会治理价值体系的相关研究。街道基层治理三级价值体系，包括街道治理的价值体系、社区治理的价值体系、网格治理的价值体系，分别在价值内涵、道德规范、职业伦理、职业价值等内涵上设计重构。

6. 探索街道治理新技术

LY 街道有自身鲜明的地缘特征、经济特征、人缘特征，这要求 LY 街道的社会治理一定要契合自身的特性，要有具体的、契合的、可操作的治理方案和治理技术。街道治理研究院致力于找到一个适合于当地区域的具体的治理方案和治理技术。

（八）课堂教学计划建议

本案例课堂教学计划根据学生的差异，尤其是对案例的阅读和课前对相应知识的掌握程度来进行有针对性的施教。本案例主要按照 2 学时进行设计。

A 本科生计划：学生事先预习到位，可以将小组讨论布置在课外进行。案例讨论过程中需要教师前期进行知识引导，同时引入不同案例进行比较。

B 计划：社工硕士（MSW）学生之间预习差异较大，因此需要将小组讨论置于课堂讨论之中进行。

两种课堂教学详细安排计划如表 19-1 所示。

表 19-1　两种课堂教学详细安排计划

A 本科生计划	B 研究生计划
课前阅读相关资料和文献 1 小时 小组讨论 1 小时 考虑到本科生的知识基础和对应用的理解， 要适当增加讨论后的知识总结时间 课前知识引导：20 分钟 课堂安排：80 分钟 案例回顾：10 分钟 集体讨论：40 分钟 知识梳理总结：20 分钟 问答与机动：10 分钟	需要安排 MSW 学生课前阅读和讨论。课堂安排 2 课时 80 分钟 课堂安排：80 分钟 案例回顾：10 分钟 集体讨论：40 分钟 知识梳理总结：20 分钟 问答与机动：10 分钟

在课堂讨论本案例前，应该要求学生至少读一遍案例全文，并尝试回答案例启发思考题。具备条件的学生还可以小组为单位，围绕所给的案例启发思考题进行讨论。

第二十章　街道治理研究院社区书记治理案例

案例名称： LY 街道治理研究院书记治理案例

案例规划： 凌珍

案例执行： 张红霞、严江城、冯浩等

案例撰写： 冯浩

使用说明： 魏晨

案例督导： 蔡晓鹏

案例1：红色协商的进阶之路——基层精细化治理的"红色模式"案例

习近平总书记指出，要完善共建共治共享的社会治理制度，实现政府治理同社会调节、居民自治良性互动，建设人人有责、人人尽责、人人享有的社会治理共同体。社区、居民、物业是社会基层治理共同体中的三股重要力量，要做好城市精细化管理与社会基层治理，"物业"是其中的重要一环也是关键一环，既是居民和社区的纽带也是社区服务居民的重要桥梁。SD 省 LC 市 D 区 GY 社区以党建为引领，通过落实好红色协商、保持好红色初心、引领好物业方向、建设好治理共同体。

一、背景介绍

（一）YXJ 小区简介

YXJ 小区，属 LY 街道 GY 社区辖区，位于 LY 街道 YXJ17 号，总建筑面积 4.08 万平方千米，538 户，常住人口为 1200 余人，入住率为 98%，均为独立产权。

（二）小区发展史

第一阶段：厂区家属楼，厂区管理。

YXJ 小区的前身是在党组织领导下，于 1958 年建成的 LC 市车辆修理厂，包含了两幢家属楼，并在厂内设置了一口"初心钟"，代表工人们上下班的铃声。经年累月，车辆修理厂员工以钟声作为前行的"号令"齐心聚力、砥砺前行、共同奋进，从小作坊发展为上市企业。家属楼也跟随着发展，于 1999 年陆续增建，共计 8 栋楼的建筑面积 40870 平方千米，461 户业主入住。

第二阶段：厂房撤离，后勤管理。

1999 年享受国家最后一批房改房政策，业主以成本价购买了房屋所有权。此后厂房悉数搬离，工厂家属楼成为一个完整的居民小区，在此期间房屋的维护和保养由企业后勤管理部门提供。

第三阶段：引进物业，规范管理。

2003 年，企业就家属楼小区管理职能从后勤部剥离，并在同一时期，成立了市场化的中通物业公司，并进场家属楼展开工作。引进物业后，自主成立了党小组，拥有党员 6 人，在党组织领导下，中通 YXJ 小区管理增加了市场化、社会化属性。

二、分析预估

从小区历史来看，一是截至 2022 年小区建成已有 30 余年，房龄大、问题多、亟须更新，二是小区居民身份具有特殊性，大部分居民是企业员工或员工家属，且党员覆盖率高。党组织基础扎实，各项工作能够紧随党组织领导，可以紧紧抓牢"党组织领导"的核心，确保协商工作开展的成效性。

三、服务计划

从实践创新来看：物业管理融入社区治理，一直是基层治理的难题之一。而该 YXJ 小区的中通物业则是由企业自主成立的，具备鲜明的"红色"党组织属性。2018—2020 年，国有企业家属区"三供一业"改造和《SD 省老旧小区改造指导规则》政策红利并行，中通物业希望在 GY 社区党委的领导下，抓住政策红利，寻找切实可行的路径，融入社区治理，进行小区更新改造。中通物业作为小区基层治理的重要主体，可以作为基层协商民主工作开展的重要抓手。

具体路径如图 20-1 所示。

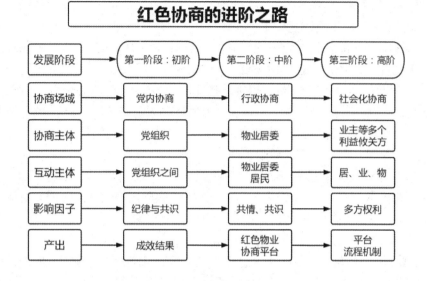

图 20-1　红色协商路径图

四、服务计划实施过程

（一）初阶："一颗红心"协商好硬件改造

1.党建红心为首

GY 社区以物业为抓手，抓好党组织嵌入工作。工作开展之初，针对 YXJ 小区治理，组织社区党委委员和中通物业党组织成员展开党内协商工作，确保党组织建设在小区具体协商工作开展中起引领性作用，实现党在基层的全面领导以及社区协商治理保持"红色"的根本保证和首要前提。

YXJ 小区内非常注重党组织领导核心地位，发挥党组织核心作用。该小区最开始就是在党组织领导下产生的，党组织基础较好，并且物业一进场立即成立了党支部。围绕协商议题，遵循延续好"初心钟"的文化影响力、发挥好"初心钟"组织号召力、覆盖好"初心钟"的居民参与力的要求，将"初心钟"打造成为小区的文化地标。中通物业围绕工作要求，成立党员覆盖率高达 90% 的工作小组，在市国资委、市住建局、街道办事处、社区等相关部门的指导和帮助下，开启红色协商之路。

2.居民共识为据

在 2019 年 10 月，YXJ 小区紧跟国有企业家属区"三供一业"政策指引，中通物业积极开展工作。考虑到该小区虽未展开过相关改造工程，但是因为居民组成较为统一，协商基础较为友好。

在 GY 社区党委的指导下，中通物业党组织决定先从达成共识这一层面入手。把"话筒"交给居民群众，鼓励居民表达，汇聚民情民意。在改造大会正式启动之际广泛收集居民期待和意见，居民围绕"道路坑洼不平，绿地草坪斑驳陆离，基础设施年久失修，污水管道排水不畅，小区内线路杂乱无章……"等各方面提出了各类改造议题。中通物业就相关议题作为改造方案设计的重要依据，并及时公示。中通物业以开放的姿态广泛收集居民意见，并围绕小区业主之间的家属、职员关系为特点，深化"熟人"模式。

3. 服务成效为靶

红色协商为"箭"，改造行动为"弓"，本轮改造将小区硬件外观美化改造成效作为终极"靶心"。为能切实做好居民关心的硬件改造工程，设计有效的改造方案、采取有效的改造行动，在党组织领导下，中通物业总经理挂帅，组织抽调 15 名精英力量，围绕"进度盯死、现场盯牢、稳定盯紧"总工作原则，开展各项工作稳步推进落实改造。小组成员多次到小区勘察、摸排现状，走访业主倾听需求，遵循《SD 省老旧小区整治改造导则（试行）》有关要求，对小区道路、路灯和楼道灯亮化工程、硬化绿地开辟车位、充电飞线治理、雨污分流与新建改造、内外墙粉刷、监控和车牌识别等安防系统建设及消防设施配备等八个方面，以业主满意为导向，将痛点问题前移，把改造资金用在"刀刃"上，设计了可行性的设计图纸和改造预算方案，大力补齐小区设施不完善、公共活动空间不足、停车难等建设短板问题，让在时代变迁中失去光彩的 YXJ 小区"脱胎换骨"展露新颜。

在此阶段，红色协商以成效为协商第一要义，偏重于"行政化协商"，实行"党内协商"，强党组织的领导作用。YXJ 小区采取的做法是"明确党组织领导、议题源于居民、协商贯穿全流程、行动落在党组织。"为协商有序、行动有据、结果有效奠定了良好的基础，也为建立居民信任和下一阶段的协商工作开展提供了有力保障。

（二）中阶："七个红色"打造好智慧小区

1. 巩固红色协商，开启"智慧生活"升级

作为"红色物业"，中通物业积极践行红色协商，融入社区治理。通过融入社区网格党建工作，多渠道收集居民意见，展开社情民意排摸。通过红色协商为核心的小区硬件改造，小区业主对中通物业的信任极大增强了。在社区党委的支持下，在居民的强烈呼声中，以中通物业为实施主体，开启了"智慧生活"升级改造。

根据居民意见，中通物业党组织迅速组织开展关于"智慧生活小区升级改造"的协商会议，邀请市国资委、市住建局、街道办事处、社区等相关部门组成多元协商主体，共同为小区改造升级提供指导和建议。根据协商议题中居民提出的"安全、便捷、有序"三个核心关键词，中通物业开展了智能安防系统、车牌识别系统的增设改造，不仅包含了入口门禁的智慧识别系统，还有小区车辆的多类型分类和管理；同时推出了智慧物业综合平台，为小区居民提供智慧服务，让居民感受到红色协商的作用力，享受到"红色物业"带来的满满幸福感。

2."七个红色"增多红色协商可能

以中通物业为主体，在小区内形成了党建引领的"1+N模式"，截至目前YXJ中通小区着力打造了"七个红色"，包含了红色摇篮、红色便民、红色广场、红色议事、红色夕阳、红色管家、红色监督。在小区里幼儿园里设置红色展板，让下一代在摇篮中沐浴党恩；设置红色物业便民服务站，提供打气筒等生活工具、用品，满足小区老龄化人群对简易生活工具的需求；用红色元素装扮活动广场；召开联席议事会，倾听业主心声，为其排忧解难；在娱乐室、阅览室里放置红色书籍；打造"无微不至、真诚服务"红色物业管家；设立红色"监察信息员"，实现监督工作有效延伸，提升红色物业建设水平。

通过多场景、多形式的红色元素设计、红色基因注入、红色氛围感染，为红色协商主体扩大化、内容多样化、议题多来源提供可能性，也意味着党组织领导下的红色协商覆盖范围扩大，红色协商也从简单的行政化协商逐步向社会化协商转型。

（三）高阶："一圈生态"落实好精细治理

1."八个站点"深化红旗驿站

红色协商的长效作用需要注重阵地保障，红色物业不仅在"七个红色"中融入红色议事，还配合社区深度建设"红色驿站"。红旗驿站为小区居民定期开展集中学习、讨论交流、民情分析等活动提供场所，积极引导社区居民加强自我管理和自我监督，建立社区"红色公约"，定期召开居民决策听证会、矛盾协调会和政务评议会，合力推进解决小区内重要事项、复杂问题。

下一步，红色物业还将遵循上级领导要求，丰富红旗驿站功能，融入"党群联络站、居民议事站、物业服务站、网格服务站、文明实践站、法律援助站、快递代收站、扶贫福利站"八大站点的服务功能，以红旗驿站作为平台阵地，实现多部门、多内容、多方位的综合服务平台建设。基于该平台，发挥"红色物业"功能、融入红色志愿者、注入红色社会资源，深化红色协商。

2."多方联席"建立基层联结

街道社区党组织发挥联结纽带作用，牵头建立由居委会、物业服务企业、社区志愿者团队共同参加的多方联席会议制度，制定议事规则和工作流程，定期召开会议，协调解决矛盾问题，共同为社区居民服务；不断完善红色协商工作机制，形成"五个联动"，即联动巡查、联动收集、联动协商、联动分析、联动处置，对涉及小区内的重大事项，通过党组织共同协商研究决定，复杂问题成立红色协商项目小组合力推进解决，围绕协商议题分类分型，常态化开展协商。

3."多个维度"建立评价机制

一是每季度邀请业主代表召开一次业主恳谈会，通报物业工作，倾听大家的意见，整改提升物业服务。二是加大居民满意度、物业投诉率等指标在物业服务考核项目中的权重比，加强社区党组织对所辖组织的工作指导和监管，推动红色物业服务不断自我改进、自我提升。三是设立协商议事监督关注小组，围绕小区不同协商议题的开展，从收集到落实，全流程、全方位进行监督，确保红色协商的规范性。

通过强化党组织联结、阵地建设、机制建设，进一步完善红色协商的流程，也意味着 YXJ 中通小区的红色协商进入党组织为核心、广泛社会化、流程规范化的新阶段。

五、总结评估与专业反思

（一）党的领导是红色协商不断完善和发展的根本保证

红色协商的实践与探索，最主要的是做好小区内党组织的建设工作，始终坚持小区内党组织的领导核心地位，并确保党组织对物业公司、社区志愿者团队、监督关注小组等团体的领导，这不仅是保持"红色协商"的"红色"的前提条件，而且是"红色协商"在实践中取得成功的根本保证。

（二）党建和社区治理融合是"红色协商"的基本特征

在"红色协商"的实践与探索中，通过小区内党组织，加强物业公司党的建设，从而借助党组织实现了对物业公司的领导，并把物业服务与协商民主相结合，逐步引导到社区治理的轨道上来，实现了多方协同参与，精细化社区治理的新格局。

（三）群众满意是党建引领下"红色协商"检验标准

GY 社区在"红色协商"的实践探索中，始终把群众的需求和利益放在第一位，以满足群众对小区美好生活的追求作为出发点和落脚点。也正是借助"红色协商"的探索，形成强有力的"红色物业"小区管理大脑，并逐步引导物业公司从"小区管理"转化为"小区治理"的观念转变，切实解决了YXJ中通小区设施老旧、道路破损、飞线杂乱等问题，实现老旧小区的"华丽转身"和"智慧升级"，从而切实提升了群众的获得感、幸福感和安全感。

案例2：从公益大集到共议大集——A社区生态型基层治理探索

党的十九大报告指出，"有事好商量，众人的事情由众人商量，是人民民主的真谛"。此外，党的十九大报告从统筹推进"五位一体"总体布局、协调推进"四个全面"战略布局的高度，适应形势变化需要，基层社区治理的进一步创新也是非常迫切。SD省LC市D区LY街道A社区致力于推进志愿服务制度化，强化社会责任意识、规则意识、奉献意识，用实际行动践行党的十九大精神。A社区以"和平、和美、和谐"为社区发展的最终目标，通过因地制宜地服务设计、公益大集的常态化开展、居民骨干的系统化赋能、焦点问题的协商式解决、协商平台的参与式搭建和专业社工的融合式嵌入，实现从服务导入式的"公益大集"服务发展为协商技术型的"共议大集"平台，努力打造共生、共情、共识的社区情感归属与共建、共治、共享社区治理格局。

一、背景介绍

2020年8月，LY街道办事处成立全国首家街道治理研究院，围绕街道治理、社区治理、网格治理三级体系的重大问题开展研究。该研究院将为街道治理提供理论支撑与决策咨询，创新街道社区治理路径与模式，不断深化街道治理体系改革，提升治理服务水平与成效。

A社区被选作第一批社区治理试验点。A社区于2014年11月建立，隶属于LC市D区LY街道，东至徒骇河、西至花园路、南至陈口路、北接利民路，面积0.9平方千米，辖区共有居民4358户，1.4万人，直管党员190人，下设11个党支部。该社区以"凝聚党心服务群众，提高居民幸福指数"为宗旨，坚持以"和"为主题，党建为引领，多元参与，需求导向，构建"和谐""和美""A""和睦""和气"新家园。

二、分析与预估

从政策环境来看，LY 街道谋求从顶层设计以基层探索两条路径上，探索适合发展 LY 街道治理的新模式，又以 A 社区作为试点展开实验，对于社区而言政策利好、上级领导重视，更便于服务创新的探索。

从社区基础来看，A 社区属于老旧小区，具有公共服务相对欠缺、服务型社区社会组织数量较少、社区历史遗留问题较为突出等基本特征，做基层治理创新性、变革性实验较能实现目标设置，有助于形成社区治理有效路径。

三、服务计划与实施过程

（一）深入调研把好脉，专家坐诊开好单

A 社区通过调研，了解辖区内居民便民服务需求，尤其是弱势群体的普遍性需求和紧迫性需求，并以此作为基础设计志愿服务内容；委托专业社会组织采取实地观察，社区漫步，定向访谈和线上、线下调研问卷等多种调研形式，收集居民需求数据，建立基础信息库与地理信息系统。此外，还建立了社区问题地图、社区资源地图和社区服务地图三个清单化的地图。

围绕调研结果，根据街道治理研究院专家建议，计划通过社区公共服务的供给作为导入，首先改变老旧小区公共服务短缺的显性问题。通过公益服务，建立社区信任、积聚资源、聚焦焦点、实现服务，进而在服务中发动群众、培育组织、构建机制、培育群众意识、破解焦点治理难题、搭建共商共议的协商治理平台，构建联合服务治理委员会，形成社区治理有效路径。

（二）一般化服务做引，专业化服务做核

A 社区推出"公益大集"作为一般化服务的活动载体，提供社区公共服务。"公益大集"是通过整合并盘活社区内外部资源，且又以社区内生力量为主进行融合，实际落地实践是以开展志愿便民服务的方式，深层次挖掘社区能人，构建社区内自助、互助的自我服务模式，打造精细化、精准化的志愿服务体系的一种活动形式。公益大集可以分为不同的主题，不断集合资源，推进不同社区群体的服务，促进不同的群体参与，提升不同群体的幸福感与获得感。

为确保"公益大集"的顺利推进，A 社区在街道治理研究院的支持下，引进一名专业社会工作者，提供专业化的服务并进行在地化的融入。例如，进行日常活动开展的筹备引导、预演修正、现场指导和结果复盘等方式提供专业化的服务，确保"公益大集"开展的相关的关键技术环节能够被落实且与当地人文习惯相适应。社工的下沉，能够且在服务推进的过程中，更加注重引导挖掘

居民志愿者骨干，配套进行骨干赋能和骨干角色转化，将专业化磐石做实。

在地服务开展与专业社工指导的有效结合，充分实现了一般化服务做引和专业化服务做核的两相利好的局面。自 2020 年 7 月启动以来，已成功举办了 14 期，志愿者服务队伍由最初的 5 支，增加到目前的 23 支，服务群众达 6000 余人。如今，越来越多的居民受益于志愿服务，幸福指数大大提升，对社区的认同感和归属感显著提升，"公益大集"也在开展过程中发展了一批能够常态化组织开展服务的居民骨干。

（三）专业社工做嵌入，治理平台做嵌合

"公益大集"的惠民服务促进社工在地融入，也为社工进一步嵌入具体焦点治理难题的解决提供基础，而 A 社区鲁阳公寓小区电表户头欠费，小区停电问题的爆发，则为专业社工嵌入社区治理难题的解决提供了有利契机。鲁阳公寓用电问题系历史遗留问题，小区居民用电始终处于混乱的状态，居民因断电问题无法解决形成群体化激动情绪，形成了小区的不稳定因素。社工以协商民主为技术核心，以社区赋能为理论指导，动员公益大集居民骨干、盘活社区社会组织团体、促进共同行动。社工分别展开个体赋能、组织赋能和行动赋能，从三个方面嵌入协商民的全流程，确保居民有效且理性参与，居民骨干的作用发挥，并在过程中形成了一支队伍。在社工的技术支持下，鲁阳公寓用电问题采取三步走的方式解决问题："第一步，协商'解决电费亏空'，厘清各方责任和原因，如果在法律上存在模糊，则采取"共同负责"的原则；第二步，'清晰电费收缴'，推动小区统一更换电表,解决偷电漏电问题; 第三步,'更换户头',推动小区用电户头的更换，实现小区和厂区的用电分流，彻底解决电费收缴混乱的问题"。这种方式成功弥补了小区电费的亏损，解决了小区用电的历史遗留难题。

随着鲁阳公寓断电问题的持续性协商，小区内建立起了一支以居民代表为主的队伍，社会工作者协助居委会多次与居民代表开展会议讨论，成立了临时鲁阳公寓业委会，专门对小区内的各种事务开展商讨。鲁阳公寓用电难题的成功解决也给公益大集的骨干成员和在协商过程中产生的协商民主主体队伍带来了信心，对参与社区治理事务也有了基础的路径雏形。

以街道治理研究院为主导，以 A 社区为平台，吸纳专业社会工作者力量加入的"立体式多元治理网络"，由此构筑成基层社区的"嵌合"结构。多元社会力量之间，通过彼此持续密切的嵌入和互动，协助社区居委会开展多元协商，提升了居民参与社区事务的能力和社区解决焦点问题的能力，完善了居民协商议事平台，构筑了 A 社区治理平台雏形。在这一阶段，已经从"公益大集"到"共议大集"进行过渡。

（四）连点成线链条化，连线成网生态化

公益大集的开展，是遵循服务型治理逻辑，即通过"突破一点、形成一线、横扫一大片"，围绕 A 社区的焦点问题的解决，挖掘和培育社区社会组织串联成线、相互助力、交织成网，打造基层治理创新的新生态。

通过公益大集的常态化开展，社区社会组织队伍已发展到二十多家个。各个组织之间各有特色，相互之间又能够在公益大集上互为补充，并能够长期保持组织活跃度，逐步形成 A 社区的社区社会组织矩阵，连点成线。

以鲁阳公寓用电问题解决为契机成立的临时业委会，社会工作者与社区居委会共同推进，将鲁阳公寓事件中所产生出来的居民议事会嵌入到社区协商议事平台中，成为居民议事专委会的一环。居民议事专委会作为二级议事平台，参与社区协商议事平台建设。参与社区协商议事平台建设的其他主体包括社区居委会、通过每月一次的社区公益大集组建的公益大集组委会、退伍军人和老党员等社区领袖能人。社工为平台提供协商民主技术工具包，协助协商平台制定制度性规范，规定每月公益大集前一周的周三为固定会议时间，实现网络化、常态化、生态化，逐步形成"共议大集"的生动局面，人人参与、人人协商、人人商议。

四、总结评估与专业反思

（一）开展公益大集服务是凝聚区域力量的有效途径

社区在统筹协调工作上，仅仅依靠专业优势或是党建引领优势是远远不够的，需要社区居民以情感人、以服务聚人、以专业引人、以陪伴育人，从而整合更多力量和资源参与社区治理。开展公益大集，增加了 A 社区党组织与驻区单位、与居民群众的沟通联系，在社区走访居民统计需求、小区内外资源对接等，拉近了社区党组织与驻区单位、与居民群众的距离，增进了感情，赢得了认可，为专业服务导入奠定了基础。

（二）多元主体的参与是做好基层协商的必要途径。

"有事好商量"基层协商议事机制，是指通过沟通交流、平等对话等形式凝聚共识、形成合力。但是不可忽略的是，在构建协商议事机制之前，首先是确保多元主体的多方参与，从 A 社区鲁阳公寓的有效解决可以看到，相关利益方的参与以及专业第三方介入的力量，为问题最终解决提供了有力保障。A 社区通过公益大集链接、凝聚和盘活社区内外资源，将其转化为协商主体之一，也是为基层协商做好了多元性参与的准备。

（三）服务型平台导入是搭建治理型平台的基础保障

服务型平台搭建是为了回应现实问题的需要，现实问题的有效回应是破解基层治理难题的基本前提，也是搭建治理型平台的基础保障。任何一个平台的搭建和落地都源于现实的需要，只有解决好居民群众关注的具体问题，才能确保居民对社区服务的黏性，增强居民的归属感，提高居民的参与感，并对社区公共事务形成关注。以服务平台为基础，转换为治理型平台，可以加强居民参与社区公共事务的效率，提升居民参与社区治理难题的质量，并且能够确保治理型平台的有效性和生命力。A 社区从"公益大集"到"共议大集"的转变，就是有效地降低居民参与的门槛，激发了居民参与的热情。

案例3：土味马扎会·时尚潮治理——YX 社区"七心协商"治理创新实践

党的十九届四中全会提出"推进国家治理体系和治理能力现代化"。进入新时代，基层社会治理面临诸多新情况、新问题。作为基层社会治理的"毛细血管"，基层党建工作的作用举足轻重，而基层党建工作最重要的就是做好与百姓交心。协商民主，恰恰是打通基层社会治理中顽疾的一剂良方。SD 省 LC 市 D 区 LY 街道 YX 社区，在社区党委"幸福社区，服务居民，创先争优，构建和谐"建设目标指导下，以提高居民宜居生活环境、丰富居民群众精神文化为举措，促进幸福社区建设。在党建引领下，YX 社区上下一心，积极探索创新基层治理，积极实践寻求适合社区发展的基层治理方法。在实践过程中，通过"土味马扎会"的形式，把党组织下沉"马扎"贴心办民事，将网格员坐到"马扎"耐心听民声，让居民参与"马扎"上心谈公事，共提、共商、共议、共治、共享，实现居民遇到"急难愁盼"事安心，社区治理"堵点难点"事舒心，社区和居民上下齐心，共同践行初心，形成 YX 社区马扎会上的"七心协商"，有效夯实了基层党建、创新了治理路径、提升了治理水平，促进了社区和谐。

一、背景介绍

YX 社区位于 LC 市中心地带，东起花园路，南至利民路，西临 LY 路，北接 YXJ，辖区面积约 0.45 平方千米，共有居民小区 31 个，YX 社区成立于

2014 年 11 月，位于 LC 市中心，东起花园路，南至利民路，西临 LY 路，北接 YXJ，社区党群服务中心办公面积 400 余平方米，设有社区"一站式"便民服务大厅，辖区面积约 0.45 平方千米，共有小区 33 个，2481 户，居民人数为 7326 人，驻辖区单位 9 个。截至 2020 年 3 月初，社区党总支共有直管党员 121 名，下辖 8 个直管党支部。YX 社区党群服务中心以人民服务为宗旨，坚持"新形象、心服务、馨感受"的工作理念，以创新社区建设为动力，旨为打造一个新型的和谐社区、平安社区、文明社区。

YX 社区辖区内小区多为无专业物业管理的老旧小区，基础设施不完善。因为建设年代较久，部分老旧小区的基础设施已滞后，如线路老化、楼道乱堆放、违章搭建严重，停车位不足，公共设施维修难，相关用水、用电、供热等基础设施规划不合理，设备缺失等历史遗留问题较多。

二、分析预估

从社会环境来看，党史学习教育领导小组部署"我为群众办实事"实践活动，指出要充分发挥好基层党组织战斗堡垒作用和党员先锋模范作用，激励基层党组织和广大党员用心用情用力解决基层困难事、群众烦心事，密切党同人民群众的血肉联系，切实在办实事、开新局上取得明显成效。

从社区现状来看，随着社会发展进度，居民对居住环境要求也不断提高，YX 社区老旧小区的问题影响了居民的日常居住生活，也给社区治理带来了极大挑战。如何将党组织扎入基层创新治理，动员社区居民力量共同参与社区治理，确保工作开展有质量、有效率、有满意度，实现"民有所呼，我有所应"，是 YX 社区目前亟须破解的难题。

三、服务计划与实施过程

（一）马扎听民声，贴心有人管

YX 社区积极探索实践基层服务路径，此前 YX 社区不定期组织召开小区恳谈会、议事会，均有所成效，但是参与主体范围较小。为更好地做好居民的"贴心人"，畅通社区民意反映渠道，YX 社区党组织端起马扎坐在小区里，在居民楼下开起了土味十足的"马扎会"。关于"老旧小区引进专业物业公司托管"的议题，就是在马扎会上，由多个小区的多位居民提出的。

YX 社区老旧小区居多，小区人员结构复杂，有多个企业家属楼，沿街商铺数量众多。自建成入住以来，早期部分企业设有后勤部门进行管理，随着改制变革，大多数小区一直处于无物业管理、无人防措施、无保洁的状态，大部分都是典型的"三无"小区，居民普遍认为，引进专业物业公司能够有效改善社区基础环境，围绕引进什么物业？怎么引进？流程是什么？等问题，需要具体展开协商。

本着"一事一议"的原则，YX社区党组织积极对接相关方，多次组织开展"马扎会"，确保上级物管部门、居民代表、党员等多个主体的共同参与，遵循引进物业办事流程，实现了物业公司的顺利引进——LC市永诚物业有限责任公司将对辖区20个无人管理的小区展开托底服务。自物业进驻以来，解决了各个小区内例如大树遮阳修建、化粪池堵塞、下水道不通等多个问题，并积极配合老旧小区改造工程，提升了老旧小区的基础环境。

老旧小区从"无人管到有人管""从闹心到安心"，是"马扎会"议题收集到协商再到实施的第一次有益尝试，把事情办好，让居民安心，也极大增强了社区治理创新的信心。

（二）马扎巧协商，耐心办小事

YX社区因地处市中心，沿街商铺也在服务范围内，"马扎会"不仅开在小区里，沿街商铺也能坐下来共提共商共议。老旧小区的改造可以造福居民，缺给商铺留下了问题——老旧设施形成水损造成的"高额水费"商户无法承担。

通过"马扎会"了解到：沿街商铺所在小区，小区内楼栋、设施均已改造完成，一楼商户由于政策问题不能参与改造，但是由于地下铁管严重腐蚀、水表老化极易形成水损，在改造前水损由整楼住户分摊，相对合理。目前小区内楼栋完成改造，无须再承担水损费用，相关费用均由商铺分担。

事情虽小，涉及利益主体多样，且在此议题过程中还需要协调多个租户和多个房东的。社区党组织借助"马扎会"，充分发挥群众智慧，在大家的协商过程中初步确认协商参与主体、协商流程和协商规则。

在"商量不红脸""有话好好说""一个一个说"等马扎会协商规则的约束下，通过"摆事实、讲政策、说方案、谈利弊"，大家逐一讨论，从因为多个房东不同意改"一户一表"，到最终每户都同意改造；从小区居民不同意小区内安装水表箱到大家一致欣然同意；从费用分摊比例、分摊费用不明，到明确每户需要承担3900多元的改造费用。以上议题结果，均在一次次的马扎会议上产生。社区党组织在此期间承担的角色，则是积极链接相关职能部门、规划设计单位等相关利益方，促进马扎会议的顺利开展。

这期间，离不开社区的耐心解释、居民的耐心参与、相关职能部门的耐心配合。整体而言，商铺水表的成功改造，少不了多方主体的积极参与，也得益于"马扎会"协商议事流程、规则也初具雏形，确保协商议题顺利推进并取得成功，让居民舒心进一步增强了居民对社区的信任。

（三）马扎顺民意，上心商大事

社区以党支部牵头，"马扎会"的常态化开展，更有助于了解辖区居民对公共管理与服务的需求，把握共性问题。随着小区居民对社区信任度逐渐增强，居民参与社区事务的积极性也随之增强，通过"马扎会"居民提出希望各方力量共同参与并努力克服现有条件，实现小区内的集中供热。

YX社区，不仅小区数量多，且多数小区为企业家属楼，相互之间同属于社区却又相互独立，大小11个小区，小区地处商业繁华阶段，点多面广，情况复杂，有23栋楼大都建设于20世纪90年代之前，看似连成片，大多都是体量较小的单体楼，且多为五六十平方米的小户型，近800户居民此前从未享受过集中供热。且随着经济社会发展，各个家庭条件不同，供热意愿不一，多年来在集中供热上，始终组织不起来。

通过"马扎会"组建的"马扎议事团"成员通过协商讨论确认流程，即确认供暖施工可行性、统一供暖居民意向性、供暖装置选址、供暖装置施工等，且形成一致意见"具体流程增减根据专业公司提供建议，及时开展'马扎会'做好实时跟踪"。截止到供暖设施正式进场施工前，"马扎会"协商共计18次。供暖相关方11个小区，23栋楼，近800户，居民参与率需要达到60%，居民对供暖装置支持率达85%。群众的参与就是最大的力量，在协商过程中，很多小区热心居民自发去挨家挨户动员居民知情、了解和参与，相关施工方工作人员也被小区居民这种群众的强大力量感动，更加坚定做好这次集中供暖工作的决心。

集中供暖施工的实践，充分验证了"团结动员群众"的强大力量，"马扎会"将社区党组织旗帜插进了小区网格，始终和居民群众在一起，察访民情民意，顺应群众所需，找准基层和群众的急难愁盼问题。用群众的力量找到更加精准有效的措施，用人民群众的力量解决好人民群众难题，是社区治理的一大智慧，也是社区治理的创新难点，而"马扎会"的设立充分突破了这一难题。集中供暖的实践，是社区和居民群众上下齐心的有利验证，更是践行初心的成功实践。

（四）马扎时时新，初心促品牌

从"马扎会"初次尝试，展开小区物业公司引进的尝试，到沿街商铺水表更换问题的进一步深入，再到多个小区供暖系统的施工，议题范围、议题内容、议题相关方、协商主体都在不断地变化和更新。"马扎会"在变化中寻求发展和创新，逐步发展成能移动、能收集、能输出、能变化、能更新的具有YX特色的协商议事平台。

YX 社区坚持"党建引领、多方参与、共建共享"原则践行初心，依托网格化精细化管理，把"马扎会"安在网格上，把服务放进了网格里，把问题解决在网格中，不断完善社区治理体系，打通社区基层治理末梢。以"人人一个小马扎，事事议议好协商"的口号，将"小马扎"作为媒介，组建"马扎议事团"，搭起社区与群众之间的别样"连心桥"，遵循"一事一议"的原则，及时收集社情民意，并展开"日对接、周跟进"，确保议题处理形成闭环，形成了社区与居民之间难以形成良性互动。"马扎会"的成功实践也逐步形成了社区的治理品牌。看起来土味十足的"马扎会"却是时尚潮治理的重要媒介，成为拉近基层干部与社区居民之间的距离、增强基层治理水平、化解群众矛盾的一项创新举措。

四、总结评估与专业反思

（一）"蓝网格"扎实"红引领"

通过"我为群众办实事"实践活动，YX 社区党组织在着力保障基层民生需求方面狠下功夫，推进为居民群众办实事工作，解决社区和居民之间互动问题，以"协商民主"为核心技术，以"精细化网格"为服务阵地，以"马扎会"为服务形式，始终把党的领导贯穿全过程、各阶段，保证了协商议事始终沿着正确的方向进行，力求在党建引领下，各项工作开展实现便民利民。在协商工作开展过程中，YX 社区党组织不断完善协商流程、丰富协商主体、规范协商会议、提高协商效率，有效推动解决了诸多老旧小区历史遗留问题和新的需求矛盾问题。"马扎会"的开展，将矛盾纠纷化解在基层网格，将和谐稳定筑牢在基层居民家中。

（二）"小马扎"蕴含"大智慧"

探索创新社区治理机制，以流动性和灵活性更强、更加贴近居民生活的方式，推行"小马扎"特色协商，建立不限时间、不限形式、不限场地的群众协商议事会，充分发挥"网格长""楼组长"等熟知民情的优势，引导居民合理表达诉求。居民们看到"小马扎"倍感亲切，打破了社区和居民的隔阂，围坐在家楼下从家长里短开始，唠嗑议事，找到居民意愿诉求的"最大公约数"，真正实现"人人参与、人人尽力、人人享有"的生动局面，有效推动"众人的事情由众人商量"。

（三）"土办法"尽显"潮治理"

随着社会经济的不断发展，居民楼里差异化的需求得到有效满足，是居民群众主动参与社区协商的潜在动力，把握居民参与动力的基础上，创造居民参与的条件。居民群众支持参与是社区治理的核心基础，更是治理创新的土壤。用最接地气的"土办法"，搭建居民群众最方便参与的"土媒介"，形成居民群众最乐意表达的氛围，调动居民群众参与的热情，凸显社区温情治理的"潮流汇聚地"，实现社区家门口"人人参与、人人协商"的微型协商治理阵地，形成 YX 社区潮治理个性。

五、案例使用说明

本章案例说明（一）至（七），参见第十八章案例使用说明的（一）至（七）。

（八）课堂教学计划建议

本章案例主要按照 4 学时进行设计。

A 本科生计划：学生事先预习到位，三个案例研讨可以在将小组讨论中前置进行。案例讨论过程中需要教师前期进行知识引导，同时引入不同案例进行比较。

B 计划：社工硕士（MSW）学生之间预习差异较大，因此需要将小组讨论置于课堂讨论之中进行。

两种课堂教学详细安排计划如表 20-1 所示。

表 20-1　两种课堂教学详细安排计划

A 本科生计划	B 研究生计划
课前阅读相关资料和文献 1 小时，小组讨论 1 小时	需要安排 MSW 学生课前阅读和讨论
3 个案例研讨分为三个阶段进行，每个阶段的时间分配为：	3 个案例研讨分为三个阶段进行，每个阶段的时间分配为：
课前知识引导：10 分钟	课前知识引导：10 分钟
课堂安排：60 分钟	课堂安排：60 分钟
案例回顾：10 分钟	案例回顾：10 分钟
集体讨论：30 分钟	集体讨论：30 分钟
知识梳理总结：10 分钟	知识梳理总结：10 分钟
问答与机动：10 分钟	问答与机动：10 分钟
总计为 180 分钟	总计为 180 分钟

在课堂讨论本案例前，应该要求学生至少读一遍案例全文，并尝试回答案例启发思考题。具备条件的学生还可以小组为单位，围绕所给的案例启发思考题进行讨论。

第二十一章　社工应急介入公共卫生危机案例

案例名称：从"紧急配药"看社会工作介入应急救助——以 KS 市 L 社工机构为例

案例规划：魏晨

案例执行：李冉、金松松、芦雨桐、谢莎、蔡晓鹏、戴亮、魏忠杰、万飞等

案例撰写：向雨晴、张世康、陈陈、曾安琪、王景璐

案例督导：魏晨

使用说明：魏晨

案例获奖：第二届大学生社会保障案例大赛特等奖、全国百篇优秀调研报告

一、背景介绍

（一）案例缘起

KS 开发区 YL 社区的赵老伯身患肺癌、前列腺癌，他所服用的抗癌靶向药药量仅能维持接下来几天的需求，然而其儿女因疫情阻隔无法回家，又困于双重疾病的加身行动不便，加之社区封控导致赵老伯出行困难，因此缺药而又无法购药成了他当时最大的困难。眼看药物就快要告急，缺少了药物治疗直接面临的便是死亡的威胁，内心十分焦急的赵老伯多方求助却始终没有得到回应。

这件摆在他面前关乎生命的十万火急之事究竟该如何解决？为了化解这一危机，一场拯救生命的救援即将展开……

（二）救命药物引发的应急救助

4 月初的这一天，赵老伯在多次求助无果后，主动联系到了 KSLR 公益发展中心的理事长李冉，想要寻求帮助。经过沟通，李冉得知赵老伯的抗癌靶向药物只能在距 KS 市区近 50 公里外的 SZWZ 区一家药房配药，而当时情况是，

KS 与 SZ 两地因疫情地面交通封闭，KS 市民进不了 SZ，更谈不上去 SZ 买药了，但是赵老伯情况如此危急，如果不及时用药；他的疾病会加速恶化。正在一筹莫展之时，李冉突然想到或许可以委托他们在 SZ 的同事取药，于是他迅速与 SZ 同事沟通，对方也欣然接受了这个请求。接着李冉又设法联系到了赵老伯的侄女，当天晚上反复地与对方沟通，逐字确认药房位置和药品名称，并立即与 SZ 同事对接相关的信息，方便取药。

然而事情并没有想象得那么一帆风顺，到了次日取药时，李冉同事得知必须持有患者的身份证复印件和处方的原件才能代取买药。在了解到这个困难后，李冉即刻联系上疫情期间 LR 机构在 KS 开发区的驻点社工，希望通过属地社区的同事想办法尽快拿到凭证。驻点社工随即找到了该社区的志愿者寻求帮助，当天就顺利从患者侄女那儿拿到凭证，在多位志愿者的接力传递下交给了 LR 机构在 SZ 的同事。

然而又一个没有想到的难题出现了……由于两地交通封闭，KS 与 SZ 设置了卡口，而卡口又是三公里的隔离区，隔离区需要特殊通行证才能实施，通行证的申请又困难重重，因此这三公里成为最终送药成功的最大阻碍。但是考虑病情严重耽误不得，当日李冉立即联系到市民政局的相关人员，询问是否能够有办法将药品从卡口处送过来，最终，在持有通行证的民政局工作者的义务协助下，于第三天顺利完成了取药送药的任务，并刚好赶在赵老伯剩余药量用完当天把药送到，解了其燃眉之急。至此，这场由救命药物引发的特殊救助行动才顺利结束。

（三）应急行动阶段——社区紧急需求集中涌现

正是这次救助行动的成功，让 KS 更多的社会组织了解到 LR 机构在紧急跨城配药调度上的效能及优势，同样也使更多有着紧急用药需求的人了解到 LR 机构这一有效的求助渠道。随着疫情形势的日渐严峻，KS 市诸多社区居民的有关用药、就医等紧急需求大量涌现，向 LR 机构求助的也愈来愈多，于是机构便开始集中对接处理诸如赵老伯的紧急药物配送问题。

案例 1："血包接力"——跨城传递求生希望

乐乐（化名）是陆家镇的一位 3 岁肝移植患者，肝移植已过两年，身体情况不稳定，需定期到 SZ 儿童医院验血检查身体，检查间隔时间一般为一周，最长不能不超过两周。而现在因疫情，乐乐无法正常往返于苏昆两地就诊，距上次身体检查已接近两周，照顾者辗转多方，最终得知可以将乐乐在 KS 抽取的血液送到 SZ 儿童医院化验以观测其肝功能状况，但需志愿者帮忙进行血包的运送。

LR 机构社工夏蓓蕾接到求助后，立刻将情况反馈给机构的实地配送小组，并当即与求助方确认血包运送的具体时间、流程和注意事项，和实地配送小组确认血包接送方。最终，血包由陆家镇儿童督导员协调，从陆家取出交给 KS 市民政局工作人员，再将其运送至苏昆卡口，最后由 LR 机构内的 SZ 同事接送到 SZ 儿童医院进行血液化验。至此一场危机才正式解除。

社工夏蓓蕾事后感叹道"血包的运送承载着对求生的希望，而运送血包者则是生命得以继续的接力者。"

案例 2："药品赛跑"——抗癌药物紧急协调

紧急用药需求常常发生在有着重大疾病的特殊病症患者群体之中，王强（化名）是一名癌症患者，一直在 SZ 市慈善总会领药点领取由中华慈善总会捐赠的抗癌药，因疫情无法离开 KS 到 SZ 取药，而药品代领剩余时间却不足 5 天，需志愿者协助尽快帮忙代领药品。

时间紧急，疾病不等人。协调组夏蓓蕾接到"好灵格"同仁求助后，和其对接代领药品具体事项，后将相关信息同步给协调组，由 SZ 同事携带救助对象身份证复印件及电子处方到医院代领药品。

然而正当一切进行顺利时却发现，由于前端信息确认不够完善，未顾及一些特殊要求，社工在代领药品时被告知代领抗癌药需以旧药盒换领新药，并且必须有中华慈善总会北京部发给代领医院的代领邮件，中慈助医 APP 上的领药人信息也要求从本人改为代领人。夏社工得知此事后，及时将这一情况反馈给"好灵格"同仁。一边是时间的流逝，一边是疾病的威胁，这场与时间赛跑的救助行动困难重重。所幸经"好灵格"同仁多次协调，LR 机构在苏同事凭代领说明、代领邮件、代领人信息帮助救助对象领取药品并送至 KS，最后成功交到救助对象手中。

二、分析预估

（一）个体化救助局限性凸显

然而，KS 疫情集中爆发的初期，在接手和处理了诸多如赵老伯、乐乐与王强这些紧急配药和就医案例后，LR 机构渐渐发现，仅仅以个体化方式参与社会救助行动，机构内部在人力调度、资源保障和组织协调等方面的局限性愈加暴露出来，同时随着防控的升级，疫情造成的次生危机也愈发显现。

（二）次生危机深度影响

一方面，包括残疾人、困境儿童、孕妇、患重大疾病患者、失能老人、高龄空巢独居老人等在内的十余类特殊困难人群，在日常生活中就面临自身的各类问题。而当新冠疫情发生后，危机投射到弱势群体中和其本身原有的危机叠加，形成疫情"长投影"下叠加型危机。他们不仅要应对普通民众所承受的物资匮乏、情绪疏解的压力，还要应对因其自身特殊情况所产生的其他问题，因此由封控、禁足式的居家生活造成的危机投射到个体身上时，他们原先的生活更易受影响，出行的阻隔、心理的恐慌加之自身资源、能力与特性的限制，使其无法抵抗多重性的压力，原本简单的需求获取在此刻显得十分艰难，由疫情带来的衍生型的社会风险——放大并逐一涌现出来：高危产妇如何安全生产？如何及时送达医院？困境儿童的生活照顾由谁来负责？高龄独居老人面临的信息堵塞，无人照顾的处境该怎样解决？重大疾病患者的用药紧缺等涉及生命的大事又找谁来帮助……

另一方面，社区作为各种事务的落脚点，本身就面临着人少事多的处境，而在疫情紧急状态下，社区的服务范围更加广阔、需求也更加复杂繁多，日常的防控工作使得原本就人员紧张的情况更加严峻，人力资源挤兑问题凸显，同时疫情防控使得医疗物资、医疗设备以及医护人员十分紧缺，许多就医用药需求无法像正常状态下一样，能够在第一时间得到满足，出现了医疗资源挤兑危机。因此，当这些危机投射到社区中并与社区原有的问题叠加时，便形成了疫情"长投影"下社区层面的叠加型危机，这种叠加型危机导致在社会、社区层面，原有的应急救助体系都出现了失灵，社区应急机制、社会保障机制失效，社区的封控防疫体系、志愿者服务体系以及人力资源储存量无法满足民众的需求，更无法解决疫情下特殊困难群体的问题，从而加剧了特困人群的艰难处境。

（三）一证难求、极度疲惫

LR 机构社工芦社工及金社工在紧急用药求助日渐增多的情况下，以机构名义向政府相关部门申请办理了"珍贵"的通行证，承担起了紧急配药的任务，社工在疫情之下被赋予另一重角色——跨城配送员。

事实上，相较于在城际奔波进行药物配送所带来的生理上的疲倦，疫情背景下通行证的"一证难求"以及通行证相关的刚性政策，才是配送员面临的最大阻碍——"一方面，通行证在那个时候的 KS 十分难申请，我们以 LR 机构的名义也就只申请到了一张；另一方面，通行证的政策也很严格，每次都需要进行通行时间的认定申请，比如认定 24 小时后就要从申请的时刻开始倒计时，要知道我和松哥（LR 机构金社工）常常因为送药需要工作到凌晨。"社工芦雨桐在提及配送过程中的困难时，仍对于当时通行证带来的一些困扰记忆深刻。随着紧急配药工作陆陆续续进行了一个多礼拜后，社工芦社工也渐渐展露出了疲惫感——"从一开始的期待通行证，趁送药的时间看看外面，到现在'哎嘿，明天不用出门！'这个过程的确疲惫"。疫情期间高强度高风险的工作、重复而繁杂的内容，对于任何人都是一种挑战。

（四）单一组织难以应对

事实上，LR 机构意识到，仅靠一家社会组织的力量无法处理数量庞大的紧急药物配送，因而还需要充分发挥自身作为枢纽型社会组织的作用，积极链接各方资源，与各家社会组织团体开展合作，形成平台化的全链条联动机制。

而在结合前期机构的紧急配药送药经验后，LR 机构也发现，在疫情突发阶段，几乎所有的社会组织在公共卫生突发事件下的危机灵活应对、组织高效协作与信息及时互通等方面都暴露出一定的问题。这主要表现在社会组织危机响应机制、组织联动协同体系等没有得到系统性地建构；公共卫生下的次生危机应对、日常困难人群的应急救助相对受到忽视，同时相应的危机介入救助机制与主体协同平台没有建立起来。

一切的问题都表明——随着疫情形势的严峻化、错综化，社会组织以个体化形态参与社会救助的方式终究不是长久之计，组织化联动的机制建设才是当务之急，建立起一套社会组织的应急管理机制，打造具有可行性、时效性的危机应急介入预案迫在眉睫。

三、服务计划与实施过程

（一）组织化联动

LR 机构在总结前期偏个体化参与救助行动中的经验的基础之上，逐渐有意识地去建构组织化的多元联动机制，加强与各类行政、社会力量主体在资源联动、调配联动等方面的对话与合作，汇集各类优势，以整合视角和行动视角作为切入点，以组织化的联动形态实际介入到随后的中后期社会救助行动当中。

（二）社区主体联动

首先，LR 机构与各类社区主体的协调联动体现在加强与社区基层工作者的合作，开展疫情"静默期"社区基础状况的信息摸查与共享上。当 4 月份 KS 社区被迫封控并进入"静默期"后，LR 机构介入社区救助时真正的难题便在于距离的阻隔和信息的闭塞——救助对象的个人及家庭的基础情况如何？各类社区的人员、物品流动细则如何？显然这些信息都是 LR 机构没有提前了解的。

因此在中后期的救助行动中，LR 机构也意识到提前做好与各个社区基层工作者有关信息联动的铺设工作尤为重要。随后 LR 机构在持续开展配药救助行动的同时，也在紧急获取 KS 各个区镇社区负责人的联系信息，一方面，通过社区工作者提供的居民信息来进一步获取到社区内特殊群体的基础状况和特殊需求，并以"线上敲门一分钟"的形式进行线上的电话追访，以求排查出更多潜在的用药和就医需求；另一方面，主动与社区负责人沟通协商有关人员进出社区、紧急物品流动、志愿者接拿物品等一系列与紧急配药就医行动相关的细节安排，为中后期救助行动的开展做好前瞻性的基础工作铺设。

与此同时，LR 机构与社区主体的协调联动还体现在提升与社区志愿者队伍的融合，通过社区志愿队伍的孵化培育来打造行动保障链条上。相较于前期救助行动中，LR 机构以个体化参与到整个救助过程中暴露出来的较为严重的人力资源短缺和资源调度缺乏时效性的问题，在中后期的救助行动中，LR 机构着重加强与志愿者队伍的协作化融合，通过有组织性地培育与管理重点封控社区的志愿者队伍，逐步引导志愿者了解社区基础现状，从中发掘队伍骨干，提升其组织协调能力并进行行动赋能。随后在送药、配药过程中，LR 机构积极发挥社区志愿者作用，助力药品资源的精准性对接。在完善抗疫防疫的紧急志愿服务保障链条的同时提高人们的防疫热情和生活信心。

除了与基层工作者、志愿者进行联动外，LR 机构与社区治理主体的协调联动更体现在完善与街道、社区社工站的对接方式，扩充社区救助的服务主体以达到行动效能的提升上。开展初期紧急救助行动的 LR 机构缺乏充分联合社区力量的整体意识，从社区需求的对接到药品配送的对接往往忽视了社区的重要力量——街道、社区社工服务站，反而将过多的行动任务积压在机构本身上，从而压制了需求检索阶段以及药品配送阶段的行动效率。

因此在中后期的社会救助行动中，LR 机构注重与各个街道、社区的社工服务站点形成行动的联动环，加强需求的转介对接以及最后药品入社区的人员对接，比如 LR 机构便与 KS 陆家镇社工站的社工伙伴们进行行动的对接合作，由陆家社工站将其获取到的紧急用药需求转介给 LR 机构，并随之配合 LR 机构将药品接力送进社区。中后期的整个行动过程中总体上也有通过扩充社区救助的服务主体来达到整体行动效能的提升。

（三）行政机关联动

LR 机构与当地行政机关——市民政局的协调联动体现在救助需求对接与统筹支持上。经过一段时间的跨城配药，LR 机构发现从实际行动情况来看，LR 机构在配药过程中，由于仍没有全面明确与民政部门协商合作的渠道途径，导致 LR 机构救助介入时稍显被动，效率不高、行动滞后。不论是前期的需求获取还是实际配送时的通行证难题，或是三公里卡口处的接力，机构都迫切需要民政部门的助力加持。

面对以上这些困难，一方面，LR 机构主动对接到民政星光热线的需求转接渠道，与其开展具体的合作。KS 市民政局社会福利和慈善事业科钱科长谈道："市民政开通的 12345 市民热线 5 号专线主要是帮助政府去提供其难以完全顾及的领域的相关服务"。而 LR 机构也在热线服务开通后迅速与星光热线 5 号专线建立起了协作关系，当负责热线接听的社工收到来电后，会对求助对象的需求进行初步评估与分类，其中涉及需要跨城配药或紧急购药的需求，大多数会将需求转接给 LR 团队去实施救助行动。

另一方面，除了与市民政开展需求对接的联协作外，LR 机构也积极寻求民政在跨城配药过程中统筹协调上的支持与帮助，譬如在苏昆两地的交接卡口处找到民政相关人员进行对接，帮忙顺利通过进入 KS 的"最后三公里"，同时能以机构名义向民政职能部门申请通行证件来成功解决药品的实地配送问题，正是与市民政的协调联动下的成果，才使得跨城配药在物流运输的每个环节都顺利进行。

（四）社工机构联动

LR 机构与 KS 其他社工机构的协调联动体现在紧急需求的整合互动以及专业度行动的信任增培上。在中后期救助行动阶段，LR 机构更加注重与 KS 当地其他社工机构的合作互动。

一方面，在紧急送药需求信息的挖掘和收集上，LR 机构除了自己开展"线上一分钟"活动收集部分社区的需求信息外，也更多地与其他社工机构建立起需求信息整合、资源共享的渠道，比如 LR 机构与实际运营 5 号星光热线专线的大同社工机构建立了紧急配药服务转接合作——星光热线，面向全市获取紧急需求，并将其中的紧急用药、就医服务及时转接给 LR 机构，扩充了需求和资源获取的领域。

另一方面，疫情期间 LR 机构跨城紧急配药的救助行动也逐渐在行业中形成了专业度共识，KS 各个区镇的社会组织如金色摇篮社工机构、老来伴社工机构在面临服务辖区内具有一定服务难度的紧急用药、就医需求时都会联系 LR 机构介入并提供解决服务，可见 KS 当地其他社工机构对 LR 机构在紧急跨城救助行动上有着一定的专业度上的信任增培，这在总体上大大提高了紧急救助行动的效率。

最终 LR 机构通过与当地其他社工机构在需求信息和专业服务转介两方面的联动，提升了救助服务的效率和效能。

（五）社团基金会联动

LR 机构与医药协会、慈善基金会等各类社团基金会的协调联动体现在获取药品资源的范围渠道与时效水平上。首先，在前期诸如针对赵老伯开展的一类紧急配药行动中，LR 机构获取医药资源的渠道绝大部分取决于疫情集中爆发之前 LR 作为一家枢纽型社会组织原有的资源布局，如在过去几年内就有接触和合作的 KS 市慈善总会、SZ 市慈善总会、WZ 区医药行业商会等，而且这些社会组织在前期的配药救助行动中也给 LR 机构提供了基础的跨城药品资源支持。

然而，面对更多不断涌来的需求，药品资源需求的多样性提升及获取难度增大，为了应对这样的情况，LR 机构基于现有的资源渠道，进一步向外与更多的社团基金会开展医药资源互通的渠道建设：一是利用已有的社会组织资源链条去做衍生型的资源探索，扩大资源获取的渠道，如基于 KS 慈善基金会的资源脉络，LR 机构获取到了陈霞基金会可以调度的医药资源渠道；二是在实际配药救助服务中，LR 机构通过救助对象透露或提供的医药资源信息做资源渠道的靶向确认，如通过有紧急靶向药需求的癌症患者提供的信息，联系到了北京仁泽公益基金会，可以作为获取抗癌靶向药的中间调度渠道并链接到这些药物资源。最后 LR 机构与这类社会组织资源形成了良好的资源互动关系。

结合 LR 机构两方面的资源探索方式可以看出，来 LR 机构实质上为各类药品资源的汇集提供了一个中间的调度平台，通过与各类行业行会的资源联动，也大大提升了获取医疗资源的时效水平。

（六）医院药店联动

LR 机构与医院药店的协调联动体现在药物获取与定向供给上。"有一部分人有紧急药物需求，但他们所需药物在 KS 境内是没有的。而当时一个情况是，KS 和 SZ 两个地方的地面交通封闭，KS 的人进不了 SZ，买不了药，这类问题十分常见"，在经过几次药物配送行动后，LR 机构理事长李冉和其同事们发现KS 本地无法购药的情况有许多，这就意味着机构必须与 SZ 或其他市区的医院进行联络沟通，于是 LR 机构主动寻找到 SZ 市区的医院和一些大药房，加之还有救助对象的药品渠道信息共享，保证了药品物资的可得性。

除此之外，LR 机构也发现有一部分救助对象的取药来源于 SZ 地方医院或药店的定向供给。因为在这段时期以来，除了救助对象直接求助和一些社工机构转接的需求外，他们也陆续接收到了 KS 全市甚至 SZ 等地供药、配药诉求。于是 LR 机构迅速与相关医院建立起合作，收集医院常见紧急药物的信息，并通过联系机构部分驻点在医院的医务社工来实现高效的沟通与提供必要的支持。

医院采取对 LR 机构定向派单的方式，并且在与医院派单服务转介过程时，LR 机构的社工通过与转接人进行高效沟通，再根据基础药品信息条目，准确接收救助对象的资料，完成信息对接与配送服务，最后将在昆救助对象的药物成功送达。

（七）资源联动

1. 人力资源联动

LR 机构发现在个体化救助的实施行动中，尽管单次服务涉及的人员不多，但从长远来看，如果想更加系统性地提供跨城配送，仅仅依靠机构内部人员和在 SZ 的同事来进行接力服务是极其不现实的，因为机构自有的人员较少，加之疫情封控导致的出行困难，往往会出现人手不够、人员调度吃力等问题。

为此，LR 机构充分利用民政的行政资源权限来解决卡口药物交接的问题，实现了苏昆 3 公里卡口区的成功接力。除此之外，将药物配送与各区镇、各社区的志愿者队伍相结合，通过社区内的志愿者，完成从药品送达社区外到患者成功拿药的这一段运输过程。

2. 物品资源联动

受疫情影响，自主取药的形式在交通管制区难以实现，这也意味着救助对象买药这件平日里的小事也变得十分困难。配药服务最重要的便是取药与送药，而成功拿到药物是跨城配药的前提，因此确保药品物资有固定的供给方是 LR 机构面临的最急迫的事情。LR 机构与各类药商协会、药店和医院开展深度合作，充分调动社会力量可支配的资源，并依托医疗救助系统的信息获取优势，结合医院的药物储存量及药物可获取性的评估分析，最终保证药物可以较为稳定和固定地获取供给。

3. 工具资源联动

在药物运输和调配的过程中，LR 机构逐渐意识到，一方面，受制于管控政策，社工的通行证无法轻易获得；另一方面，由于药物配送负担重、难度大、配送的覆盖范围广，无法利用公共出行工具来完成配送。因此通行证和配送工具都成为配药过程中的重点和难点。

为了解决这些难题，LR 机构主动寻求民政部门的帮助，通过机构名义申请通行证，为配药、送药流程的基础性前提——"出行流动"提供了保障。同时为了应对疫情期间的配送工具困境，相对于寻助快递配送站点、社区工作人员等渠道在信息交接过程中可能带来的一定程度上的低效性和风险性，LR 机构选择了一种相对低风险、高时效的配送渠道——使用机构成员的私家车，通过自主的车辆运输配送来进行无偿式的社区药品配送。

（八）调配联动

1. 药品调度多方联动

紧急药品调度阶段的联动体现在通过"城内城外两套配药机制"建立起多方调配路径上。在初期的配药救助行动中，LR 机构通常采用零散化的接案与服务方式，KS 市内和市外的药品资源调配仍没有形成一条有效的统筹协调路径。

为了更高效地进行紧急药物配送工作，在后期的配药救助服务中，LR 机构总结前期经验，形成了"城内城外两套配药机制"预案，面临配药过程中的不同情况提供不同的解决路径。

其一，若救助对象所需药品能在 KS 购买，建议其向社区开取就医证明自行前往或者对接救助对象属地社工站社工、社区志愿者等帮其代买，且该方式有效运作的基础是 LR 机构已经与社区社工站的伙伴做好了前期的协商备案。

其二，若救助对象无法确认 KS 是否有药，由 LR 机构紧急成立的"苏昆跨城配药协调组"反馈给属地社工站，请其帮忙确认或者将 KS 就医购药渠道推荐给救助方让其自行确认。最后，若所需药品必须在 SZ 购买，则由协调组的成员进行下一步的跨城药品信息收集工作并由其进行配送。

通过城内城外两套机制的运用，极大程度明晰了药品的调度路径，提升了配药过程中的实际行动效率。

2. 药品配送多方联动

紧急药品配送阶段的联动体现在交接卡口"接力棒"式的药品资源传导。在决定正式开展全面的跨城配药行动后，LR 机构依托各级民政、各级党组织及其他相关方申领疫情防控应急通行证，为应急药品跨城配送提供实地配送的出行证明。在药品的卡口跨城接力上，LR 机构采取了"接力棒"式的交接方式，然而 KSLR 社工前去卡口拿药和药物的后续配送的过程仍面临着重重困难，需要多方力量的介入协调。

卡口取药阶段，由 LR 机构 SZ 区的同事获取药品后驱车至苏昆地域卡口等待 KS 区的同事交接，由于缺乏卡口的交接资质，KSLR 的同事紧急寻求当地民政的介入协调，在卡口处成功取到救命药物。实地配送阶段，由于 KS 市区内设置了多重卡口，因此送药社工无法进行全程配送服务，在苏昆紧急用药协调组的调度下，不同辖区的社会组织以及志愿者在卡口处完成药品交接，互相助力"最后一公里"，将药品最终送至社区救助对象的手中。

在各方力量的联动作业下，药品以接力配送的方式实现了它的紧急效用。

紧急药品配送阶段的联动体现在采用全链条式的物流协调通道。LR 机构以救助对象为核心，从信息处理到计划调度、从药物采购到执行配送、从药物保障再到运输保障，通过发挥信息处理、采购、保管、配送等组织化的物流服务功能，创建药品规格信息确认清单、药物配送物流信息清单、药品配送人力调度清单、配药信息确认清单等，规范化物流管理流程，保证每一环都有条不紊。

而这一系统的物流链条服务为 LR 机构实现救助介入的精细化、清晰化与一体化提供了必要基础，同时也为药品配送应急救助发挥出巨大枢纽性优势提供保证。

（九）应急救助知识生产

基于近两年疫情场域中的基础服务与实践，且伴随着疫情期间次生危机的出现，LR 机构编制了两份适用于临沪地区社会组织近期的疫情防控应急管理预案，帮助社会组织快速识别并有效介入因新冠疫情导致的伴生问题，且在前期的跨城配药救助行动中发挥了初步效用。但随着中后期应急介入救助从个体化行动转为组织化协调联动后，一系列新的衍生问题倒逼机构制订更加完善的预案，因此机构总结服务过程中的经验，进一步参与编制《疫情防控期应急药品跨城配送操作指南》，通过预案研发夯实保障基础。

1. 应急预案初现作用

原本在 2022 年 2 月 LR 机构就根据近两年疫情期间的服务经验编制了《社会组织应急管理指南（疫情防控）》（以下简称应急指南）。不仅从项目应急管理、社区应急管理、生态应急管理三个维度为 LR 机构在疫情下介入救助过程中的组织管理提供系统化指南，同时还从政策、条例层面为应急管理提供了规范化的制度保障，从原则、方法层面为 LR 机构一段时间的介入救助行动提供了专业化的技术支持，保证了介入救助的可操作化与可行性。

与此同时，《社会组织介入社区公共卫生次生问题（危机）预案》（以下简称危机预案）也同步编制出来，基于公共卫生问题下出现的各种次生灾害，从物资短缺、用药需求、心理危机与人力短缺这四个危机维度入手，针对不同类别次生危机的问题识别，采取相应的介入举措以及持续保障，这份危机预案也为 LR 机构的紧急配药做出了重要铺垫。

2. 难题倒逼预案开发

然而，当应急介入救助从个体化行动转为组织化协调联动时，LR 机构却发现，尽管 2 月份制订的应急指南发挥了重要作用，但仅仅依靠应急指南与危机预案仍然无法实现跨城配药的组织化与操作化，例如资源与需求具体怎么对接？在配药送药过程中可操作化的方法又是怎样的？面对突发性的新问题时该怎么利用现有的联动平台高效地介入救助过程？针对这些在苏昆两地配药的过程中出现的许多突发情况，都无法在原有的预案中找到相应的应对措施。

与此同时，尽管 LR 机构积极发挥平台型、枢纽型机构优势，成功建构了多元协调的联动机制，然而随着救助行动的深入，LR 机构也逐渐发现，资源全链接不意味着就能实现高效救助、平台搭建也不一定意味着高水平的应急能力，要真正突破个体化的救助行动困境，仅仅依靠平台是无法实现的。LR 机构意识到要达到救助对象的差异化需求与相应资源、主体及时结合，实现各类元素的协调统一，就必须要打造一份系统性、操作化、规范化的紧急预案与行动指南。

为此，基于前期预案研发的经验，一方面根据 KS 疫情实际情况，对之前预案进行的及时修订，保证了预案的时效性；另一方面基于十多例紧急送药案例的救助行动经验，迅速编写出《疫情防控期应急药品跨城配送操作指南》。行动指 NT 过明确参与主体功能定位、设置参与主体职能任务以及明晰参与主体规范化操作步骤这三部分，打造三方端口跨城配药的应急救助运作闭环，同时针对各个环节可能出现的新问题进行预判并规范相应的介入手段。由此将系统化的紧急救助在原有预案基础上，以跨城配药操作指南的方式实现进一步完善。

（十）组织保障筑牢基础

在 KS 市半个多月的疫情"静默期"里，LR 机构共介入 139 例跨城紧急药品配送行动。紧急救助行动取得如此丰硕成果的背后，离不开 LR 机构这家枢纽型、平台型的社会组织在长期的业务深耕、管理创新、组织实践过程中形成的一套关于协调、管理、保障的服务发展机制，这些系统性的服务发展机制为有效开展紧急救助介入行动提供了坚实的组织保障。

1. 支持服务：功能型运作手段

支持性服务在紧急跨城配药行动中发挥了较为关键的维持运作和提供保障作用，其中喘息替代服务、筹款保障服务成为 LR 机构在实际救助行动中最为主要的协作保障手段。

（1）喘息替代服务。

喘息替代的服务对象涵盖紧急救助对象、LR 机构配药小组社工以及社区志愿者三个群体。通过缓解救助对象的心理压力，减轻社工与社区志愿者的工作压力，以便更好地保障救助工作的高效进行。

一方面，在与救助对象对接需求的过程中，首先，负责星光热线的社工与志愿者会对拨打热线的救助对象的情绪需求做出判断并进行简单的心理疏导。例如，引导其不良情绪的发泄，为救助对象的压力找到卸力点，让救助对象得以"喘息"。其次，在平台端社工对接需求时也会研判救助对象的压力并进行适当疏导或转介，为救助对象提供喘息服务，有利于稳定救助对象情绪与思绪，也保障了后续服务的顺利开展。

另一方面，社区志愿者往往面临人力资源短缺、工作强度大等问题带来的巨大工作压力。LR 机构在社会救助中提供志愿者培训孵化服务，为社区居民赋能，这不仅为社区志愿者提供了"喘息"空间，有效保障了社会救助以及疫情防控工作的进行，而且促进了社区自治、自助能力的提高。同时，针对配药小组社工面临的压力问题，尤其是每天处于信息爆炸中心的平台端社工，LR 机构以督导梳理、轮替协调工作的方式为社工提供"喘息"机会，保证了救助工作的顺利推进。

（2）筹款保障服务。

LR 机构通过救助对象部分自费、组织筹集抗疫资金与适当机构兜底这一筹款保障方式来支撑苏昆配药小组的基础运作。救助对象部分自费是资金保障方式之一。此次社会救助过程中，平台端与救助对象事先进行沟通，就购药过程中药品费用需要救助对象自费、其他费用均由机构承担等事项达成共识，在减轻资金负担，保障社会救助正常运转方面起到了重要保障作用。

除去救助对象自费部分，物流成本、人力成本以及其他意外成本都需要一定资金支持，一旦资金不足运转，配药小组就会面临停摆的危机，而救助对象可能难以度过危机，因而面向社会筹集抗疫资金是必要举措。与此同时，考虑到筹集资金回款周期问题，对于救助项目进行适当机构兜底的方式则为应对公共卫生次生危机再上一道安全锁。

2. 枢纽服务：平台型协同基点

LR 机构作为一家枢纽性社会组织，在疫情期间着重发挥了其"枢纽"这一主体性作用，提供赋能、宣传、物流、网络等相关枢纽性协调服务。

（1）社区"自救——自助"赋能服务。

LR 机构通过对服务对象以及对志愿者社会组织的赋能，完成"从自救到自助"的完美转变。

一方面，从紧急救助角度上看，社工在需求对接过程中研判需求紧急程度，注重对救助对象的赋能，引导救助对象采取"自助"方式获取药品，促进救助对象与环境的互动。从日常服务角度上看，通过动搭建线上互动服务平台、线上小组或个案服务活动为疫情期间的社区居民开展赋能活动，提升居民疫情封控下自我调适和提高自我效能的实际能力。

另一方面，从志愿者赋能角度上看，在服务介入过程中，通过挖掘和培育社区的潜在志愿者团队，有意识地培育志愿者、管理志愿者，不仅助力社会工作者优势作用的发挥，更有利于调动社区内生动力，为社区赋能。从社会组织角度上看，在资源链接过程中，对社会组织适当赋能，通过角色定位明确、边界清晰的合作，保障救助过程中资源的精确利用。各司其职、各用所长的应急救助为 LR 机构在协调服务中发挥中坚枢纽作用提供了坚实保障。

就像社工夏蓓蕾所说的那样，"单次的救助行为是在应急情况下的举措，而'自救'途径与经验的积累才是长久之道"。

（2）平台"引导——传播"宣传普及。

LR 机构积极发挥其在网络建设的优势，利用公众号平台、小区微信群、直播号等平台，科普疫情信息、破除网络谣言、构建疫情防线、开展线上服务等，起到了稳定社区人心，凝聚社区防疫共识，促进社区增能的重要作用。

（3）多方"联动——互助"网络建设。

LR 机构紧急调动原有资源构建社会救助资源网络、丰富救助对象自身资源网络、协调民政、社会组织、医院等多方联动网络，为多主体多层次保障救助工作顺利开展发挥了巨大作用。

首先，紧急调动原有资源、开发新资源构建社会救助资源网络。LR 机构作为一家平台型、枢纽型社会组织，在疫情暴发的第一时间快速进入到应急状态，与社会组织、市民政等各类社会力量积极沟通，调动起原有资源，寻求并开发新资源。各社会组织的社会资源互通有无，不仅扩大了各的资源网络，更重要的是建构起了整体型的社会救助资源网络，为应对疫情带来的公共卫生次生危机提供资源保障。

其次，赋能过程注重对救助对象的社会资源网络构建。LR 机构鼓励救助对象向内探索内驱资源，以期提高其自主解决问题的能力以及运用内生资源"自助"的能力，减轻配药小组的工作压力，以便机构集中主要资源解决紧急问题。LR 机构基于救助对象不同情况，选择对应的配药机制。一方面，通过救助对象"自掘式"，鼓励救助对象澄清并充分利用自身所拥有资源来自行解决，即主要通过家属直接关系网络、邻里亲朋间接关系网络、单位社区外部关系网络解决问题；另一方面，也通过 LR 机构"链接式"向救助对象推荐 KS 就医购药就医渠道，让其自行前往。这不仅减轻工作人员的负担，更重要的在于能够促进救助对象自我能力的提升和社会资源网络的构建与延伸。

最后，LR 机构积极进行协调沟通，加强行业联动，整合多方力量，促进民政、社会组织、医院等多方联动网络的形成，为高效协调工作提供保障。LR 机构能在此次跨城配药工作中脱颖而出，除了自身优势外，还有赖于 KS 市社会工作行业、政府、社会和医院等多方力量协调联动的作用。比如，在平台端配药的多方协调中，从顺利接到需求开始、到 SZ 取药购药、苏昆两地转接、KS 紧急配送、最后送到救助对象手中，除了机构内部跨区域配药同事的完美配合外，LR 机构不仅得到了医院驻点社工的支援，能够及时协调医院成功开药；还得到社区工作人员和志愿者团队的协作，帮助其送药上门至服务对象手中；正是因为民政、社会组织、医院的多方联动，才能共同成就这 139 例成果与温暖。

4. 管理服务：引领型顶层设计

LR 机构在参与这轮 KS 疫情阻击战过程中，建立了较为完善的管理体系，为紧急配药服务的开展奠定了良好的管理基础。

（1）成立指挥中枢。

成立防控工作办公室——LR 机构疫情应急处置的指挥与决策部门，负责制订本单位疫情防控的应急预案，落实好相关社会危机事件的防控救助措施，锚定机构在介入紧急救助事件中的行动方向。

（2）建立管理小组。

从管理角度来看，LR 机构在党建引领下成立了防控实践组、行动协调组、后勤保障组、技术支持组、信息宣传组、监督监察组 6 个工作小组，建立健全了内部韧性应急管理服务体系与协同机制。以介入危机的直接服务、支持服务和枢纽服务展现机构的专业性。

（3）确保信息通达。

在烦琐复杂的基层信息处理过程中，LR 机构通过机构内部、机构之间以及社区居民的实时化平台共享确保了救助行动过程中的信息通达。

一方面，在机构内部，借助腾讯共享文档，建立机构内部信息沟通平台，决策层通过可视化数据将变动信息通知到执行层相关人员，做到数据的实时更新与信息通达。另一方面，在不同机构之间，通过加强沟通与信息交流，促进不同机构间价值共建与资源再整合，以期获得显著的机构协作成效。此外，在外部沟通上，LR 机构发挥前期社区扎根的优势，广泛链接群众，发掘社区内生动力，借助各类微信群、公众号，有效保障了 LR 机构其他业务的开展。

（4）注重后勤保障。

LR 机构通过团队管理的激励性保障服务为其在应急介入过程中提供了必要的后勤基础。

LR 机构注重团队后勤工作中的激励性保障建设，促使赋能式激励动力转化为自驱式内生动力。面对跨城配药行动中，急剧增加的需求服务工作给社工带来的身心双重压力，机构及时将交接轮岗权限下放给团队成员，减少硬性的工作安排，让自驱责任意识成为团队成员的主要内生工作动力。

5. 技术服务：辅助型保障工具

各类技术的运用成为 LR 机构迅速调整原有服务与管理轨道，从而集中转入社会应急救助赛道的重要辅助。

（1）信息技术运用。

社会工作者在服务过程中，在 LR 机构快速响应需求、缩短介入周期、提升救助效率等方面保障信息技术供给。

信息技术服务模式大大提升了 LR 机构应急救助效率。针对需求来源的多元性、对象需求的急迫性与信息整合的复杂性等问题，LR 机构建构"数字化"+"信息地图"+"厚数据"的多维度、深层次、全方位的信息技术运用模型。

其一，采用"数字化"技术的运用，通过制作紧急用药需求在线文档，展现"动态化""实时化"的救助表格，实现"数字化"信息采集；其二，"信息地图"基于属地街道、社区与驻点社工站等信息源汇集，绘制"可视化""数字化"救助图示，系统性呈现救助对象需求信息及预案事项，实现缩短响应周期、联动多元主体、应急机动协同的功能；其三，是采取与"大数据"相对应的"厚数据"，LR 机构在信息技术运用时，通过直接联络救助对象、深度挖掘救助信息，提供信息精确性与深刻性双重保障。

（2）专业技巧转化。

社会工作者在服务过程中，通过专业技巧运用，助力 LR 机构提升服务效率、确保服务靶向性。

针对救助对象焦虑无措、发言逻辑思维混乱、内容表述不清等情况，社工在对其进行情绪疏导基础上，依据实际情况进行适当同理回应。待救助对象情绪平稳后，再根据信息收集框架鼓励救助对象进行内容表述，以促使模糊信息清晰化，空洞信息具体化，帮助救助对象说出真实的诉求。而这一过程中，社工采用的专注倾听、鼓励和同理心等支持性技巧，对焦、澄清与摘要等引领性技巧，以及同理心反向运用、建议等影响性技巧，不仅有助于获取救助对象信任，与其建立起良好关系，更重要的在于保障了 LR 机构在介入服务过程中的靶向性与效能性。

（3）潜在危机识别。

为保障社会救助机制的正常运行，除喘息服务外，机构还提供督导心理疏导技术支持，不仅针对社会工作者形成每日问题与心理曲线的预案，而且在个案介入、数据分析、社会心理的研判等方面展开研究与预案，助力社会组织快速识别因疫情导致的伴生危机、衍生性社会风险，并大大降低了时间、精力成本，协助其采取更行之有效的方法开展介入服务，以规避可能面临的问题或困境。

四、总结评估与专业反思

（一）应急救助介入成效

回顾此次 LR 机构开展的跨城紧急配药社会救助行动取得的成效，期间种种、不胜枚举，我们集中选取救助对象、应急救助、机构发展和社区治理四个维度进行分析和呈现。

（二）救助对象维度

在此次应急救助中，LR 机构基于广泛联动，在突发性公共卫生事件服务中进行生命保障服务，解决了 139 例救命药物问题，充分体现社会工作在社会保障领域"以生命影响生命、以专业服务社会"的重要作用。同时，通过应急救助问题解决，LR 机构形成了一套应急救助联动机制、一个应急救助行动指南、一个应急救助的社会生态，得到了政府、社区、居民、救助对象的一致好评，相关应急救助成效被《中国社会组织》《中国社会工作》报道。

（三）应急救助维度

LR 机构针对疫情期间"禁足"式的居家生活模式可能带来的社区次生危机进行紧急预案，根据前期服务基础和数据，收集残障人士、空巢老人、困境儿童、康复患者等人群信息，制作了各个服务社区的弱势群体信息图，通过线上走访，在关心服务对象生活情况的同时了解其需求，建立数字化需求档案。针对服务对象生活物资短缺和常见药物紧缺的情况、社区工作者人力紧张等问题，LR 机构建立平台，形成了诸如链接相关资源，开展志愿者培训、线上小组活动等服务活动。

同时平台在开展应急救助过程中，以枢纽型社会组织为纽带，充分集合了社区中大量分散的各种不同类型的社区社会组织，实现社区社会组织之间的整合性协同功能效应，各社工机构通过广泛的联动与合作，了解彼此机构的优势与人员特点，分配不同的服务内容，进一步为日后类似的公共次生危机解决奠定合作基础。

（四）机构发展维度

在此次跨城配药应急救助过程中，LR 机构的社会服务能力和管理水平不断提高，与多家社工机构达成合作与信息共享机制，建立了更加完善的志愿者管理及保障制度。通过对内在规律和周遭环境的切身观察与层层认知，在主体与客体的不断演化中深化了对行业价值的理解与创造。

在疫情期间，LR 机构积极承担社会责任，通过对救助对象的摸底排查，深刻了解疫情期间弱势群体的基本需求，继而将居民的各种需求与可能性进行预案建设，助力社区增能。与此同时，从"社工"到"紧急药物配送员"角色的转变，也使得社工们处理社会应急事件、开展社会应急救助、促进社会保障的能力得到进一步提升。社工们面临应急事件，及时调整心态，在实践中锻炼提升自己的能力，全面介入社区公共卫生次生危机，夯实解决公共卫生次生危机的生态基础。

（五）社区治理维度

社区通过应急机制的处理与应对，提升了社区治理能力与水平，促进了社区增能，密切了社区居民之间的联系，提升了社区自治能力，培育了社区共同体文化，促进了社区良性有序发展。

疫情期间，LR 机构积极发挥党建引领政府统筹作用，实现社区治理体系的规范化；充分挖掘市场潜力，满足居民服务需求；充分发挥社会组织助力作用，承担起社会需求补充角色；提升社区自治能力，重建社区共同体精神；发挥社区中介作用，将参与小组工作的居民不断地组织起来，形成了应急的组织网络，不断发动居民开展社区内部的互助行动，为未来可能发生的城市全面静默后的社区自助与自治奠定行动基础，构建起一个有效运转的社区应急治理体系。

（六）应急社会工作维度

在面对公共卫生次生危机的过程中，社会力量的重要性日益凸显。围绕着疫情防控常态化主题，社会工作机构等社会组织如何参与到解决公共卫生次生危机中去，如何更好地为社区特殊困难群体提供更加实质、高效的应急救助服务，已经逐渐成为社区、政府相关部门以及各类社会组织等直视和予以解答的问题。回顾在四月初 KS 疫情中 LR 公益发展中心持续多日开展的应急救助行动，以及凝练机构成员经验与智慧共识的《社会组织介入社区公共卫生次生问题预案》《应急药品跨城配送操作指南》等手册时，以上的问题或许可以得到一定程度上的解答。

LR 公益发展中心联合创始人魏晨老师在事后总结道："此次在 KS 市公共卫生次生危机应对过程中，我们的 139 位应急救助对象的生命得到保障，这不仅意味着 139 个家庭得以保障，还意味着社会工作是有效、有用的，因为社会工作切实介入到这 139 次事关人民群众重大生命财产安全与保障的社会紧急救助行动中去了，意味着社会工作创新落实了以人民中心治理理念，充分体现了本土化社会工作创新力量。"这样的成效得益于机构内部凝练并实施了一套科学而富有韧性的应急管理体系，我们也希冀在当前背景下，通过对 LR 机构应急救助行动的案例剖析，为其他社会组织应对公共卫生次生危机提供借鉴和参考，以社会组织全链条协同方式共同应对疫情防控常态化中不断衍生的次生危机，保障人民群众的生命安全，以社会组织的协同力量去探索一条社会化、科学化、实效化、协同化的应急救助创新之路。

五、案例使用说明

（一）教学目的与用途

本案例教学使用说明基于"高级社工实务""个案工作""应急社会工作""公共卫生社会工作""医务社会工作"等课程中的危机事件干预以及公共卫生社工对于危机中次生危机的教学需求撰写，用于讲解社会工作面对各种社会性危机时的介入方法、介入流程、介入技术等方面的内容。案例的编写以此为出发点和落脚点组织相关内容，对案例的分析和总结也基于这一目的。

（二）涉及知识点

本案例在于"高级社工实务""个案工作""应急社会工作""公共卫生社会工作""医务社会工作"，主要覆盖知识点包括：

（1）危机管理；

（2）公共卫生次生危机；

（3）危机干预的介入原则；

（4）危急时刻的资源与服务整合。

（三）配套教材

（1）公共危机管理；

（2）公共卫生社会工作。

（四）启发思考题

危机是指一种导致社会偏离正常轨道的危急的非均衡状态。危机导致社会偏离正常轨道，对社会的公共安全和稳定造成重大影响，政府有责任、有义务建立健全危机管理体系，并通过研究危机、预警危机和危机救治，恢复社会的均衡状态。

社会工作介入危机管理，特别是介入公共卫生危机管理，与管理学科对于危机管理的介入是明显不同的。社会工作更关注危机性事件导致的社会系统的基本价值和行为准则失调的状态，关注如何避免危机威胁人们的生命和财产安全、引发社会恐慌、瓦解正常秩序。危机性事件的致命威胁，源于它的突发性和危害性。其突发性在于，既没有人确切知道在什么时间、什么地点会发生怎样的危机，也没有人能确切预知危机的后果；既可能由一些小事引起危机，也可能根本没有任何先兆就引发了危机。其危害性在于，它所导致的社会混乱、经济衰退、秩序失衡，程度是严重的，范围是极其广泛的，对人们心理的负面冲击和伤害是难以估量的。案例涉及以下问题：

（1）社会工作介入危机事件的方法论是什么？

（2）社会工作参与公共卫生危机事件的层次与类型有哪些？

（3）社会工作介入次生危机的方法有哪些？

（4）危急时刻社会工作如何利用互联网手段实现线上社会工作的介入？

（五）分析思路

1. 政策建议角度

危机发生以后，成立防治的指挥部，统一指挥、协调防治工作。在指挥部的统一领导下，各部门、机构、组织也都积极行动起来，交通、铁路、民航等部门控制交通工具，物价部门严格控制治疗与预防药品与商品的价格，坚决打击扰乱市场行为；同时畅通信息渠道，政府及时通报疫情状况，媒体大力宣传防治知识，提高人们的预防与辨别能力，以控制疫情的进一步扩散；民政、教育、医疗保险等部门也都密切配合卫生部门，提供各方面的便利；社区采取有效的措施展开疫情的防治和监测工作。多部门的协调行动，统一的指挥，保障人民群众的健康与生命安全。

2. 关注次生危机

公共危机造成的危害延宕性往在于对于正常社会生活、社会心理的次生损害。公共卫生危机往往在于社会正常秩序遭到破坏并由此带来社会心理的脆弱、生活的脆弱。

首先是加强供给，不出现物资资源挤兑；增强服务，不出现人力资源挤兑；尽可能保证社会公共生活的正常化。其次是通过促进社会的正常运转，尽可能避免对公众的更大的心理伤害。加强与公众的沟通，与社会各界保持紧密的联系，以良好的形象鼓舞公众战胜危机的信心。最后是社会工作积极参与，并动员社会力量一同参与。一方面，可以缓解危机在公众中产生的副作用；另一方面，社会工作者应关注特殊困难群体在危机中产生的次生危机，积极介入线上心理抚慰、线下配送药物、递送紧急物资等服务。

（六）理论依据与分析

1. 危机生命周期理论

危机最早起源于医学术语，其犹如人的生命周期一样，历经诞生、成长、成熟和死亡,每个阶段的内容特征都不同。危机生命周期主要研究危机的全过程,其形象地描述危机的发生、发展和消亡进程。著名的危机管理学家 Robert Heath 利用集合描述了突发公共卫生事件的危机过程,突发公共卫生事件总是以突发的不确定性冲击开始,在经过对事件的调查,获取基本信息后,人们开始对事件的认知转向主观化精神假设,这种假设往往超出事件本身的过激情绪,通过更深度的认知后人们精神才会逐渐复原,进入恢复阶段。

2. 灾害社会学相关理论

突发重大传染病疫情对经济社会的影响,主要包括投资、产出、消费、进出口、通货膨胀、经济增长率及就业等多个方面的影响,并且会随着应急处置及恢复重建工作的开展发生动态变化。其影响的特点如下。

（1）降低预期,抑制消费。

与自然灾害相比,突发重大传染病疫情对经济的影响具有独特性。疫情威胁了人类的生命安全,会延宕性表现为影响人们的心理健康、改变人们的行为方式、抑制人们的消费需求。

（2）打击生产,产业冲击。

疫情的不确定性对企业的影响较大,企业所涉及的产业链、资金链、供应链就会像多米诺骨牌效应一样,叠加受到严重冲击,甚至可能演化成为长期的经济危机。

（3）社会恐慌,心理崩溃。

在应急处置疫情的过程中要将疫情传播速度和影响范围在短期内进行有效的控制,社会对疫情的恐慌才能得以缓解,否则则会愈演愈烈,造成社会心理崩溃。

（4）投影延宕,绵延不绝。

突发重大传染病疫情对经济系统的影响是动态的、长期的,会逐步从公共卫生领域延宕到经济、社会、文化、心理等领域,政府、非政府组织、企业、公众等社会主体也会相应地调整行为,应对这种长投影危机所带来的各种延宕性危机。

（5）辩证差异,动态调整。

突发重大传染病疫情对各方面的影响是有差别的,既有正面影响又有负面影响。在经济领域也会催生更多的线上服务与互联网企业,在线下也会催生更多服务于风险、服务于危机控制的行业。

（七）背景信息与关键点

社会工作的危机介入包括以下几点内容。

（1）介入层次。社区级从事社区防控、物资保障等工作，个体级从事特殊困难群体的心理与社工专业介入。

（2）危机管理。协助社区与政府共同面对管理问题，提供支持型业务服务——提供社会化筹款、社会化筹物、提供应急信息处理服务。枢纽型业务——提供服务标准指南导引指引。

（3）危机延宕服务。提供危机研判与快速培训，协助做好危机传播，引导舆论、塑造形象。做好危机影响。处理好后遗症处理与发展问题，进行全员行动形成合力。

（八）课堂教学计划建议

本案例课堂教学计划根据学生的差异，尤其是对案例的阅读和课前对相应知识的掌握程度来进行有针对性的设置。本案例主要按照 2 学时进行设计。

A 计划：学生事先预习到位，对于本科生和全日制研究生，可以将小组讨论布置在课外进行。因为这类学生实际工作经验少，所以案例讨论过程中需要教师引导的内容要相对多一些。

B 计划：社工硕士（MSW）学生课前预习不一定完成得很好，或者学员之间预习差异较大，因此需要将小组讨论置于课堂讨论之中进行。

两种课堂教学详细安排计划如表 21-1 所示。

表 21-1　两种课堂教学详细安排计划

A 计划	B 计划
课前阅读相关资料和文献 1 小时	课前阅读至少 0.5 小时
小组讨论 1 小时 考虑到本科生的知识基础和对应用的理解，要适当增加讨论后的知识总结时间	考虑到在职 MSW 学生课前阅读和讨论的可行性，建议将小组讨论置于课堂中进行
课堂安排：90 分钟	课堂安排：90 分钟
案例回顾：10 分钟	案例回顾：10 分钟
集体讨论：50 分钟	小组讨论：20 分钟
知识梳理总结：20 分钟	集体讨论：50 分钟
问答与机动：10 分钟	知识梳理：5 分钟
	问答与机动：5 分钟

在课堂讨论本案例前，应该要求学生至少读一遍案例全文，并尝试回答案例启发思考题。具备条件的学生还可以小组为单位，围绕所给的案例启发思考题进行讨论。

参考文献

[1] 王思斌. 社会工作导论 [M]. 北京：高等教育出版社，2004.

[2] 文军. 社会工作模式：理论与应用 [M]. 北京：高等教育出版社，2010.

[3] 安秋玲. 儿童青少年案例：理论与方法 [M]. 上海：上海社会科学院出版社，2014.

[4] Barry Cournoyer. 社会工作实务手册 [M]. 洪叶文化事业有限公司，2006.

[5] F. 埃伦·内廷，彼得·M. 凯特纳，史蒂文·L. 麦克默特里. 宏观社会工作实务 [M]. 北京：中国人民大学出版社，2006.

[6] 查尔斯·H. 扎斯特罗，等. 社会工作实务：应用与提高 [M]. 北京：中国人民大学出版社，2005.

[7] Janet Seden. 社工实务的谘商模式 [M]. 弘智文化事业有限公司，2002.

[8] 罗伯特·F. 里瓦斯，小格拉夫顿·H. 赫尔. 社会工作实务案例分析 [M]. 北京：中国人民大学出版社，2006.

[9] 迪安，等. 社会工作直接实践：理论与技巧（第七版）[M]. 何雪松，等，译. 上海：格致出版社，2015.

[10] 戴维·罗伊斯，苏瑞提·S. 多培尔，伊丽莎白·L. 罗姆菲，等. 社会工作实习指导 [M]. 北京：中国人民大学出版社，2005.

[11] 蔡汉贤. 从职业道德的重要性论如何建立社会工作人员专业守则 [M]. 台北市社会福利学会，1982.

[12] Marlene G. Cooper, Joan Granucci Lesser. 临床社会工作实务：一种整合的方法 [M]. 上海：华东理工大学出版社，2005.

[13] Barry Cournoyer. 社会工作技巧手册 [M]. 上海：华东理工大学出版社，2008.

[14] 琳达·卡明斯，朱迪斯·塞维尔，劳拉·佩德瑞克，等. 社会工作技巧演示：直接实务的开始 [M]. 上海：格致出版社，2011.

[15] 帕梅拉·特里维西克. 社会工作技巧实践手册 [M]. 上海：格致出版社，2010.

[16] Dean H.Hepwoth 等.社会工作直接服务：理论与技巧 [M].洪叶文化事业有限公司，2010.

[17] 张文霞，朱冬亮.家庭社会工作 [M].北京：社会科学文献出版社，2005.

[18] 科尔斯基.危机干预与创伤治疗方案 [M].北京：中国轻工业出版社，2004.

[19] B.E.Gillil.危机干预策略 [M].北京：中国轻工业出版社，2000.

[20] 马伊里，吴铎.社会工作案例精选 [M].上海：华东理工大学出版社，2007.

[21] 韩晓燕.青春护航——社会工作案例精选 [M].上海：华东理工大学出版社，2013.

[22] 何晓红.社会工作案例精选 [M].北京：知识产权出版社，2020.

[23] 陈树强.社会工作实务案例教程 [M].北京：中国人民大学出版社，2021.

[24] 何国良，陈沃聪，古学斌，叶少勤.社会工作实践研究：案例与评论 [M].北京：社会科学文献出版社，2022.

[25] 许莉娅，童敏.个案工作 [M].北京：高等教育出版社，2013.

[26] 隋玉杰.个案工作 [M].北京：中国人民大学出版社，2019.

[27] 时立荣.社会工作行政 [M].北京：中国人民大学出版社，2020.

[28] 王玉香.青少年社会工作实务 [M].北京：北京大学出版社，2021.

[29] 华红琴.障碍儿童社会工作 [M].北京：社会科学文献出版社，2018.

[30] 奈杰尔·托马斯.儿童青少年社会工作：照管社会工作理论与实践 [M].北京：中国人民大学出版社，2010.

[31] 徐永祥.社区工作 [M].北京：高等教育出版社，2004.

[32] 周沛，易艳阳.社区社会工作（第二版）[M].北京：社会科学文献出版社，2019.

[33] 魏晨，李同.社会工作平台管理 [M].北京：中国商务出版社，2021.

[34] 何雪松.社会工作理论（第二版）[M].上海：格致出版社，2017.

[35] 佩恩.现代社会工作理论（第三版）[M].冯亚丽，等，译.北京：中国人民大学出版社，2008.

[36] 路易丝·沃里克 – 布思.社会政策导论（第四版）[M].岳经纶，等，译.上海：格致出版社，2019.

[37]《社会政策概论》编写组.社会政策概论 [M].北京：高等教育出版社，

2021.

[38] 唐纳德·柯林斯，凯瑟琳·乔登 . 家庭社会工作（第四版）[M]. 刘梦，译 . 北京：中国人民大学出版社，2018.

[39] 银平均 . 医务社会工作案例教程 [M]. 北京：中国社会出版社，2021.

[40] 范斌 . 增能与重构：医务社会工作案例研究 [M]. 上海：华东理工大学出版社，2018.

[41] 马莹 . 心理咨询技术与方法 [M]. 北京：人民卫生出版社，2016.

[42] 加里·德斯勒 . 人力资源管理（第 14 版）[M]. 刘昕，译 . 北京：中国人民大学出版社，2017.

[43] 杰伊·M. 沙夫里茨 . 公共行政学经典（第七版）[M]. 刘俊生，译 . 北京：中国人民大学出版社，2019.

[44] 张康之，张乾友 . 公共行政学 [M]. 北京：中国人民大学出版社，2016.

[45] 唐钧 . 公共危机管理 [M]. 北京：中国人民大学出版社，2019.